# 为中华崛起传播智慧

To disseminate intelligence for the rise of China

国家出版基金项目

# 中国战略性新兴产业研究与发展

R&D of China's Strategic New Industries

## 增材制造

Additive Manufacturing

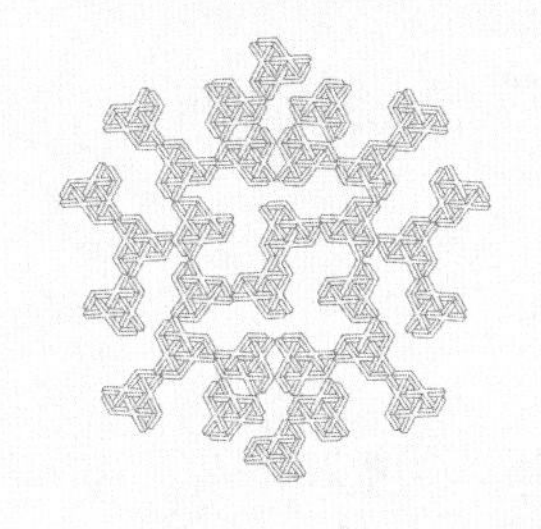

中国增材制造产业联盟 组编

左世全 主编

机械工业出版社
China Machine Press

本书从产业研究角度，对增材制造的原理、概念、特点、意义、工艺及装备进行了详实阐述，对国内外增材制造产业发展概况、发展战略、典型应用进行了比较分析，并对增材制造标准发展、人才报告及行业发展趋势及展望进行了研究探讨，从战略高度为我国增材制造产业未来发展提供了现实性和可操作性的指导建议。

本书将普及性、科学性有机地统一起来，既具有一定的理论深度，又具有浅显易懂、实用的特点，既适合各级政府和行业决策机构在制定政策法规及进行学术研究、规划研究时参考，也适合企业决策者、技术人员、管理人员和市场人员，以及投资、证券行业和咨询机构的人员在规划、投资、研究、项目实施中使用。


**图书在版编目（CIP）数据**

中国战略性新兴产业研究与发展．增材制造／左世全主编．—北京：机械工业出版社，2021.8
国家出版基金项目
ISBN 978-7-111-68734-4

Ⅰ．①中…　Ⅱ．①左…　Ⅲ．①新兴产业－产业发展－研究－中国　Ⅳ．①F269.24

中国版本图书馆CIP数据核字（2021）第142584号

机械工业出版社（北京市百万庄大街22号　邮政编码 100037）
策划编辑：曹　军　　责任编辑：赵　敏　王　芳　刘世博
责任校对：李　伟　　封面设计：德浩设计工作室
责任印制：罗彦成
北京宝昌彩色印刷有限公司印刷
2021年9月第1版第1次印刷
170mm×242mm · 15.5印张 · 278千字
标准书号：ISBN 978-7-111-68734-4
定价：138.00元

电话服务
服务咨询电话：(010)88361066
读者购书热线：(010)88379838
(010)68326294

网络服务
年 鉴 网：http://www.cmiy.com
机工官网：http://www.cmpbook.com
机工官博：http://weibo.com/cmp1952

## 编委会

《中国战略性新兴产业研究与发展·增材制造》

# 编撰人员

**主　　编**　左世全

**副 主 编**　李方正　张冬云　周　岩

**撰 稿 人**（排名不分先后）

左世全　李方正　张冬云　周　岩　邢　飞

中国战略性新兴产业研究与发展

# 编委会办公室

**主　任**　石　勇（兼）

**副主任**　刘成忠　田付新

**成　员**　赵　敏　刘世博　曹　军　任智惠　张珂玲

# 序言

全球金融危机和经济衰退发生以来，美欧日俄等为应对危机、复苏经济、抢占未来发展的先机和制高点，都在重新审视发展战略，不断加快推进“再工业化”，培育发展以新能源、节能环保低碳、生物医药、新材料与高端制造、新一代信息网络、智能电网、海洋空天等技术为支撑的战略性新兴产业，在全球范围内构建以战略性新兴产业为主导的新产业体系。力图通过新一轮技术革命的引领，重新回归实体经济，创造新的经济增长点。这已成为很多国家摆脱危机、实现增长、提升综合国力的根本出路。可以预计，未来的二三十年将是世界大创新、大变革、大调整的历史时期，人类将进入一个以绿色、智能、可持续发展为特征的知识文明时代。那些更多掌握绿色、智能技术，主导战略性新兴产业发展方向的国家和民族将在未来全球竞争合作中占据主导地位，赢得全球竞争合作，共享持续繁荣进程中的主动权和优势地位。

为应对金融危机和全球性经济衰退以及日趋强化的能源、资源和生态环境约束，以实现中国经济社会的科学发展、和谐发展、持续发展，党中央、国务院提出加快调整产业结构、转变经济发展方式，加快培育和促进战略性新兴产业发展的方针，出台了《国务院关于加快培育和发展战略性新兴产业的决定》以及相关政策举措。可以肯定，未来 5 ～ 10 年将是我国结构调整与改革创新发展的一个新的战略机遇期，将通过继续深化改革，扩大开放，提升自主创新能力，建设创新型国家，实现我国科技、产业、经济由大变强的历史性跨越，我国经济社会发展将走出一条依靠创新驱动，绿色智能，科学发展、和谐发展、持续发展之路，实现中华民族的伟大复兴。

展望未来，高端装备制造、新能源汽车、节能环保、新一代信息技术、生物医药、新能源、新材料、绿色运载工具、海洋空天、公共安全等全球战略性新兴产业将形成十几万亿美元规模的宏大产业，成为发展速度最快，采用高新技术最为密集，最具持续增长潜力的产业群落。战略性新兴产业的发展需求也将拉动技术的创新突破和产业的结构调整，为包括我国在内的全球经济发展注入新的强大动力。

在世界各国高度重视培育和发展战略性新兴产业的新形势下，编写一套“中国战略性新兴产业研究与发展”图书，借鉴国外相关产业发展的成功经验，对行业发展思路、发展目标、发展战略、发展重点、投资方向、政策建议等方面进行全面、系统研究，凝聚对战略性新兴产业内涵和发展重点的认识，为国家战略性新兴产业发展规划的顺利实施，以及政府和有关部门制定促进战略性新兴产业发展的相关政策和法规提供参考，具有十分重要的现实意义。

“中国战略性新兴产业研究与发展”系列图书对相应产业的阐述、分析均注重强调战略性新兴产业的六个主要特点：

一是**绿色**。战略性新兴产业属于能耗低、排放少、零部件可再生循环的“环保型”“绿色型”产业，无论从产品的设计、制造、使用，还是回收、再利用等整个生命周期的各个环节，对资源的利用效率与对环境的承载压力均要求达到最理想水平。

二是**智能**。新型工业化要求坚持以信息化带动工业化、以工业化促进信息化，即要实现“两化融合”。而“两化融合”决定了智能是未来产业尤其是战略性新兴产业的发展方向。所谓智能，是指制造过程的智能化、产品本身的智能化、服务方式的智能化。这些均是智能的最基本层次，它还具有其他更为丰富的内涵。例如：智能电网，通过先进的传感和测量技术、先进的设备技术、先进的控制方法以及先进的决策支持系统技术的应用，可实现电网的可靠、安全、经济、高效、环境友好和系统安全等方面的智能；智能汽车不只是安全智能，还包括节能、减排、故障预警等方面的智能。

三是**全球制造**。随着全球化趋势不断深化，战略性新兴产业的发展成果也必将是由全人类共创共享。新产品的研制开发，不再由一个企业独自完成，需要集成各方面优势资源共同解决。例如，iPhone 在中国完成装配，但它的设计、研发以及许多零部件的供应都是在美国、日本和欧洲实现的，其本身就是一个全球化的产品。因而，未来的制造必然是全球化制造、网络化制造。

四是**满足个性化需求与为更多人分享相结合**。目前中国有 14 亿人口，印度有 13 亿人口，还有巴西、印度尼西亚等新兴国家、发展中国家也都要实现现代化。在全球如此规模庞大的人群中，既存在富裕阶层、高消费阶层，他们的消费需求是个性化、多样化的；又有占比较大的中产阶层、贫困人口，他们的消费需求是基本层次的，但也不能被忽视。两种类型的消费需求必须同时被满足，这不仅是构建和谐社会的需要，而且是构建和谐世界的需要。因此，我国发展战略性新兴产业，应该既要满足中高端个性化的需求，同时又要满足我国与其他发展中国家广大普通消费者的需求。要把个性化的设计、个性化的产品生产，与规模化、工业化的传统生产结合起来，不能完全抛弃传统的规模化生产方式。

五是**可持续**。要使有限的自然资源得以有效、可持续利用，发展利用可再生资源、能源，强调发展再制造、循环经济。无论是原材料使用，还是零部件制造，从研发、设计之初就考虑到了生产中的废料、使用后的残骸的回收处置，使其能够重新得到循环利用。

六是**增值服务**。培育发展战略性新兴产业需要注意在设计制造过程中与产品售后、使用过程中提供相关增值服务。不应再局限于传统的观念，只注重制造本身，而不注重服务的价值。例如，发展电动汽车产业，必须首先解决好商业模式问题，包括充电桩建设、电池更换、废旧电池回收等服务，否则将无法广泛推广。

“中国战略性新兴产业研究与发展”系列图书内容丰富、资料翔实、观点鲜明、立意高远，并力求充分体现出“四性”，即科学性、前瞻性、指导性和基础性。

第一，体现**科学性**。所谓科学性，就是指以科学发展观为指导。科学发展观的核心是以人为本，基本要求是全面、协调、可持续，根本方法是统筹兼顾，符合客观规律。“中国战略性新兴产业研究与发展”系列图书既要能够为党中央、国务院提出的加快发展战略性新兴产业的总体战略服务，又不应受到行业、部门的局限，更不能写成规划或某些部门规划的解读材料，而应能够立足于事物客观规律、立足于全局。各分册编写组同志重视调查、研究，力求对国情、科技、产业及全球相关产业的发展态势有比较准确的把握，努力为我国战略性新兴产业的发展提供一本基于科学基础的好素材。这套图书立足基于我国国情，而不是简单地把发达国家的相关产业信息进行综合、编译，照搬照抄。当然，我国发展战略性新兴产业不能“闭门造车”，而是要坚持开放性，积极参与国际分工合作，充分利用全球优势资源，提高发展的起点和水平。因而，有必要参照国际成功经验与最新发展趋势，但一定要以我国国情和产业特点为根本出发点，加快培育和发展有中国特色的、竞争能力强的战略性新兴产业。

第二，体现**前瞻性**。一是能够前瞻战略性新兴产业的发展，因为这套图书是战略性新兴产业的发展指导书。二是能够前瞻战略性新兴产业技术的发展。为了做好这两个前瞻，必须要适当地前瞻全球经济、我国经济与战略性新兴产业发展的趋势。只讲发展现状是不够的，因为关于现状的资料很多，通过简单的网络搜索即可查到；也不能只罗列国外的某些规划和发展战略。“中国战略性新兴产业研究与发展”系列图书的编写注重有深度的科学分析与前瞻性的研究。

第三，体现**指导性**。“中国战略性新兴产业研究与发展”系列图书本身就是指导书，能够对产业、对技术、对国家制定政策，甚至在未来国家发展战略与规划的制定等方面发挥一定的引导作用与影响。虽然不能说这套图书可以指导国家战略与规划的制定，但是应该努力发挥其积极的引导作用。

第四，体现**基础性**。所谓基础性，就是指要能够提供战略性新兴产业的基础信息、基础知识，以及我国和有关国家在相关产业发展方面的基本战略，主要的法规、政策和举措，并尽可能提供一些基本的技术路线图。比如，在轴承分册，就描述了一个轴承产业发展的路线图。唯有如此，“中国战略性新兴产业研究与发展”系列图书才能满足原来立项的宗旨——不仅要为工程技术界、大学教师、大学生与研究生提供学习参考书，为产业界的技术人员、管理人员提供决策参照，而且要为政府部门的政策法规制定者提供参考。

机械工业出版社是具有60多年历史的专业性综合型出版机构，改革开放后，随着市场经济的发展，机械工业出版社不断改革转型，不但形成了完善的编辑出版工作流程和质量保证体系，而且编辑人员作风严谨，工作创新。

“中国战略性新兴产业研究与发展”系列图书不仅是一套科技普及书，更是一套产业发展参考书，必须既要介绍国内外战略性新兴产业的发展情况，又要阐述相关政策、法规、扶植措施等内容。因此，这套图书的组编单位、编写负责人和编写工作人员必须要有相关积累和优势。“中国战略性新兴产业研究与发展”系列图书所选的分册主编和作者主要是精力充沛的业内中青年专家，并由资深专家负责相应的编审、校审工作。现在看来大多数工作由中青年同志担当，是完全符合实际的。此外，这套图书的编著还充分发挥了有关科研院所、行业学会和协会的作用，他们的优势在于对行业比较熟悉，并掌握了较为丰富的资料。

最后，特别感谢国家出版基金对“中国战略性新兴产业研究与发展”系列图书的大力支持！感谢全体编写出版人员的辛勤劳动！

期望“中国战略性新兴产业研究与发展”为社会各界了解战略性新兴产业提供帮助，期待中国战略性新兴产业培育和发展尽快取得重大突破，祝愿我国在不久的将来实现由经济大国向经济强国的历史性跨越！

是为序。

# 前言

增材制造是以数字模型为基础，将材料逐层堆积制造出实体物品的新型制造技术。增材制造技术实现了制造方式从等材、减材到增材的重大转变，改变了传统制造的理念和模式，被认为是制造领域有代表性的颠覆性技术。

随着全球范围内新一轮科技变革和产业革命的蓬勃兴起，增材制造技术正与信息网络技术、先进材料技术、数字制造技术深度结合，深刻影响传统制造业的工艺流程、生产线、工厂模式、产业链组合，催生大量新产业、新业态、新模式。在原理上，增材制造可实现从材料微观组织到宏观结构的可控和新产品物理原型快速高效制造，引领制造技术向“设计—材料—制造”一体化方向发展。在技术上，增材制造可实现“自由制造”，解决许多过去难以制造的复杂结构零件的成形问题，并可以有效减少加工工序，缩短加工周期。在趋势上，随着增材制造技术与信息网络技术、先进材料技术、数字制造技术的加速结合，增材制造技术在创新创业以及制造业转型升级和新兴产业培育上意义重大。

发展增材制造技术及产业已经成为世界先进国家抢抓新一轮科技革命与产业变革机遇、抢占先进制造业发展制高点的竞争焦点之一。世界主要先进国家较早布局增材制造，并持续将其作为制造业发展的重点领域，加强发展战略谋划。

近些年来，全球增材制造产业呈现快速发展的态势，技术研发创新层出不穷，行业应用领域和范围持续得到拓展，企业跨国并购事件不断出现。

我国高度重视增材制造产业，将其列为制造强国建设的发展重点。2017 年，工业和信息化部等十二部门发布《增材制造产业发展行动计划（2017—2020 年）》，吹响了推动增材制造产业发展新号角。在国家系列规划政策的引导和推动下，我国增材制造产业实现健康快速发展，关键技术不断取得突破，装备性能持续提升，应用领域日益拓展，生态体系初步形成，涌现出一批具有一定竞争力的骨干企业，形成了若干产业集聚区。未来，我国增材制造产业将进一步快速发展。

本书受机械工业出版社承担的国家出版基金项目的委托，在工业和信息化部装备工业发展中心的大力支持下，根据中国增材制造产业联盟、全国增材制造标准化技术委员会（SAC/TC 562）、国家增材制造产品质量监督检验中心，以及增材制造领域的省级协会、创新中心、重点企业提供的相关资料和本书所附文献目录编写而成。

本书共8章。第1章着重阐明增材制造的基本原理、主要概念、成形特点及重要意义。第2章重点从成形工艺及装备角度讲述了增材制造典型工艺及代表性公司的代表性装备，并展示了最新的工艺和装备进展。第3章从产业现状、区域分布、重点企业三个维度系统分析了国内外增材制造产业发展。第4章重点分析了欧美先进国家增材制造产业发展战略，分析了我国增材制造发展的政策体系。第5章展示了增材制造技术在国内外的典型应用案例。第6章分析了增材制造标准的国内外进展情况。第7章着重分析了我国增材制造人才现状及需求。第8章分析了增材制造的发展趋势及展望。

本书历时半年编写完成。增材制造涉及面广，限于编者学识水平，本书难免有疏漏、不当之处，敬请读者谅解。有关引用材料的出处，已列入书后的参考文献，部分非公开发表的报告，未列入参考文献，在此一并向相关作者致以谢意！

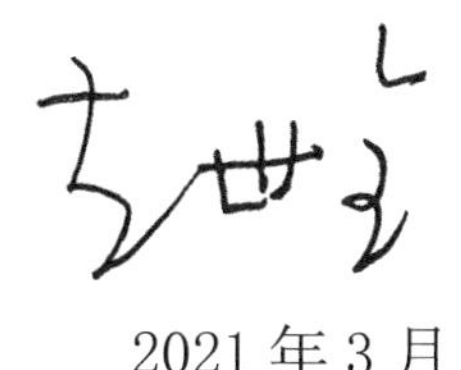

2021年3月

# 编写说明

《国务院关于加快培育和发展战略性新兴产业的决定》确定了我国未来经济社会发展的战略重点和方向是战略性新兴产业，并且根据我国国情和科技、产业基础，又进一步明确为现阶段重点发展节能环保、新一代信息技术、生物、高端装备制造、新能源、新材料、新能源汽车、数字创意和相关服务业九大新兴产业。可见，九大战略性新兴产业将是国家重点支持、大力推广的产业。

为了使大家全面理解、准确把握、深刻领会国家这一战略决定的精神实质，了解其发展内涵，推动产业结构升级和经济发展方式转变，增强国际竞争优势，抢占新一轮经济和科技制高点，机械工业出版社在国家出版基金的支持下，组织各领域权威专家编写了一套“中国战略性新兴产业研究与发展”（以下简称“研究与发展”）图书。

“研究与发展”以国家相关发展政策和规划为基础，借鉴国外相关产业发展的成功经验，对产业发展思路、发展目标、发展战略、发展重点、投资方向、政策建议等方面进行了全面、系统的研究；对前瞻性、基础性和目前产业上有瓶颈限制的问题提出了有针对性的对策。

“研究与发展”采用分期分批的出版方式陆续出版发行，第一期 12 个分册、第二期 13 个分册分别于 2013 年 6 月和 2018 年 2 月完成出版，第一期包括：太阳能、风能、生物质能、智能电网、新能源汽车、轨道交通、工程机械、水电设备、农业机械、数控机床、轴承和齿轮；第二期包括：功能材料、物流仓储装备、紧固件、模具、内燃机、塑料机械、塑木复合材料、物联网、制冷空调、智能制造装备、非常规油气、中压开关和数据中心。本次出版的第三期 29 个分册图书包括：智慧工业、生物基材料、数据与企业治理、智慧经济、智能注塑机、数据赋能、高端轴承、冷链物流、智能汽车、通用航空、远程设备智能维护、智能供应链、智能化立体车库、气体分离设备、焊接材料与装备、高端液气密元件、高端链传动系统、风电齿轮箱、海洋油气装备、燃气轮机、变频调速设备、电子信息功能材料、智能制造、数控系统、工业机器人、核电、智慧交通、增材制造以及内燃机再制造产业发展与技术路线。今后根据国家产业政策要求及各行业的发展情况还将陆续推出其他分册。

为了出版好“研究与发展”，机械工业出版社成立了“中国战略性新兴产业研究与发展”编委会，全国人大常委会原副委员长路甬祥担任编委会主任。路甬祥副委员长对该套图书的编写高度重视，亲自参加编委研讨会，多次提出重要指导意见。他从图书的定位、内容选材、作者队伍建设和运作流程等方面都给予了全面和具体的指导，并提出了“六个特点”和“四性”的具体要求。

机械工业出版社还建立了完善的项目管理、编写组织、出版规范和网络支撑四个方面的工作体系来保证图书质量，投入了大量的精力组织行业权威专家规划内容结构、研讨内容特色。参与图书编写的主创人员自觉自愿地把自己的聪明才智和研究成果奉献给社会，奉献给国家。他们都担负着繁重的科研、教学、行业管理或生产任务，为了使此书能够早日与大家见面，他们不辞辛苦、加班加点，因为他们都有一个共同心愿——帮助企业快速成长，使中国由大变强。

在此，衷心地感谢为此项工作付出大量心血的组编单位、各位专家、各位撰稿人、编辑出版及工作人员！

尽管我们做了大量工作，付出了巨大努力，但仍难免有疏漏或不足之处，敬请读者批评指正！

中国战略性新兴产业研究与发展　编辑部

2021年3月

# 目录 CONTENTS

序言

前言

编写说明

第 1 章　增材制造概述 …… 1

1.1　原理及概念 …… 2

1.1.1　基本原理 …… 2

1.1.2　主要概念 …… 3

1.1.3　发展历程 …… 4

1.2　特点及意义 …… 15

1.2.1　关键技术 …… 15

1.2.2　成形特点 …… 15

1.2.3　重要意义 …… 16

第 2 章　增材制造工艺及装备 …… 17

2.1　典型工艺 …… 18

2.1.1　黏结剂喷射工艺 …… 19

2.1.2　定向能量沉积工艺 …… 20

2.1.3　材料挤出工艺 …… 21

2.1.4　材料喷射工艺 …… 22

2.1.5　粉末床熔融工艺 …… 23

2.1.6 薄材叠层工艺 …… 26
2.1.7 立体光固化工艺 …… 27
2.2 代表性装备 …… 29
2.2.1 黏结剂喷射装备 …… 29
2.2.2 定向能量沉积装备 …… 29
2.2.3 材料挤出装备 …… 30
2.2.4 材料喷射装备 …… 31
2.2.5 粉末床熔融装备 …… 31
2.2.6 薄材叠层装备 …… 32
2.2.7 立体光固化装备 …… 32
2.3 最新进展 …… 33
2.3.1 新工艺技术进展 …… 33
2.3.2 新装备进展 …… 39

第3章 增材制造产业发展概况 …… 45
3.1 全球增材制造产业发展状况 …… 46
3.1.1 产业篇 …… 46
3.1.2 区域篇 …… 54
3.1.3 企业篇 …… 58
3.2 我国增材制造产业发展状况 …… 63
3.2.1 产业篇 …… 63
3.2.2 区域篇 …… 66
3.2.3 企业篇 …… 70

第 4 章　增材制造产业发展战略 109
4.1　主要国家和地区的政策及战略 110
4.1.1　美国 110
4.1.2　德国 113
4.1.3　日本 114
4.1.4　欧盟 115
4.1.5　其他 116
4.2　我国的主要政策及解读 118
4.2.1　政策体系概况 118
4.2.2　国家重点政策摘要 120
4.2.3　地方政策摘要 131

第 5 章　增材制造典型应用 139
5.1　国外增材制造典型应用 140
5.1.1　美国 140
5.1.2　德国 147
5.1.3　日本 150
5.1.4　其他国家和地区 153
5.2　我国增材制造典型应用 155
5.2.1　重点制造业领域 155
5.2.2　生物医疗领域 164
5.2.3　文化创意领域 170
5.2.4　创新教育领域 172

第 6 章　增材制造标准发展 …… 173
6.1　国内外增材制造标准化现状 …… 174
6.1.1　增材制造国际标准化现状 …… 174
6.1.2　增材制造国内标准化现状 …… 181
6.2　我国增材制造标准现状 …… 183
6.2.1　标准体系不断完善 …… 183
6.2.2　增材制造标准化工作不断优化 …… 184
6.3　增材制造标准化发展面临的瓶颈 …… 185
6.3.1　标准缺失较为严重 …… 185
6.3.2　国际标准跟踪转化滞后 …… 185
第 7 章　增材制造人才报告 …… 187
7.1　增材制造从业人员供需分析 …… 188
7.1.1　从业人员分类 …… 188
7.1.2　供给能力分析 …… 190
7.1.3　培养模式分析 …… 197
7.1.4　行业需求分析 …… 201
7.1.5　薪酬情况分析 …… 210
7.2　我国增材制造产业人才政策概况 …… 212
7.2.1　国家政策 …… 212
7.2.2　地方政策 …… 213
7.3　我国增材制造人才短板分析 …… 215
7.4　国外增材制造人才发展经验 …… 216
7.4.1　美国 …… 216

7.4.2 德国 ········································ 218
7.4.3 日本 ········································ 219
7.5 我国增材制造人才发展对策建议 ························ 220

第 8 章 增材制造行业发展趋势及展望 ························ 223
8.1 发展趋势 ········································ 224
8.1.1 工艺技术趋势 ································ 224
8.1.2 装备发展趋势 ································ 225
8.1.3 行业应用趋势 ································ 225
8.2 发展展望 ········································ 226
8.2.1 产业规模 ···································· 226
8.2.2 产业结构 ···································· 226
8.2.3 融合发展 ···································· 228

参考文献 ············································ 230

# 第1章

# 增材制造概述

# 1.1 原理及概念

## 1.1.1 基本原理

增材制造（Additive Manufacturing，AM）是一种基于离散 - 堆积原理形成实体物品的新型制造方式，融合了信息网络技术、先进材料技术、数字制造技术。增材制造带来的创新设计正演变成一种潮流，颠覆了传统的思维方式和制造模式，为制造业发展开辟了崭新的广阔天地。现如今，该技术已广泛应用于航空航天、汽车、军工、核电、船舶、医疗等众多领域。

纵观人类制造史，随着生产工具的进步，人类制造方式经历了等材制造、减材制造和增材制造三个发展阶段的变迁。其中，等材制造是指通过铸、锻等方式生产制造物品（如图 1-1 所示的大型锻造件生产），材料重量基本不变，已有 3000 多年发展历史。减材制造是指在工业革命后，通过使用车、铣、刨、磨等方式对材料进行切削加工（如图 1-2 所示的叶轮部件车铣复合加工），批量化制造产品，已有 300 多年发展历史。增材制造采用材料累加方式，利用三维设计数据在一台设备上快速而精确地“自下而上”地“自由”制造出任意复杂形状的物品（如图 1-3 所示的飞机复杂流道部件一体成形），已有 40 多年发展历史。

图 1-1　大型锻造件生产

资料来源：东北网。

**图 1-2 叶轮部件车铣复合加工**

资料来源：科德数控股份有限公司。

**图 1-3 飞机复杂流道部件一体成形**

资料来源：西安铂力特增材技术股份有限公司。

### 1.1.2 主要概念

增材制造的概念较为丰富，曾被称为“材料累加制造”（Material Increase Manufacturing）、“快速原型”（Rapid Prototyping）、“分层制造”（Layered Manufacturing）、“实体自由制造”（Solid Free-form Fabrication）、“3D 打印”（3D Printing）等。从广义原理来看，以三维 CAD 设计数据为基础，将材料（包括液体、粉材、线材或块材等）自动地累加起来形成实体结构的制造方法，都可视为增材制造。

早在 1892 年，快速原型的概念就已开始萌芽，当时 J.E.Blanther 主张用分层方法制作三维地图模型。1979 年，东京大学中川威雄教授利用分层技术制造了金属冲裁模、成形模和注塑模。20 世纪 70 年代末到 80 年代初，美国 UVP 公司 Charles W.Hull（1952 年）、美国明尼苏达矿业及机器制造公司（3M 公司）Alan J.Heber（1978 年）、日本小玉秀男（1980 年）和日本丸谷洋二（1983 年）分别提出了快速原型的概念，即利用连续层的选区固化制作三维实体的新思想。随后，许多与快速原型相关的概念、技术及设备相继出现。2009 年，在美国材料与试验协会（American Society for Testing and Materials，ASTM）框架内成立的增材制造标准委员会 F42，决定采用“增材制造”这一新术语取代原始的“快速原型”说法，用以更加全面地涵盖这类制造方法。依据 ASTM 的定义，增材制造是“基于三维模型数据，采用与传统减材制造技术完全相反的逐层叠加材料的方式，直接制造与相应数字模型完全一致的三维物理实体模型的制造方法”。目前，这一术语已被国际学者普遍接受。2012 年，ASTM F42 发布增材制造术语标准 F2792-12a，并于 2015 年与国际标准化组织（International Organization for Standardization，ISO）共同对该标准进行了修订，发布了第一份 ISO/ASTM 联合标准，对增材制造技术推广及产业发展中的术语与定义进行了规范。而麻省理工学院于 1995 年提出了“3D 打印”这一通俗形象的表述，并获得了更广泛的传播。

我国在 20 世纪 80 年代末开始关注增材制造技术，1988 年清华大学成立的激光快速成形中心拉开了国内增材制造研究的序幕。随后，国内一批高校、研究机构进入该领域。2015 年，工业和信息化部、国家发展改革委、财政部联合发布的《国家增材制造产业发展推进计划（2015—2016 年）》中，将增材制造描述为“增材制造是以数字模型为基础，将材料逐层堆积制造出实体物品的新兴制造技术，体现了信息网络技术与先进材料技术、数字制造技术的密切结合，是先进制造业的重要组成部分”。

### 1.1.3 发展历程

**1. 国外发展历程**

1983 年，美国科学家查尔斯 • 胡尔（Charles W.Hull）发明立体光固化成形（Stereo Lithography Appearance，SLA）技术并制造出全球首个增材制造部件。

1986 年，查尔斯 • 胡尔获得全球第一项增材制造专利 ——“Apparatus for Production of Three-Dimensional Objects by Stereolithography”（专利号 US4575330A）。同年，3D Systems 公司成立，研发了 STL 文件格式，它将 CAD 模型进行三角化处理，成为 CAD/CAM 系统接口文件格式的工业标准之一。

1987年，3D Systems推出首款光固化增材制造设备SLA-1并打印了全球首个增材制造部件（见图1-4），全球进入增材制造时代。此后，涌现出多种制造工艺，诞生了Helisys、Stratasys、DTM等著名的增材制造企业。

图1-4 全球首个增材制造部件（左）和首款光固化增材制造设备SLA-1（右）

资料来源：3D Systems官网。

1991年，美国Helisys公司Michael Feygin研发的叠层实体制造（Laminated Object Manufacturing，LOM）技术获发明专利。同年，Helisys公司售出第一台叠层实体制造系统。

1992年，美国DTM公司基于激光选区烧结（Selected Laser Sintering，SLS）工艺的工业级装备——Sinterstation研发成功，实现了粉末床熔融工艺的产业化。DTM公司于2001年被3D Systems公司收购。2001年，Stratasys公司Scott Crump申请的熔融沉积成形（Fused Deposition Modeling，FDM）专利——"Apparatus and Method for-Creating Three Dimensional Objects"（专利号US5121329A）获得授权，同年推出第一台基于FDM技术的增材制造设备——3D Modeler，标志着FDM技术步入了商用阶段。

1993年，美国麻省理工学院Emanual Sachs教授提出的三维立体打印（Three Dimensional Printing，3DP）技术获得专利。同年，Emanual Sachs团队开发出基于3DP技术的增材制造设备。1997年成立Z公司，并结合传统的SLS技术，推出Z系列的3DP设备。Z公司随后成为该领域的领导者。2012年，Z公司被3D Systems公司收购。1994年，德国EOS公司推出了EOSINT P350系统，成为世界上第一个能够提供SLA和SLS装备系统的公司。

1995年，德国弗朗霍夫激光技术研究所（Fraunhofer Institute for Laser Technology ILT）提出激光选区熔化（Selected Laser Melting，SLM）技术构想，随后获得专利授权。2003 年，英国 MCP 集团公司下属的德国 MCP-HEK 分公司（后更名为 SLM Solutions）推出第一台 SLM 设备。SLM 技术和直接金属激光烧结（Direct Metal Laser Sintering，DMLS）技术其实是 SLS 技术的延伸，区别在于 SLM 技术使用的材料为单一金属粉末，而 DMLS 技术使用的材料为两种或两种以上混合金属粉末。

1996 年，3D Systems 公司使用喷墨打印技术制造出第一台 3DP 装备——Actua2100。同年，美国 Z 公司发布 Z402 型 3DP 装备。

2000 年前后，美国克莱姆森大学（Clemson University）、密苏里大学（University of Missouri）、德雷塞尔大学（Drexel University）等提出“生物 3D 打印”概念。2003 年，V.Mironv 和 T.Boland 在 *Trends in Biotechnology* 杂志上系统提出“器官 3D 打印”的概念。2015 年 10 月 10 日，美国 Regenovo 公司推出第三代生物 3D 打印工作站，成功批量“打印”出肝单元用于药物筛选。

2002 年，德国成功研制 SLM 增材制造装备，可成形接近全致密的精细金属零件和模具，其性能可达到同质锻件水平。同时，电子束选区熔化（Electron Beam Selective Melting，EBSM）、激光近净成形（Laser Engineered Net Shaping，LENS）等一系列新技术与装备涌现出来。

2005 年，Z 公司推出全球第一台彩色增材制造设备——Spectrum Z510，标志着增材制造从单色开始迈向多色时代。

2009 年，美国材料与试验协会成立增材制造标准委员会 F42，下设试验方法、设计、材料和工艺、人员、术语等分委员会，开始进行增材制造技术标准的研究工作。

2010 年，美国 Organovo 公司研制出全球首台生物 3D 打印设备，使得 3D 打印人体器官成为可能。同年，美国 GE 公司开始布局增材制造技术。

2011 年，Stratasys 公司收购 Solidscape；桌面级增材制造设备收入增速首次超过工业级设备；全球首例 3D 打印金属下颌骨植入手术成功实施。

2012 年，英国 *The Economist* 杂志刊文评价：增材制造技术将推动第三次工业革命。美国提出“重振制造业”战略，将“增材制造”列为第一个启动项目，成立了国家增材制造创新中心（National Additive Manufacturing Innovation

Institute，NAMII）。同年，Stratasys 公司和 Objet 公司完成行业内最大规模合并；GE 公司收购增材制造技术公司 Morris Technologies。

2013 年，美国强调增材制造的重要性，推动了增材制造的发展。各大企业纷纷加速布局增材制造产业，扩张势力版图。2013 年，3D Systems 公司收购法国增材制造企业 Phenix Systems；Stratasys 收购 Makerbot。同年，Solid Concepts 公司设计制造了全球首支增材制造金属枪；Nike 公司推出全球首款增材制造运动鞋。

2014 年，HP 公司发布多射流熔融（MJF）技术。

2015 年，欧盟发布《增材制造标准化路线图》，规范增材制造技术在发展战略中的位置及方向；Materialise 公司开始为空客 A340 XWB 飞机供应增材制造部件；Stratasys 公司合并 RedEye、Harvest Technologies、Solid Concepts 公司，布局按需制造服务；3D Systems 公司收购中国无锡易维模型设计制造有限公司，创建 3D Systems 中国公司。同年，佳能、理光、东芝、欧特克、微软等巨头纷纷涉足增材制造领域。

2016 年，GE 公司收购增材制造巨头 Concept Laser 75% 的股份和 Arcam 76.15% 的股份；以色列 XJet 公司发布纳米颗粒喷射成形金属打印设备；哈佛大学研发出增材制造肾小管；Carbon 公司推出首款基于连续液态界面制造技术（Continuous Liquid Interface Production，CLIP）的增材制造设备；医疗行业巨头强生公司与 Carbon 公司合作进军增材制造手术器械市场。

2017 年，美国食品药品监督管理局（Food and Drug Administration，FDA）发布《3D 打印医疗产品技术指导意见》。同年，美国海军部公布使用区块链来控制增材制造设备的计划；HP 公司宣布将“增材制造专业化”（HP Partner First）计划进行扩展，加快增材制造全球布局步伐，抢占增材制造市场。

2018 年，GE 公司发布的增材制造装备成形尺寸达到 1.1m×1.1m×0.3m（Z 轴可扩展至 1m，甚至更长），推动铺粉式金属激光增材制造成形进入“米”级时代；德国 EOS 公司、SLM Solutions 公司等推出四激光系统的新型装备，可大幅提升打印效率。同年 6 月，美国 America Makes 与美国国家标准协会（American National Standard Institute，ANSI）合作发布《增材制造 2.0 新标准化路线》。

2019 年，生物增材制造领域取得全球瞩目的技术进展。以色列特拉维夫大学（Tel Aviv University）增材制造出全球首个含人体组织和血管的 3D 心脏；美国莱斯大学（Rice University）与华盛顿大学（University of Washington）制造了一个水凝胶增材制造肺模型，它具有与人体血管、气管结构相同的网络结构，能够像肺一样向周围的血管输送氧气，完成“呼吸”过程。

2020 年，通用汽车公司（GM）新增加 17 台 Stratasys FDM 增材制造设备，并称“速度、重量减轻和成本效益”是该设备的主要优势。GM 将这些设备均投入生产呼吸机所需的工装夹具的生产当中，以保障 2020 年 9 月前向美国卫生部生产并交付 3 万台重症监护呼吸机。

**2. 国内发展历程**

1989 年年初，清华大学机械系批准颜永年教授关于开展快速原型制造（Rapid Prototyping Manufacturing，RPM）技术研究的建议和申请，并开始了分层（切片）算法的研究。1990 年，清华大学成立激光快速成形中心。颜永年教授在 1990 年和 1991 年邀请美国德雷塞尔大学（Drexel University）教授 Jack Keverin 来华访问讲学，介绍快速原型制造技术，拉开了我国增材制造技术发展的序幕。1994 年研制出我国第一台快速成形实验机，实现 LOM 工艺。1997 年研制出我国第一台 FDM 设备。1995 年清华大学主办了第一届全国快速成形制造学术会议。1997 年在中国机械工程学会特种加工分会下成立快速成形技术委员会，颜永年为主任委员。1998 年，该委员会主办了第一届快速成形国际会议。

1990 年，国内第一家增材制造公司 —— 北京殷华快速成形模具技术有限公司成立。

1991 年，华中科技大学成立快速制造中心。1994 年成功研制出国内第一台基于薄材纸的 LOM 样机。1996 年，武汉滨湖机电技术产业有限公司依托华中科技大学成立。1998 年，华中科技大学开始开展 SLS 技术和 SLM 技术的研究工作。

1992 年，西安交通大学卢秉恒教授在美国密歇根大学（University of Michigan）访问期间发现增材制造技术在汽车制造业中的应用。随后卢秉恒团队在国内开拓光固化快速成形制造系统研究，开发出国际首创的紫外光快速成形设备。

1993 年，国内首台工业级 SLS 设备样机研发成功，并于 1994 年获得专利。

1994 年，西安交通大学成立先进制造技术研究所。1997 年，西安交通大学成立陕西恒通智能机器有限公司（简称恒通），并售出了国内第一台 SLA 增材制造设备。

1995年，西北工业大学提出了基于激光熔覆工艺的增材制造技术构想，并开展相关基础研究。

1996年，北京隆源自动成型系统有限公司的第一台商品化SLS增材制造设备AFS-300销往北京航空材料研究院，并成功应用于军用航空新产品的开发。

1997年，清华大学研发的LOM设备和多功能快速成形设备销往泰国某公司，实现了我国增材制造设备的首次外销。

1998年，清华大学将增材制造技术引入生命科学领域，提出“生物制造工程”学科概念和框架体系，并于2001年研制出基于热致相分离的低温沉积成形工艺，实现了具有分级孔隙结构的可降解大段骨修复组织工程支架的增材制造。

2000年，北京航空航天大学瞄准大型飞机、航空发动机等国家重大战略需求，开始攻关激光增材制造技术，随后在国际上首次全面突破相关关键构件激光成形工艺、成套设备和应用关键技术。

2001年，清华大学完成我国第一台双激光大型LOM设备和工艺的研究，实现了1 400mm的汽车保险杆的LOM原型制造，开创了我国多激光协同扫描的增材制造技术。同年，清华大学开发的无模铸型制造（PCM）实现了第一个铸造砂型的增材制造。2003年，通过与佛山水泵厂的合作，实现了增材制造铸造砂型的第一次成功铸造，铸造的零件是一个水泵铸铁叶轮。

2002年，清华大学多功能快速成形制造系统（M-RPMS）获国家科学技术进步奖二等奖。

2003年，清华大学实现了激光直写驱动细胞打印和细胞连续挤出打印，并开始探索细胞三维结构体的打印技术。同年，清华大学开始自主研发电子束选区熔化（EBSM）技术及装备。

2004年，清华大学开发出基于明胶基预凝胶化的分步复合交联工艺和细胞受控组装实验系统，实现了三维细胞结构体的增材制造构建，开创了我国细胞三维打印的先河。

2005年，北京航空航天大学王华明教授团队成功实现三种激光快速成形钛合金结构件在两种飞机上的装机应用，使我国成为世界上第二个掌握飞机钛合金结构件激光快速成形装机应用技术的国家。

2005年6月，在美国国家科学基金会（NSF）和我国国家自然科学基金委员会（NSFC）、中国机械工程学会（CMES）的联合资助下，在清华大学举办了第一届生物制造国际研讨会，邀请中美双方各15名学者，在清华大学交流研讨生物制造这一新兴交叉领域的最新进展，并展望未来的发展。

2010年，北京太尔时代科技有限公司（简称太尔时代）自主开发的桌面型个人三维打印机UP系列实现国内外销售，产品在2012年12月被美国*Make*杂志评选为年度最佳三维打印设备。

2012年，王华明教授凭借“飞机钛合金大型复杂整体构件激光成形技术”项目获得国家技术发明奖一等奖。我国成为世界上唯一掌握大型结构关键件激光成形技术的国家。

2013年，工业和信息化部开始酝酿增材制造顶层设计和统筹规划；科技部首次将增材制造纳入《国家高技术研究发展计划（863计划）、国家科技支撑计划制造领域2014年度备选项目征集指南》。

2014年，先临三维科技股份有限公司（简称先临三维）在“新三板”挂牌（股票代码：830978），成为我国第一家在“新三板”上市的增材制造企业。

2015年，国务院印发《中国制造2025》，我国加快增材制造技术和装备的研发、应用，建设增材制造创新中心。同年，工业和信息化部、国家发展改革委、财政部联合发布《国家增材制造产业发展推进计划（2015—2016年）》。

2016年，中国增材制造产业联盟成立（见图1-5）。同年，全国增材制造标准化技术委员会获批成立，国家增材制造创新中心批复筹建。科技部“十三五”国家重点研发计划项目“增材制造与激光制造”重点专项启动，第一批项目立项。

**图1-5　中国增材制造产业联盟成立大会**

2017 年，中国增材制造大会暨展览会在浙江杭州成功举办。同年 11 月，工业和信息化部、国家发展改革委等十二部门联合印发《增材制造产业发展行动计划（2017—2020 年）》，国家政策密集发布，推动增材制造产业发展。

2018 年，国家食品药品监督管理总局医疗器械技术审评中心发布《定制式增材制造医疗器械注册技术审查指导原则（征求意见稿）》，增材制造医疗器械临床应用和上市审查提上日程。同年，西安赛隆金属材料有限责任公司的电子束金属增材制造装备与等离子旋转电极制粉装备获得欧盟 CE 认证；深圳光华伟业股份有限公司（eSUN 易生）的 eTPU98A 线材通过美国 FDA 认证；飞而康快速制造科技有限公司的齿科用钛合金粉末首获国家食品药品监督管理局产品注册认证及生产许可证等。

2019 年，国家药品监督管理局、国家卫生健康委员会发布《定制式医疗器械监督管理规定（试行）》。该规定的发布将进一步鼓励定制式医疗器械的创新研发，规范和促进行业的健康发展，满足临床罕见特殊个性化需求，有力保障公众用械安全。同年 6 月科创板开板，西安铂力特增材技术股份有限公司（简称铂力特）成为第一家科创板上市的增材制造企业，也是首批“科创板”上市企业中唯一一家增材制造企业。

2020 年 5 月，我国完成首次太空增材制造实验，也是国际上首次在太空开展连续纤维增强复合材料增材制造实验，如图 1-6 所示。该实验由我国自主研发的复合材料空间增材制造系统完成蜂窝结构（代表航天器轻量化结构）和 CASC（中国航天科技集团有限公司）标志样件打印，该系统自主完成了连续纤维增强复合材料样件打印，验证了微重力环境下复合材料 3D 打印的科学实验目标。

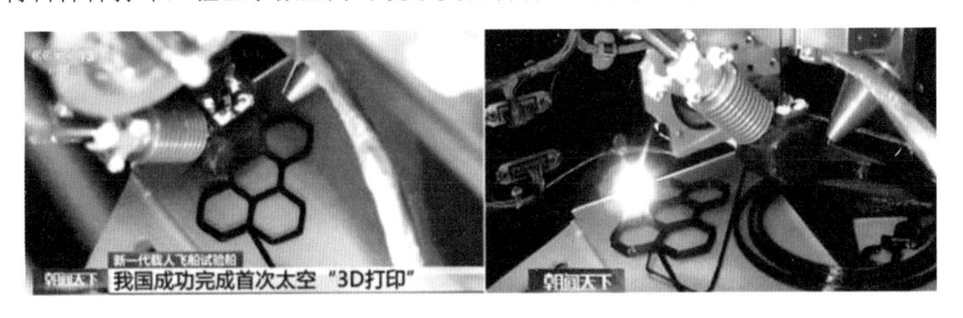


**图 1-6　我国成功完成首次太空增材制造**

资料来源：央视网。

增材制造行业发展历程如图 1-7 所示。

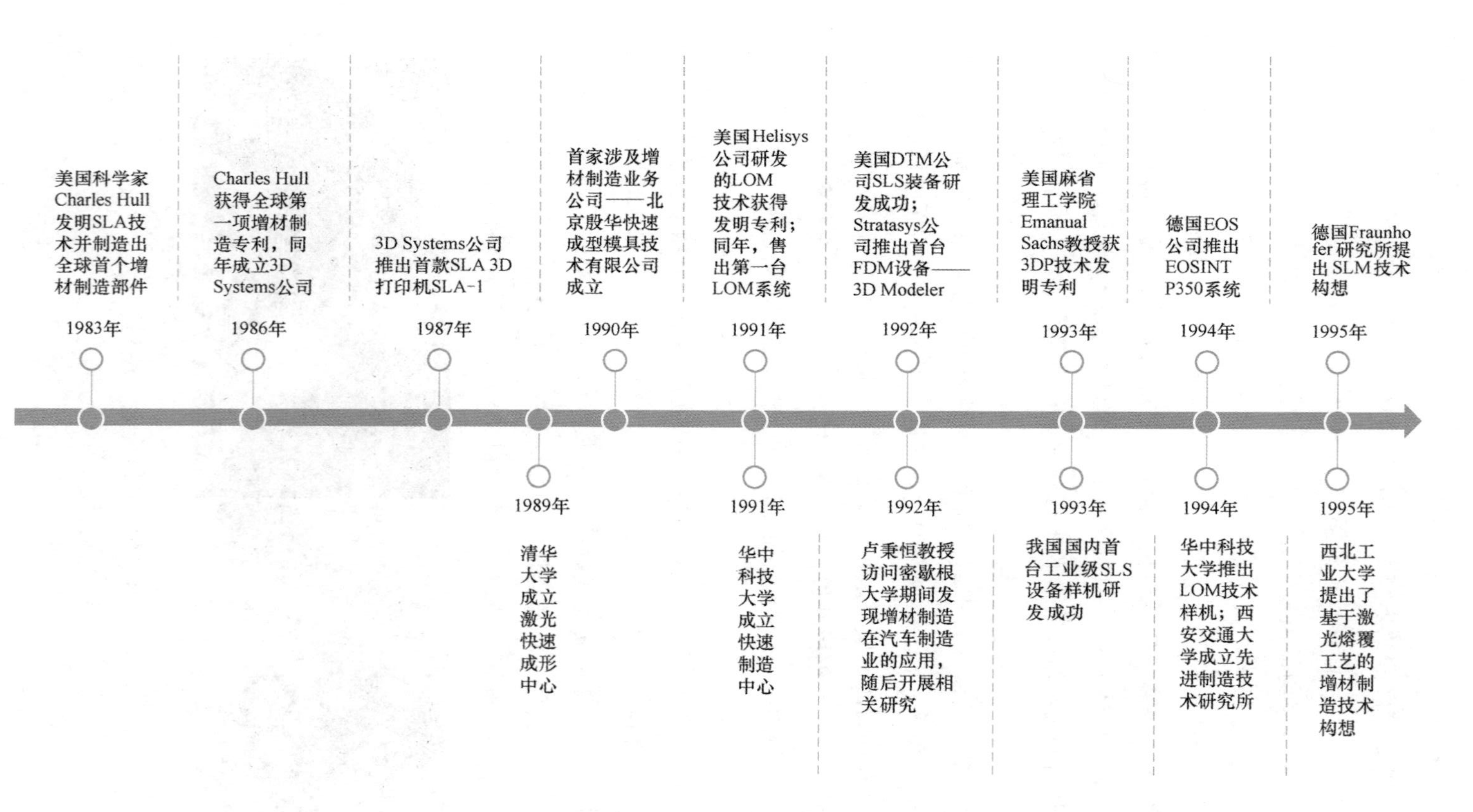


图 1-7　增材制造行业发展历程

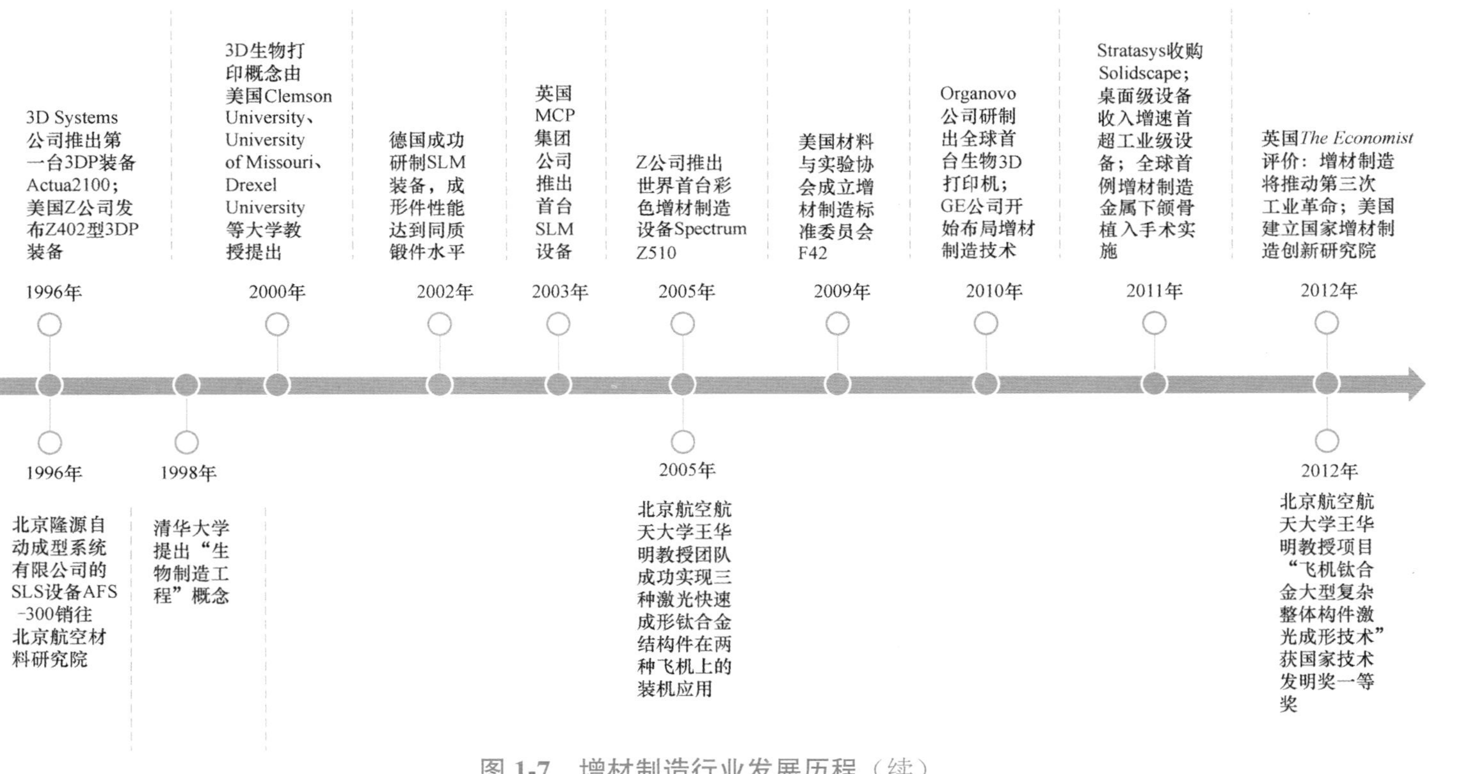

图 1-7 增材制造行业发展历程（续）

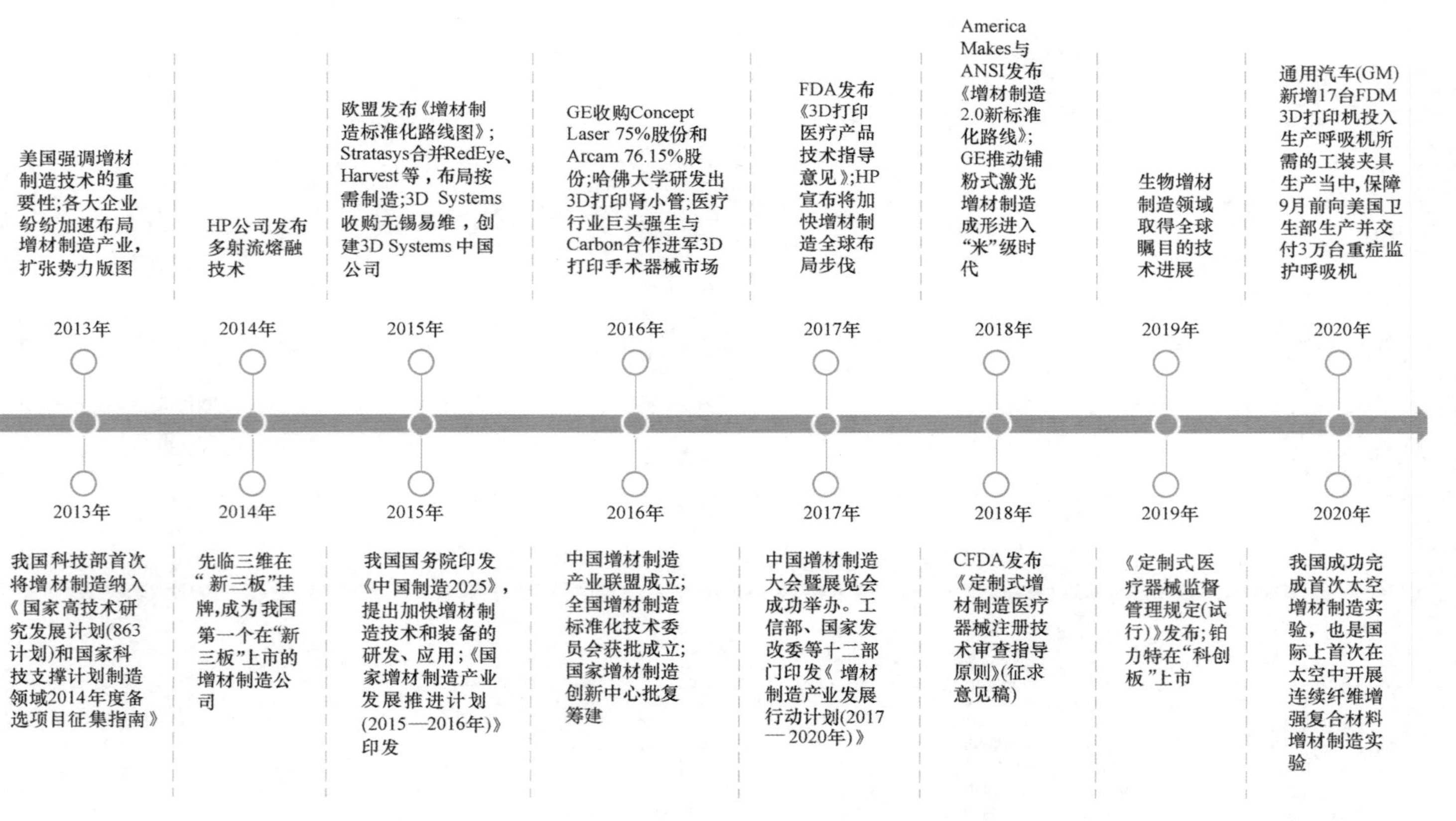


图 1-7　增材制造行业发展历程（续）

## 1.2 特点及意义

### 1.2.1 关键技术

增材制造技术涵盖众多工艺，根据其所需材料及成形特点，主要可以分为熔融沉积成形（Fused Deposition Modeling，FDM）、立体光固化成形（Stereo Lithography Apparatus，SLA）、激光选区熔化（Selective Laser Melting， SLM）、激光选区烧结（Selected Laser Sintering，SLS）、电子束选区熔化（Electron Beam Selective Melting，EBSM）、聚合物喷射技术（Polymer Jetting，PolyJet）、三维立体打印（Three Dimensional Printing，3DP）、激光近净成形（Laser Engineered Net Shaping，LENS）等。

### 1.2.2 成形特点

1）无需模具，快速自由成形，制造周期短，小批量零件生产成本低。只要有加工原料和加工设备就能够进行产品加工，不需要机械加工和工装模具，可以实现一次成形，节约了零件的不同工序加工和组装消耗的时间。进行单件小批量的生产时，增材制造比传统加工方式的成本低。

2）零件近净成形，机加余量小，材料利用率高。增材制造采用“自下而上”的“分层制造、逐层叠加”的成形方式，材料的损耗大部分是用于对模型成形的支撑，而绝大部分材料应用到了模型的成形上。因此，增材制造比传统减材制造更加节省原料，材料利用率更高。

3）加工的零件结构性强度更高、加工应力集中现象更小。增材制造技术采用的是一体化制造成形技术，相比由零件组装成的整体部件具有更强的刚度和稳定性。另外，增材制造成形过程中，每一片层凝结成形时已将应力释放，因此制造的零件应力集中现象较少。

4）制造精度相对较高。经过几十年的发展，增材制造的成形精度有了很大的提高，目前市面上流行的主流增材制造设备的精度基本都可以控制在 0.3mm 以下，这种精度对于一般产品的需求来说是足够的。

5）可实现个性化制造。理论上，只要是计算机建模设计出的造型，增材制造设备都可以打印出来。一方面，计算机建模不同于实体制作，可实现尺寸、形状、比例的实时修改，大大方便了个性化产品制作。另一方面，利用计算机建模能得到一些传统工艺不能得到的曲线，这将使增材制造产品拥有更加个性化的外观。

6）加工材料多样性。随着增材制造技术的发展，专用材料种类逐渐增多，其多样性满足不同领域的需求，极大地拓宽了增材制造技术的应用领域。

### 1.2.3 重要意义

2013年，美国强调了增材制造的重要性，称其将加速美国经济的增长。麦肯锡全球研究院的研究指出，增材制造相对于其他制造技术的独特优势可能会为许多行业带来设计、开发、生产和技术支持方面的深远影响。随着新一代信息技术与制造业的深度融合，新工业革命正在开启经济发展新空间，引领传统产业和新兴产业加速融合。增材制造作为制造业有代表性的颠覆性技术，体现了信息网络技术与先进材料技术、数字制造技术的深度结合，正对传统的工艺流程、生产线、工厂模式、产业链组合产生深刻影响，催生大量新产业、新业态、新模式，是推动新一轮工业革命的关键性技术。

增材制造理念能够颠覆传统设计制造模式。增材制造技术可将虚拟的数字三维模型直接转化成物理实体，在设计阶段对产品进行“微分”，而在制造阶段进行“积分”。从而摆脱传统制造技术、工艺的限制，无限放大新产品的设计和创意空间，推动实现“设计即生产”“设计即产品”的创成式设计，推动我国制造业从制造导向转为设计导向，实现中国创造的“功能性优先”。

增材制造装备能够打破数字世界和实体世界的界限。随着新一代信息通信、物联网、人工智能与增材制造技术的深度融合，增材制造装备将成为通信、数字、制造技术的关键节点和集中载体。增材制造装备具备数据收集、分析处理及存储能力，结合工业互联网、云平台等新型工业基础设施，可集成并利用IT技术尤其是数字双胞胎技术实现信息物理系统（CPS）与真实物理空间映射，在产品的全生命周期中进行规划与控制，可实现智能制造、绿色制造、分布式制造等新业态、新模式，逐步成为新一轮工业革命中的先进生产力。

大力发展增材制造产业是我国制造业实现换道超车的重要途径。当前我国制造业大而不强、竞争力相对较弱的问题较为突出，在目前复杂的国际环境中处于不利地位。我国制造业应该依托完备的工业体系，基于增材制造思维，推动“增材制造+制造业”融合升级，培育新业态、新模式及新产业，引领新一代工业革命。

# 第2章

# 增材制造工艺及装备

## 2.1 典型工艺

《国家增材制造产业发展推进计划（2015—2016 年）》将增材制造工艺技术分为激光选区熔化（SLM）、激光近净成形（LENS）、电子束选区熔化（EBSM）、电子束熔丝沉积（EBDM）、立体光固化成形（SLA）、熔融沉积成形（FDM）、激光选区烧结（SLS）、三维立体打印（3DP）、材料喷射成形等。国际标准化组织 ISO/TC 261 增材制造技术委员会在 2015 年发布的国际标准 ISO/ASTM 52900 : 2015 中统一了增材制造工艺，将其分为七类（见表 2-1），现已成为国际通用的分类方法。

表 2-1　增材制造工艺分类、原理及典型技术

| 名称 | 基本原理 | 典型技术 | 典型装备 | 代表性企业 |
| --- | --- | --- | --- | --- |
| 黏结剂喷射 | 选择性喷射沉积液态黏结剂、黏结粉末材料的增材制造工艺 | 三维立体打印技术 | S-MAX<br>VX1000<br>PCM2200 | Exone、VoxelJet、峰华卓立 |
| 定向能量沉积 | 利用聚焦热能熔化材料即熔即沉积的增材制造工艺 | 激光近净成形 | LENS450R<br>TSC-S4510(现 LiM-S4510)<br>BLT-C1000 | Optomec Design、鑫精合、铂力特等 |
| 材料挤出 | 将材料通过喷嘴或孔口挤出的增材制造工艺 | 熔融沉积成形 | FDM Fortus 400mc、UP300 | Stratasy、太尔时代 |
| 材料喷射 | 将材料以微滴的形式选择性喷射沉积的增材制造工艺 | 聚合物喷射技术 | Objet Connex500 | 以色列 Objet |
| | | 多射流熔融技术 | Jet Fusion 300/500 | 惠普 |
| 粉末床熔融 | 通过热能选择性地熔化 / 烧结粉末床区域的增材制造工艺 | 激光选区烧结 | EOS P396<br>ProX500<br>ST 252P<br>EP-P3850<br>AFS-360 | EOS、3D Systems、华曙高科、易加三维、北京隆源 |

（续）

| 名称 | 基本原理 | 典型技术 | 典型装备 | 代表性企业 |
| --- | --- | --- | --- | --- |
| 粉末床熔融 | 通过热能选择性地熔化/烧结粉末床区域的增材制造工艺 | 激光选区熔化 | EOS M290<br>SLM 280HL<br>BLT-S0<br>EP-M250 | EOS、SLM solutions、铂力特、易加三维 |
| | | 电子束选区熔化 | Arcam Q20<br>Arcam A2X<br>QbeamLab | Arcam（GE Additive）、天津清研智束 |
| 薄材叠层 | 将薄层材料逐层黏结以形成实物的增材制造工艺 | 叠层实体制造技术 | LOM-2030 | Helisys、陕西智拓固相 |
| 立体光固化 | 通过光致聚合作用选择性地固化液态光敏聚合物的增材制造工艺 | 立体光固化成形 | Projet1500<br>Fuse1<br>iSLA-650 Pro<br>RSPro450 | 3D Systems、Formlabs、恒通、先临三维、上海联泰 |

## 2.1.1 黏结剂喷射工艺

黏结剂喷射工艺是指选择性喷射沉积液态黏结剂、黏结粉末材料的增材制造工艺，代表性工艺有三维立体打印技术，成形原理如图 2-1 所示。

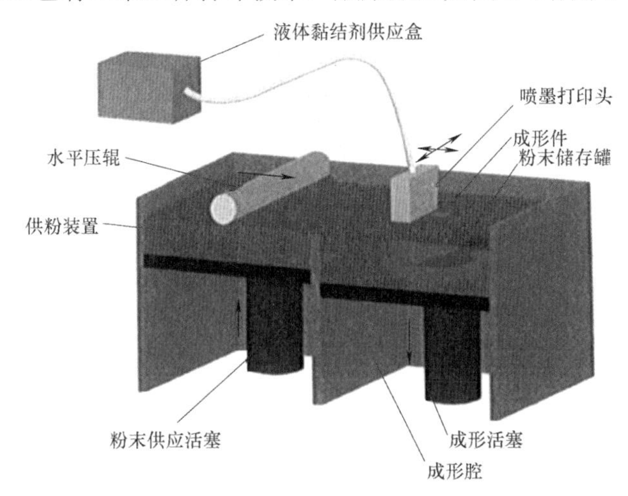


图 2-1 三维立体打印成形原理图

资料来源：广东省增材制造（3D 打印）产业技术路线图。

三维立体打印技术最早由美国麻省理工学院于 1993 年开发，该技术通过喷头喷出的黏结剂将铺有粉末的各层固化，以创建三维实体原型。从工作方式来看，三维立体打印与传统二维喷墨打印最为接近。具体成形过程：①粉末通过水平压辊平铺于平台之上；②将带有颜色的胶水通过加压方式输送到打印头中存储；③系统根据三维模型数据将胶水混合并选择性喷射在粉末平面；④一层黏结完成后，打印平台下降，水平压辊再次将粉末铺平，开始新一层的黏结，如此反复层层打印，直至整个模型黏结完毕。

该技术成形速度快，价格相对低廉，可实现有渐变色的全彩色三维立体打印。打印过程不需要支撑材料，可实现大型件的打印。但是，这种产品力学性能一般较差，强度、韧性相对较低，通常只能做样品展示，不适用于功能性试验。目前，三维立体打印技术主要应用于砂型铸造、建筑、工艺品、动漫和影视等领域。

### 2.1.2 定向能量沉积工艺

定向能量沉积工艺是指利用聚焦热能熔化材料的即熔即沉积增材制造工艺，代表性工艺是激光近净成形，其成形原理如图 2-2 所示。

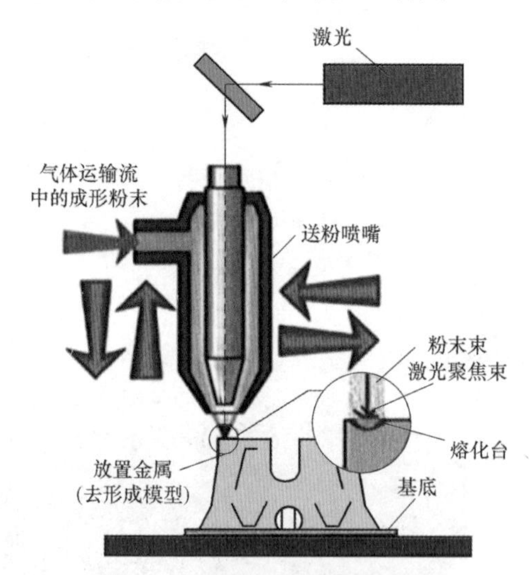


图 2-2 激光近净成形原理图

资料来源：广东省增材制造（3D 打印）产业技术路线图。

激光近净成形技术最早由美国桑迪亚国家实验室（Sandia National Laboratory）于 20 世纪 90 年代开发，是激光增材制造高性能金属零部件典型技术之一。其主要成形过程为：聚焦激光束在控制下按照预先设定的路径移动，同时，粉末喷嘴将金属粉末（或丝状材料）直接输送到激光光斑在固态基板上形成的熔池，使之按由点到线、由线到面的顺序凝固，从而完成一个层截面的打印工作。这样层层叠加，制造出近净形的零部件实体。

该技术主要用于成形比较成熟的金属合金粉末材料，包括不锈钢 304/316、工具钢 H13、钛合金 Ti6-4、镍基合金 IN625/IN718 等。针对中小规模生产的零部件可以实现无模制造、功能梯度材料打印、零部件修复和再制造，节约成本，缩短生产周期，尤其对于高性能、高成本的零部件制造具有较高应用价值。同时，该技术解决了复杂曲面零部件在传统制造工艺中存在的切削加工困难、材料去除量大、刀具磨损严重等一系列问题。其主要瓶颈是粉末材料利用率较低，热应力大，零部件存在孔隙、裂纹等内部缺陷和不规则显微组织，这将影响零部件的质量和力学性能。目前，LENS 技术主要应用于航空航天、汽车、船舶等领域，制造或修复航空发动机和重型燃气轮机叶轮叶片以及轻量化汽车部件等。

### 2.1.3 材料挤出工艺

材料挤出工艺是指将材料通过喷嘴或孔口挤出的增材制造工艺，代表性工艺是熔融沉积成形，其成形原理如图 2-3 所示。

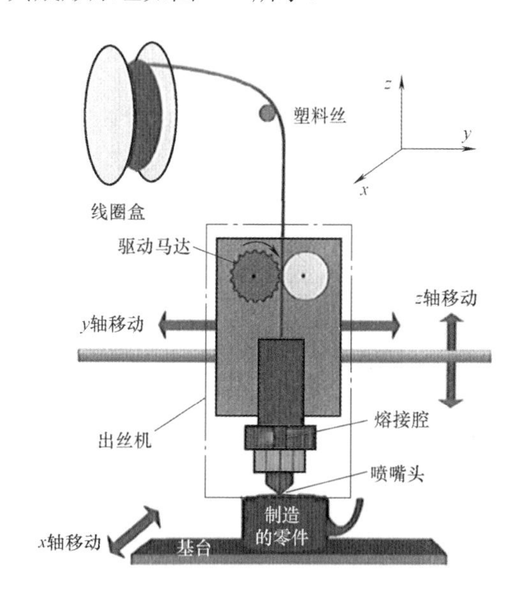


图 2-3 熔融沉积成形原理图

资料来源：广东省增材制造（3D 打印）产业技术路线图。

熔融沉积成形技术最早由美国学者 Scott Crump 于 1988 年发明，他随后创立了 Stratasys 公司。其主要成形过程为：丝状热塑性材料通过喷头加热熔化，喷嘴头底部带有微细喷嘴（直径一般为 0.2 ～ 0.6mm），在计算机控制下，喷嘴头根据分层截面模型数据做 $xy$ 平面运动，将熔融状态下的液体材料挤喷出来并最终凝固。一个层面沉积完成后，工作台沿 $z$ 轴方向按预定增量下降一层厚度的距离，喷嘴头再进行下一层截面的扫描喷丝，如此反复逐层沉积，直到最后一层，最终逐层由底到顶地堆积成一个实体模型或零件。

熔融沉积成形可选用的材料主要包括各种色彩的工程塑料 ABS、PC、PPS 以及医用 ABS 等。该技术具有成本低、速度快、使用方便、维护简单、体积小、无污染等特点，极大地缩短了产品开发周期，降低了成本，从而能够快速响应市场变化，满足顾客的个性化需求，被广泛应用于大众消费、工业制造、医疗、建筑、教育等领域，如产品外观评估、方案选择、装配检查、功能测试、用户看样订货、塑料件开模前校验设计以及少量产品制造等。

### 2.1.4 材料喷射工艺

材料喷射工艺是指将材料以微滴的形式选择性喷射沉积的增材制造工艺。代表性工艺有聚合物喷射（PloyJet）技术和多射流熔融（Multi Jet Fusion，MJF）技术等，其成形原理如图 2-4、图 2-5 所示。

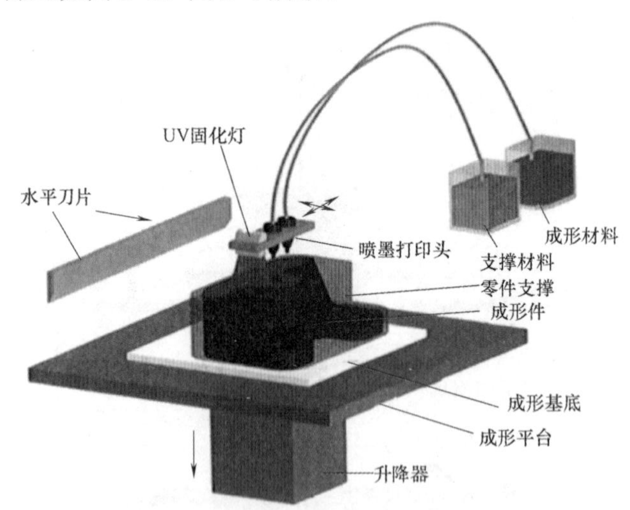


**图 2-4 聚合物喷射成形原理图**

资料来源：广东省增材制造（3D 打印）产业技术路线图。

聚合物喷射技术是以色列 Objet 公司于 2000 年年初推出的专利技术，与传统喷墨打印机类似，由喷头将微滴光敏树脂喷在打印基底上，再用紫外光层层固化成形成产品。其基本原理与 SLA、数字光处理（DLP）类似，主要成形过程为：喷头根据分层截面模型数据做 $xy$ 平面运动，光敏树脂喷射在工作台上，同时 UV

固化灯沿着喷头运动轨迹发射紫外光对工作台上的光敏树脂进行固化，完成一层打印；之后工作台沿 $z$ 轴下降一个层厚，装置重复上述过程，完成下一层打印；重复前述过程，直至工件打印完成；去除支撑结构。

该工艺技术适用的光敏聚合物多达数百种，从橡胶到刚性材料，从透明材料到不透明材料，从无色材料到彩色材料，从标准等级材料到生物相容性材料，以及用于医学领域的专用光敏树脂材料等。该工艺技术具有快速加工和原型制造的诸多优势，甚至能够快速、高精度地生成具有精致细节、表面平滑的最终用途零件，在航空航天、汽车、建筑、消费品、医疗等行业应用前景广阔。

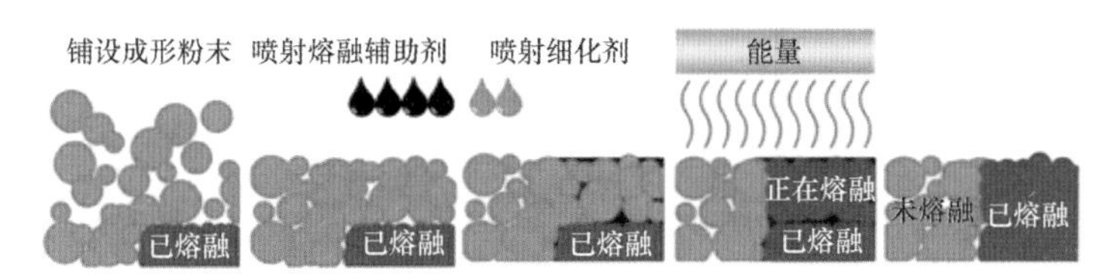


**图 2-5　惠普多射流熔融成形原理图**

资料来源：惠普公司。

多射流熔融技术是由惠普公司于 2018 年自主研发的增材制造工艺，其主要成形过程为：铺设成形粉末；喷射熔融辅助剂（Fusing Agent）；喷射细化剂（Detailing Agent）；在成形区域施加能量使粉末熔融；重复上述过程直到加工完成。其中，将熔融辅助剂喷射到打印部分，使得粉末材料充分熔化；将细化剂喷射到打印区外边缘，起到隔热作用。这样既可以保证没有打印的粉末保持松散状态，使得粉末再利用率达到 80%（普通 SLS 工艺的利用率为 50% 左右），还能保证打印层表面光滑，提高打印件的精细度。

该工艺在零部件制造上取得了突破性的经济效益，具有成形速度快、产品精度高的特点，可用材料主要为尼龙 12（PA12），而更多可用材料取决于惠普公司对于细化剂的开发。

### 2.1.5　粉末床熔融工艺

粉末床熔融工艺是指通过热能选择性地熔化/烧结粉末床区域的增材制造工艺。代表性工艺有激光选区熔化、激光选区烧结、电子束选区熔化。

激光选区烧结最早由美国德克萨斯大学奥斯汀分校的 Carl Deckard 于 1989 年提出，之后他组建了 DTM 公司，于 1992 年开发了基于激光选区烧结工艺的工业级装备——Sinterstation。该技术采用半固态液相烧结机制，主要特点是“粉末”

和“烧结”，主要成形过程为：采用铺粉方式将一层粉末材料平铺在已成形零件上表面，并加热至恰好低于该粉末烧结点的某一温度，控制激光束按照截面轮廓在粉层上扫描，使粉末温度升到熔化点，进行烧结并与下面已成形部分实现黏结。一层完成后，工作台下降一层厚度，进行新一层截面的铺粉和烧结，直至完成整个部件。该工艺成形原理如图 2-6 所示。

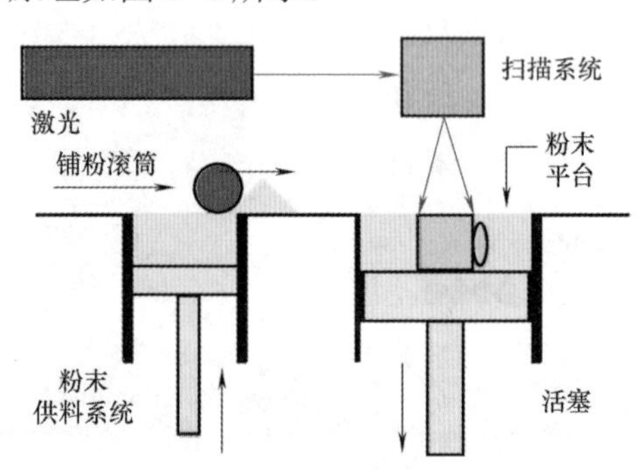


图 2-6　激光选区烧结技术原理图

该技术最大优点在于选材较为广泛，如尼龙、蜡、ABS、树脂裹覆砂（覆膜砂）、聚碳酸酯（Poly Carbonates）、金属和陶瓷粉末等都可以作为烧结对象，成形过程无须支撑，可广泛应用于汽车、家电、建筑、航空、电子、消费品及医疗等行业。当前，市场上激光选区烧结成形专用材料中尼龙材料的应用占到 80% 以上。

激光选区熔化起源于美国德克萨斯大学奥斯汀分校 Carl Deckard 提出的激光选区烧结技术。1995 年，德国弗朗霍夫激光技术研究所发现激光选区烧结技术成形过程中层间黏结不牢固，试样件致密度较低，在此研究的基础上提出激光选区熔化技术构想，即成形过程中使粉末完全熔化/凝固，主要成形过程为：通过扫描振镜控制激光束按照每层轮廓的扫描路径有选择地熔化金属粉末，逐层堆叠成致密的三维金属零件实体。该工艺成形原理如图 2-7 所示。

相对于传统制造方法及其他快速成形技术，激光选区熔化技术优势明显，主要体现为：其成形过程具有很大柔性，能够实现复杂结构件的整体制造；金属粉末完全熔化，得到冶金结合的高致密实体，显微组织细小均匀，综合力学性能高于铸件，并接近锻件；激光束能量密度高、光斑直径小，成形结构较为精细；可选材料种类较多，理论上能够被激光束熔化凝固在一起的材料都可以使用该技术进行成形加工。正是由于以上这些诸多优势，激光选区熔化技术的应用范围已拓展到航空航天、军工、医疗、汽车、模具等众多领域，有望变革传统制造方法，发展前景广阔。

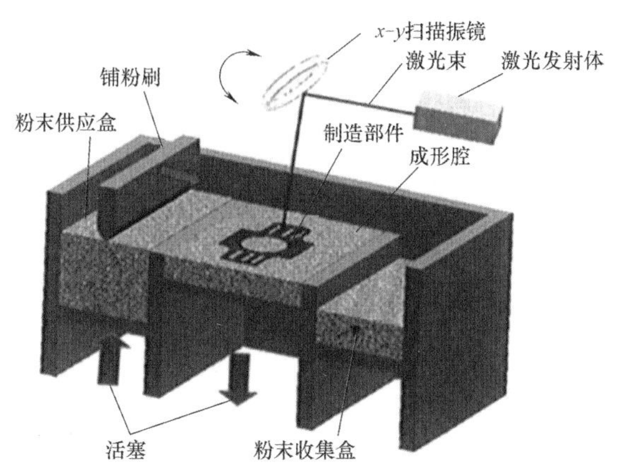


**图 2-7　激光选区熔化成形原理图**

资料来源：广东省增材制造（3D 打印）产业技术路线图。

电子束选区熔化起源于 1994 年瑞典 Arcam 公司申请的一份专利中的电子束熔化成形技术，此后美国麻省理工学院、美国航空航天局、北京航空制造工程研究所和清华大学等分别开发出了基于电子束的快速成形系统。电子束选区熔化利用高能量密度的电子束在高真空环境下逐层熔化金属粉末，与激光选区熔化技术类似，利用电子束实时偏转实现熔化成形。其主要成形过程为：先在铺粉平面上铺展一层粉末；然后电子束在计算机控制下按照截面轮廓信息进行有选择的熔化，金属粉末在电子束的轰击下被熔化并与已成形部分黏结，层层堆积，直至整个零件全部完成；最后，去除多余的粉末，便得可到所需的产品。该工艺成形原理如图 2-8 所示。

与激光选区熔化工艺相比，电子束选区熔化工艺使用电子束作为能量来源，具有更大的功率密度、更高的材料 - 电子束能量吸收率、更强的穿透能力、更高的成形件致密度、更高的粉床温度、更低的成形热应力和残余应力、更快的制造速度、更广的材料适应范围等优势。但电子束成形过程较难同激光束一样聚焦出细微的光斑，因此成形件难以达到较高的尺寸精度。目前，该工艺广泛应用于航空航天高性能复杂零部件和医疗植入体制造等领域。

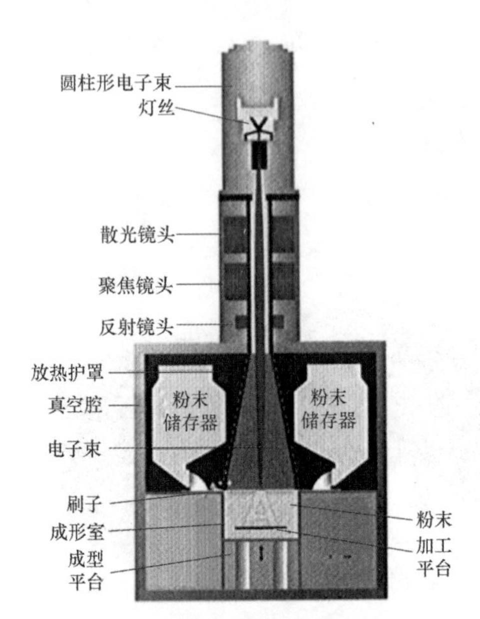


图 2-8　电子束选区熔化成形原理图

资料来源：广东省增材制造（3D 打印）产业技术路线图。

## 2.1.6　薄材叠层工艺

薄材叠层工艺是指将薄层材料逐层黏结以形成实物的增材制造工艺，代表性工艺是叠层实体制造技术，其成形原理如图 2-9 所示。

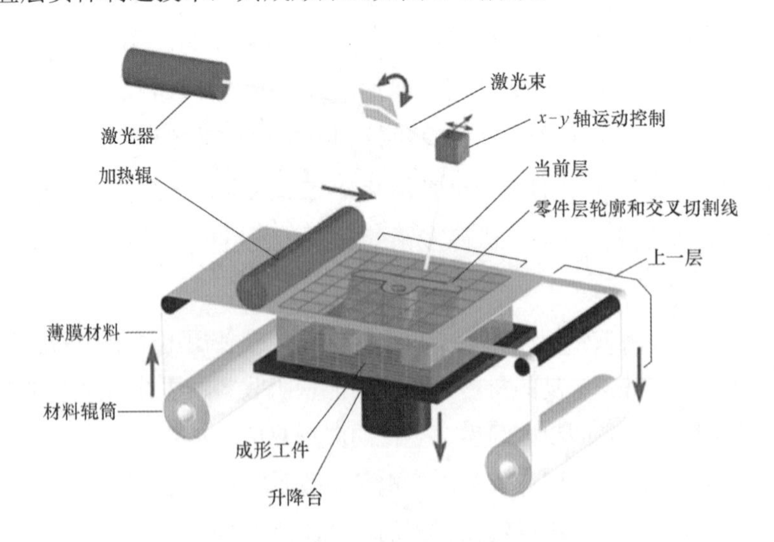


图 2-9　叠层实体制造成形原理图

叠层实体制造由美国 Helisys 公司的 Michael Feygin 于 1986 年开发成功。这一工艺以纸片、塑料薄膜等片材为原材料，主要成形过程为：运用 $CO_2$ 激光器进行系统切割，并按照计算机提取的横截面轮廓线数据，用激光将背面涂有热熔胶的纸片材切割出工件的内外轮廓，同时对非零件区域进行交叉切割，以便去除废料。第一层切割好后，送料机会把新一层纸片材叠加上去，工作台带动已成形的工件下降（通常材料厚度为 0.1～0.2mm），与带状片材（料带）分离；供料机构转动收料轴和供料轴，带动料带移动，使新层移到加工区域；工作台上升到加工平面；铺纸加热辊进行热压，工件层数增加一层，高度增加一个料厚；再在新层上切割截面轮廓，最终完成产品成形。

该工艺的优势首先在于原材料易于获取，工艺成本较低。其次，加工过程无化学反应，适合制作大尺寸产品。但由于传统的叠层实体制造成形工艺具有 $CO_2$ 激光器成本高、原材料种类过少、纸张的强度偏弱且容易受潮等缺点，因而现已经逐渐退出增材制造的历史舞台。

### 2.1.7 立体光固化工艺

立体光固化工艺是指通过光致聚合作用选择性地固化液态光敏聚合物的增材制造工艺，代表性工艺有立体光固化成形、数字光处理等，其成形原理如图 2-10、图 2-11 所示。

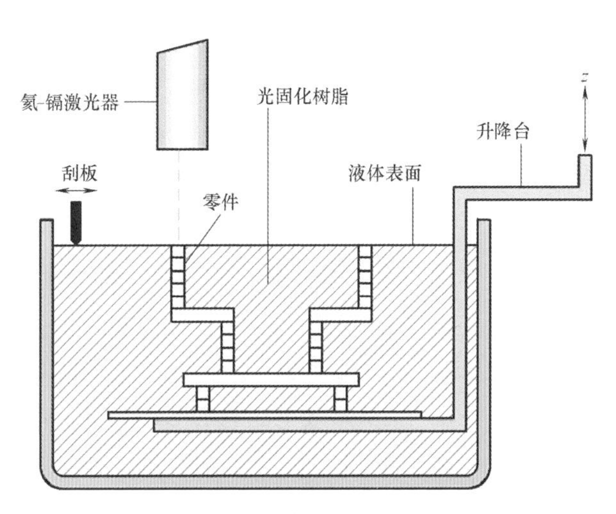


图 2-10 立体光固化成形原理图

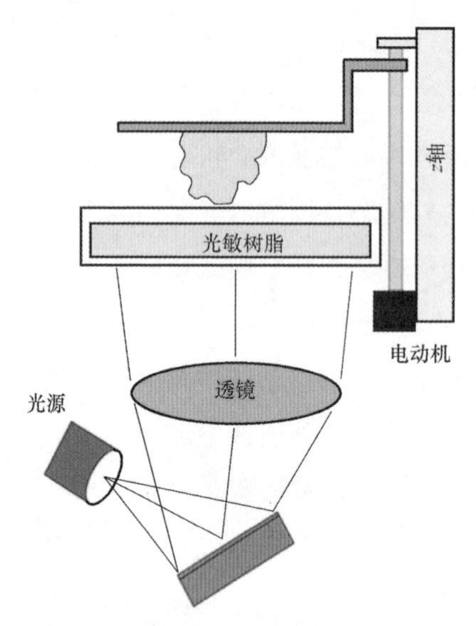


图 2-11　数字光处理成形原理图

立体光固化成形技术最早由美国科学家 Charles Hull 于 1983 年开发成功，是最早发展起来的增材制造技术，它以光敏树脂为原料，通过计算机控制紫外激光束使其凝固成形，简便快捷地制造出传统加工方法难以制作的复杂立体形状，在传统制造领域中具有划时代意义。其主要成形过程为：用容器盛满液态光敏树脂，氦－镉激光器或氩离子激光器发出的紫外激光束在控制系统控制下按零件分层截面数据信息在光敏树脂表面进行逐点扫描，使被扫描区域的树脂薄层产生光聚合反应而固化，形成零件薄层。一层固化后，工作台下移一个层厚距离，以便在原先固化好的树脂表面再敷上一层新的液态树脂，刮板将黏度较大的树脂液面刮平，然后进行下一层的扫描加工，新固化的一层黏结在前一层上，如此重复直至完成零件制造。

该工艺所用的成形材料为液态形式的光敏热固性聚合物，具有成形速度快、精度高、表面质量高的特点，广泛应用于航空航天、汽车、医疗、家用电器、文物保护等领域。

数字光处理投影系统的核心是光学半导体，即数字显微镜装置或称为 DLP 芯片，由美国德州仪器（Texas Instrument）公司的 Larry Hornbeck 博士于 1987 年发明。该技术是立体光固化成形的变种形式，与立体光固化成形有异曲同工之妙。在加工产品时，利用数字微镜元件将产品截面图形投影到液体光敏树脂表面，使照射的树脂逐层进行光固化。由于每层固化时是通过幻灯片似的片状固化的，因而速度比同类型的立体光固化成形速度更快。

该工艺成形的产品性能与立体光固化成形工艺相近，成形速度更快，但受数字光镜分辨率限制，只能打印尺寸较小的产品。在珠宝首饰领域的蜡模打印已有较长历史，应用比较成熟。由于数字光镜分辨率的提高，其在工业、文创等领域的应用正快速普及。

## 2.2 代表性装备

### 2.2.1 黏结剂喷射装备

代表性装备有 DM P2500 高精度黏结剂喷射金属增材制造装备（见图 2-12），使用黏结剂喷射工艺制造零件。黏结剂为环氧树脂，由喷嘴根据部件的几何形状精确地喷射黏结剂，层层黏结材料，该过程一直持续到零件完成，整个打印过程以受控的方式进行。最后，在烧结炉中将黏结剂烧掉以获得纯粹的金属零件。该设备能够以 35μm 的分辨率制造非常小的精确零件。烧结过后一般具有 *Ra* 6.0μm 的平均表面粗糙度值。该设备的运动部件精度高达 0.001mm，可以保证连续生产所需的重复性，构建体积可达 2 500$cm^3$，典型的构造速度为 100$cm^3$/h。IDTechEx 预测，到 2025 年将会有 37 000 台黏结剂喷射装备，这意味着黏结剂喷射增材制造将迎来新的发展。

图 2-12 DM P2500 高精度黏结剂喷射金属增材制造装备

### 2.2.2 定向能量沉积装备

代表性装备制造商美国 Optomec 公司对激光近净成形技术进行商业开发和推广，并逐渐推出成品机床——LENS 450/850 等装备。LENS 450 定向能量沉积装备（见图 2-13）的密封舱尺寸为 1m×1m×1.5m，标准三轴移动控制，定位精度可达 ±0.25mm，运动速度为 60mm/s，沉积速度可达 0.5kg/h，激光器采用 400W IPG 激光器等。

图 2-13 LENS 450 定向能量沉积装备

### 2.2.3 材料挤出装备

知名熔融沉积成形设备生产商主要有 Stratasys 和 3D Systems 等，装备主要类型分为工业级和桌面级。Stratasys F900 工业级增材制造装备（见图 2-14）专为设计和工作规模较大的制造业和重工业而打造，建模尺寸可达 914.4mm×609.6mm×914.4mm，平台支持两个构建区域，适用于构建小型或大型胶版，制造部件的精度为 ±0.089mm。

图 2-14 Stratasys F900 工业级增材制造装备

### 2.2.4 材料喷射装备

材料喷射装备制造商主要有以色列 Objet 公司以及惠普公司，典型装备是惠普公司推出的 Jet Fusion 5200（见图 2-15）。作为一款工业级增材制造生产系统，Jet Fusion 5200 可帮助企业进一步提升生产预测管理水平、生产效率、可重复性和部件质量，更好地支持大规模批量化生产。

图 2-15 惠普公司 Jet Fusion 5200 增材制造装备

### 2.2.5 粉末床熔融装备

以激光选区熔化装备为例，国外已有众多专业激光选区熔化装备制造商，如德国 EOS 公司、SLM Solutions 公司和美国 GE Additive 公司等。随着相关技术的提升与发展，大型、高速、精密制造装备不断出现。2017 年年底，GE Additive 发布 ATLAS 系统，其成形尺寸达到 1.1m×1.1m×0.3m。德国 EOS、SLM Solutions 等公司为提高制造效率推出四激光系统，如 EOS M400 金属增材制造装备（见图 2-16）。我国在装备方面的研究主要集中在华南理工大学、西北工业大学、华中科技大学及北京工业大学等高校及科研院所。其中，华中科技大学史玉升教授团队在大尺寸激光选区烧结装备的研究与应用方面获 2011 年国家技术发明奖二等奖，北京工业大学 3D 打印中心科研团队成功研制了具有完全自主知识产权的口腔种植体金属 3D 打印装备 BESK SLM BM280。另外，铂力特、江苏永年激光成形技术有限公司（简称永年激光）、北京易加三维科技有限公司（简称易加三维）、湖南华曙高科有限责任公司（简称华曙高科）、广东汉邦激光科技有限公司（简称汉邦科技）等公司也陆续开发出较为成熟的激光选区熔化装备并完成商业化。

图 2-16　EOS M400 金属增材制造装备

## 2.2.6　薄材叠层装备

目前，从事薄材叠层装备研发的公司有美国的 Helisys 公司、日本的 Kira 公司、瑞典的 Sparx 公司以及新加坡的 Kinergy 公司等，如美国 Helisys 公司推出了 LOM-2030 型薄材叠层装备（见图 2-17）。西安交通大学余国兴等人对叠层实体制造技术进行改造，提出了经济适用的刀切法装备，中北大学的郭平英提出了适用于大厚度切片的叠层实体制造装备。

图 2-17　LOM-2030 型薄材叠层装备

## 2.2.7　立体光固化装备

立体光固化成形法是出现最早且较为成熟的一种快速成形技术。1984 年，世界上第一台快速成形光固化装备诞生。1988年，3D Systems公司正式推出立体光固化成形商品化快速成形机SLA-250。立体光固化成形凭借着由CAD数字模型直接制成原型、加工速度快、产品生产周期短、不需要切削工具与模具、成形精度高（尺寸公差在0.1mm左右）、表面质量好等优点而备受推崇。国内外都对此类装备进行了研究，比如杭州先临三维科技股份有限公司在2020年推出EP-A800大尺寸光固化增材制造装备（见图2-18a），成形尺寸可达800mm×800mm×450mm，可对工业上的大型构件进行打印。广州迈普医学公司研发了SLA-JuPu400装备（见图2-18b），成形尺寸为384mm×216mm×384mm，超薄外壁，清晰细节无“阶梯”边缘，可面向医学、保健等领域应用。陕西恒通智能机器有限公司研发了立体光固化成形装备SPS600（见图2-18c），输出功率最大可达2kW，配备全数字式高速扫描振镜，成形尺寸600mm×600mm×400mm，可用于军工、生物医疗及其他基础装备零件制造领域。

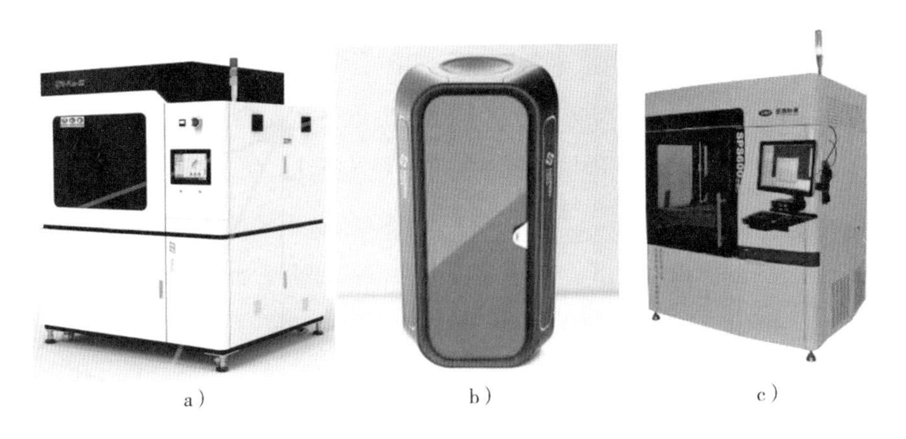

a)　　b)　　c)

图2-18　立体光固化增材制造装备

## 2.3　最新进展

### 2.3.1　新工艺技术进展

随着增材制造领域研究的不断深入，增材制造新技术、新工艺不断出现。2018年年底，德国EOS公司推出革命性聚合物增材制造技术Laser Pro Fusion，该技术采用近百万个二极管激光器排成激光阵列，瞬间一次性烧结粉末材料，相比过去的单个$CO_2$激光器的烧结速度快10倍，以提高生产效率，满足大规模生产需求。同年，惠普公司针对工业级金属零件大批量生产推出 HP Metal Jet 技术，将工作效率提升了 50 倍，并显著降低了成本。2019 年 2 月，华曙高科推出 Flight™ 高分子光纤激光烧结技术，实现超高烧结速度，将增材制造批量生产能力提升到一个新高度。

新工艺技术层出不穷，其中最具代表性的有高速烧结（High Speed Sintering，HSS）、选择性隔离烧结（Selective Segregate Sintering，SSS）、连续液态界面制造（Continuous Liquid Interface Production，CLIP）、液态金属喷墨打印（Nano Particle Jetting，NPJ）、多材质多喷嘴 3D 打印（Multimaterial Multinozzle 3D Printing，MM3D）、超快速高温烧结（Ultrafast High-temperature Sintering，UHS）等。此外，超声波增减材复合制造、智能微铸锻铣复合制造等一批增减材复合制造技术延伸了现有增材制造技术，发展潜力巨大。

**1. 高速烧结技术**

高速烧结技术是近年来快速发展的一种增材制造技术，其创始人为尼尔·霍普金森（Neil Hopkinson）教授。该技术创新性地把激光热源替换为红外线灯和喷墨打印头，打印头快速准确地将材料传送到粉末床上，随后红外线将粉末熔化，从而固化成功能性塑料部件，通过逐层烧结聚合物粉末来形成三维实体。HSS 技术常用的材料有 PA12 和 TPU，对于某些无法用激光烧结加工的材料，也可以用 HSS 加工，并且不需要惰性气体保护。另外，HSS 技术由于用红外加热，微粒熔化的时间长，因而 HSS 加工减少了对材料的损坏，提高了烧结质量。HSS 技术与多射流熔融技术相比，不需要细化剂也可以得到较高的分辨率，因此 HSS 技术能减少零件制造成本和缩短成形周期，极大地提高了生产效率。目前，HSS 技术广泛用于支架、汽车外壳、工业设备等的生产。

2019 年 12 月 16 日，德国制造商 Voxeljet 基于 HSS 工艺又开发了一种新的技术，成形具有可变特性的灰度增材制造零件（见图 2-19），该方法被称为“灰度 3D 打印”。“灰度 3D 打印”最大的特点就是可以控制在不同打印区域喷射墨水的量，从而成形出具有可变材料特性的三维实体零件，并且不同打印区域的强度、密度、硬度、质量等特性会有所区别。

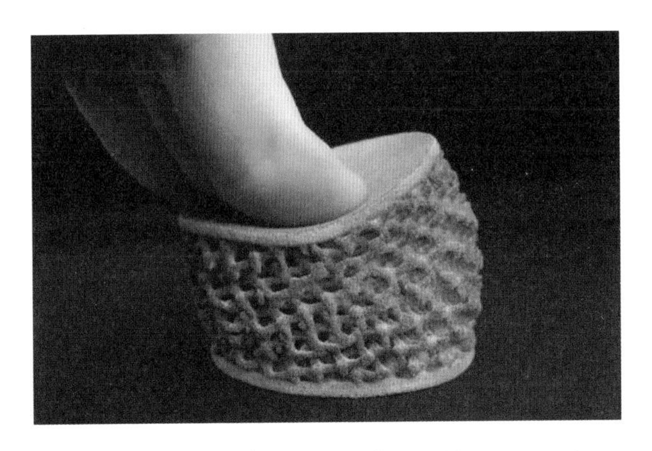

**图 2-19 具有可变特性的灰度增材制造零件**

资料来源：Voxeljet 官网。

**2. 选择性隔离烧结技术**

选择性隔离烧结技术从本质上来说也是一种粉末烧结型增材制造工艺，不过其制造对象并非“轮廓工艺”那样层层挤出的结构，而是一个个可以互相咬合的砖块结构，或是功能性金属部件，工艺流程图如图 2-20 所示。这种工艺的创始人是 Khoshnevis 教授。目前该技术可用来打印聚合物、金属以及陶瓷等多种材料。

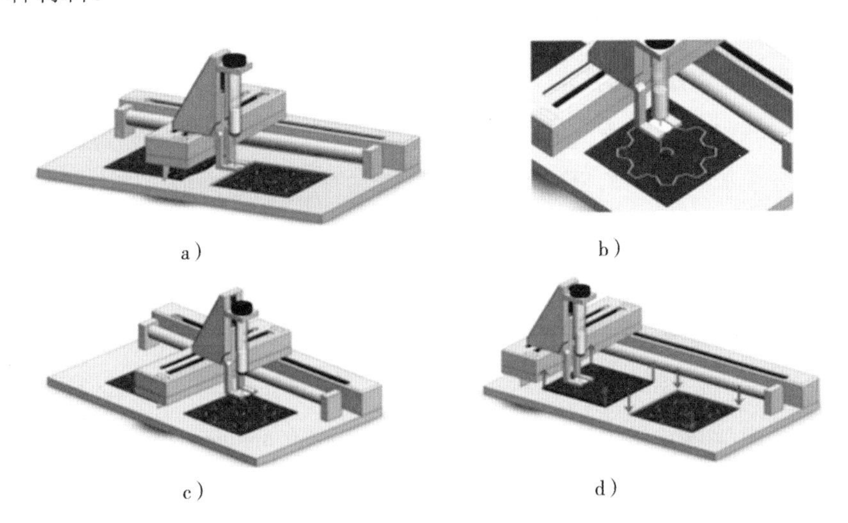


**图 2-20 选择性隔离烧结工艺流程图**

a）铺粉 b）粉末沉积 c）喷嘴向上移动 d）零件 / 粉末箱向下 / 向上移动

资料来源：南极熊官网。

**3. 连续液态界面制造技术**

连续液态界面制造技术由美国 Carbon 公司发明。该技术基于立体光固化成形技术，采用紫外线照射光敏树脂，使液体树脂聚合为固体，从而打印成形。它的优势主要体现在两个方面：一是打印速度快，比传统的增材制造快 25 ～ 50 倍，还能够连续工作；二是工件结构更坚固，连续液态界面制造技术打印的三维实体是通过固化生长得到的，比 3D 层状堆叠的结构更坚固。目前主要用于半导体领域的光刻方面，其工艺实施方案如图 2-21 所示。

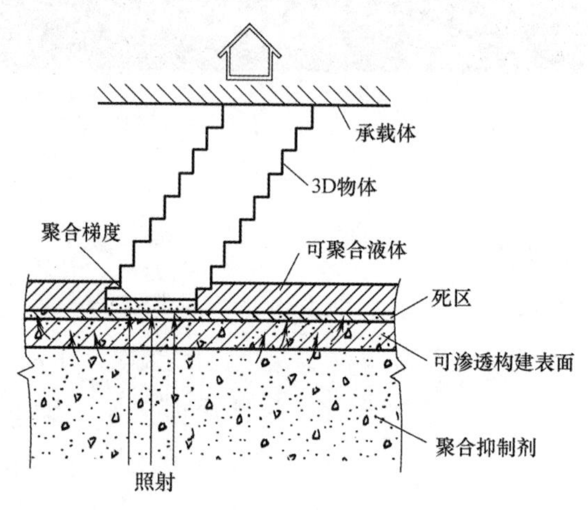


图 2-21　连续液态界面制造实施方案示意图

**4. 液态金属喷墨打印技术**

液态金属喷墨打印技术是由以色列 XJet 公司开发的金属成形技术。与以往的增材制造技术相比，液态金属喷墨打印技术的打印材料为纳米液态金属，以喷墨的方式沉积成形，打印速度快 5 倍，成形的三维实体具有优异的精度和表面质量，目前可用于制造医疗器械、牙科植入物、一次性样品等。

**5. 多材质多喷嘴 3D 打印技术**

2019 年 11 月，哈佛大学工程与应用科学学院的 Jennifer A. Lewis 教授团队在国际顶级期刊 *Nature* 在线发表了名为“Voxelated soft matter via multimaterial multinozzle 3D printing”的研究文章。该团队设计的多材质多喷嘴 3D 打印系统采用类似二极管的方法，通过并行排列 128 个喷嘴，实现在 8 种不同的材料之间的无缝高频切换，节省打印时间。同时多材质多喷嘴 3D 打印能够控制材料的组成、几何形状和结构性质等，甚至可以控制用肉眼无法看到的微小结构，打印实物如

图 2-22 所示。

图 2-22　哈佛大学运用多材质多喷嘴 3D 打印技术打印的实物

**6. 超快速高温烧结技术**

2020 年 5 月，美国马里兰大学材料科学与工程系的胡良兵教授等人研发了一种超快速高温烧结工艺技术，并发表在 *Science* 杂志上。该技术最大的亮点体现在：在惰性气氛中通过辐射加热来烧结陶瓷材料，这种方法的烧结过程所需的时间仅为 10s，比传统的熔炉烧结方法快 1 000 倍以上。超快速高温烧结技术代表了超快速烧结技术的一项突破，它不但广泛适用于多种功能材料，还因能通过保留或产生额外缺陷来创造非平衡块状材料而潜力无限。超快速高温烧结技术对于增材制造陶瓷件的生产具有重要意义，可以大幅缩短增材制造陶瓷件的烧结时间，提高生产效率，将进一步推动陶瓷增材制造用于批量生产的进程。

**7. 微纳尺度增材制造纳米复合技术**

微纳尺度增材制造技术是一种高速发展并被集成到制造业和日常生活中的技术。近年来，微纳尺度增材制造技术在各个领域中发展迅速，被广泛应用于产品原型的生产。XJet 公司采用纳米喷射增材制造成形的实体如图 2-23 所示。

图 2-23　XJet 公司采用纳米喷射增材制造成形的实体

**8. 电子束和激光选区复合金属增材制造技术**

电子束选区熔化和激光选区熔化都是通过选区熔化粉末床来逐层成形所需零件的常见的增材制造技术。电子束和激光选区复合金属增材制造技术将电子束选区熔化的高效率和激光选区熔化的高精度结合起来，是可以获得更广泛适用范围的选区熔化技术。电子束和激光选区复合金属增材制造技术的出发点是综合电子束和激光的特点：电子束功率密度高、效率高，可以加热粉末床，但是它的光斑比较粗，加工的表面质量差；激光加工精度高，表面质量比较好，但是能量相对弱，加热效率低，所以它的粉末床温度比较低。把两者结合起来，实现互补，就会拓宽工艺选择范围。目前清华大学在该技术领域处于领先地位，国际上研究的相对较少。

**9. 智能微铸锻增材制造技术**

智能微铸锻增材制造技术是近年来的热点研究方向，华中科技大学张海鸥在该领域取得了显著成就。我国自主独创的智能微铸锻增材制造技术装备可以打印与激光送粉成形和电子束送丝成形尺寸相当的零件，也是世界上唯一可以打印出大型高可靠性金属锻件的增材制造技术装备。该技术就是在金属微熔铸的同时进行复合锻造工艺，可以获得高强韧、高可靠性的复杂形状金属锻件，突破性地解决了传统制造流程长、污染重、能耗高、材料利用率低、需要超大型锻机的世界性难题，同时克服了常规金属增材制造没有经过锻造、容易出现气孔和裂纹等缺陷的问题。该发明专利技术已经试点应用于航空、航天、海洋工程、核能、高端装备等高性能核心复杂零部件的制造。

**10. 激光增材微切割金属混合制造技术**

激光增材微切割金属混合制造（Laser Additive & Cutting Manufacturing，LACM）技术，即融合激光选区熔化、飞秒激光切割两项技术形成的新的金属增材制造技术。它的特点包括：屏蔽掉圆角、塌角等问题；一次成形精度达到微米级，大幅度降低表面粗糙度值；实现高薄壁结构，壁厚可达 80μm；零件可以直接使用，或简单加工后使用。LACM 技术经历 6 年的技术沉淀，致力于实现精密模具制造、齿科植体制造、精密内腔终端零件制造、微结构零件制造，开启“材料 + 激光技术 + 软件 + 工艺 + 服务 + 工业互联网 = 以专用高精密装备为载体的全链条智能制造解决方案”新模式。

**11. 无离型膜面激光类超临界流体连续成形技术**

深圳布尔三维团队开发了一项创新的光固化增材制造工艺——面激光类超临界流体连续成形（Surface Laser Supercritical Fluid Form，SLF）技术。该技术采用了自主研发的面激光投影装置和类超临界流体树脂材料，使用向下投影的面激光装置和下沉式的平台结构。面激光投影装置可将类超临界流体树脂在 1s 内固化，一次固化一个面，固化完成后平台下降，同时类超临界流体树脂材料能够在极短的时间内自动流平成平整的液面，摒弃了下沉式光固化依赖的刮板运动，从而将每一层的打印时间缩短到 2s 以内。

### 2.3.2 新装备进展

增材制造装备性能不断升级。随着增材制造装备工艺技术研究和制造技术的突破，出现了一批超大型、超高速、超精密的工艺装备。GE 公司发布的激光增材制造装备成形尺寸可扩展至 1m×1m×1m，推动铺粉式金属增材制造装备进入“米”级时代。德国 EOS、SLM Solutions 等公司推出四激光系统的新型装备，大幅提升了打印效率。澳大利亚 Spee3D 公司基于超声速三维沉积（SP3D）技术的金属增材制造装备成形速度较传统金属增材制造技术快 100～1 000 倍。惠普公司基于多射流熔融技术的装备成形精度达到 1 200dpi，并引领多材料实现全彩增材制造。深圳摩方材料科技有限公司自主研发的面投影微立体光刻装备，打印精度可达微米级。

**1. 金属增材制造装备**

近年来，金属增材制造装备得到快速发展。重点企业、科研院所等相继推出新装备、新技术，推动了金属增材制造行业整体进步。如西安铂力特增材技术股份有限公司研发了双激光头双向铺粉装备 BLT-S400（见图 2-24），其最大成形尺寸为 400mm×250mm×400mm，成形效率是普通装备的 170% 以上，该装备面向批量化增材制造和航空航天等高端应用领域。南京中科煜宸激光技术有限公司在新产品技术开发方面取得突破性进展，实现了成形尺寸为13m×3.5m×3m的双龙门结构20kW激光同步送粉打印测试，其代表性装备还有RC-LDM2020同轴送粉式金属增材制造装备。另外，对于上面提到的激光增材微切割金属混合制造技术，该公司的典型装备为LACM-100（见图2-25）。惠普公司研发的HP Metal Jet装备（见图2-26），可将工作效率提升50倍，并显著降低成本，大众汽车、威乐集团等已下单采购该项技术生产的金属零部件。澳大利亚增材制造公司Titomic推出了大型金属增材制造装备（见图2-27），成形尺寸为9m×3m×1.5m，采用冷喷涂技术，实现钛金属材料快速打印，比传统制造方式更灵活、更可持续。

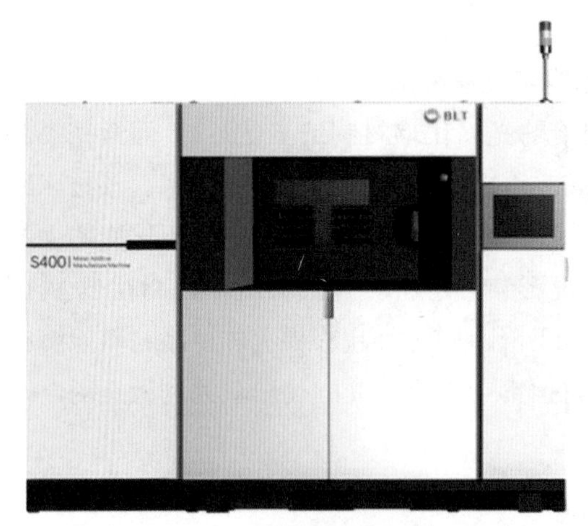


图2-24　BLT-S400装备

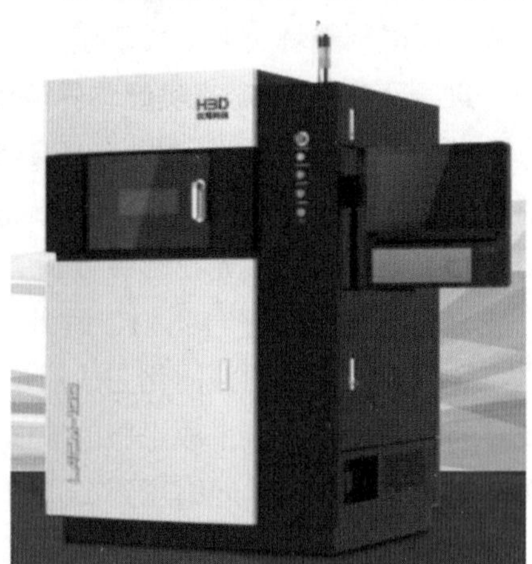


图2-25　LACM-100装备

图2-26　HP Metal Jet装备

图 2-27　澳大利亚 Titomic 公司的大型增材制造装备

资料来源：3D 虎网。

**2. 四激光系统装备**

最具代表性的四激光系统装备制造商有德国 EOS 公司和 SLM Solutions 公司。EOS 公司研发的 EOS M300-4 四激光系统装备（见图 2-28）具有四个激光振镜，能够实现全域覆盖。M300-4 设备能够提高生产效率，降低单个零件的生产成本。SLM Solutions 公司生产的 SLM 800 金属增材制造设备（见图 2-29）拥有 500mm×280mm×850mm 的打印室，可容纳四个 700W 的激光器，可用于生产大型金属零件。这款机器配置了自动化处理站，可以自动进行开箱、预热、冷却、粉末移除和粉末转移等操作；此外，还集成了永久性过滤、熔池监测、多激光功率监测、优化机器控制软件和真空可选粉末供料单元等技术。另外，SLM Solutions 公司于 2019 年 11 月在 Formnext 展览会上展出了最新的四激光金属增材制造装备 SLM®500（见图 2-30）。

图 2-28　EOS 公司生产的 M300-4 装备

图 2-29　SLM Solutions 公司推出的 SLM 800 装备

图 2-30　SLM Solutions 公司推出的 SLM®500 装备

**3. 面投影微立体光刻装备**

深圳摩方材料科技有限公司研发的桌面级高精度微尺度增材制造装备系统——NanoArch P140（见图 2-31），应用了面投影微立体光刻技术。该装备使用高精密紫外光刻投影系统，将需打印图案投影到树脂槽液面，在液面固化树脂并快速微立体成形，从数字模型直接加工成三维复杂结构的模型。NanoArch P140 装备可用于打印复杂三维微结构、仿生材料、微传感器和石墨烯三维结构，其应用领域全面覆盖生物医疗、组织工程学、微流控、生物芯片、太赫兹技术等。

**4. 多射流熔融技术装备**

全球领先的增材制造公司 3D Systems 推出 ProJet MJP 2500 系列装备（见图 2-32），该装备可提供简单、清洁的操作。除此之外，它还提供了很高的功能保真度，使专业设计人员无须离开工作岗位即可创建高精度模型。

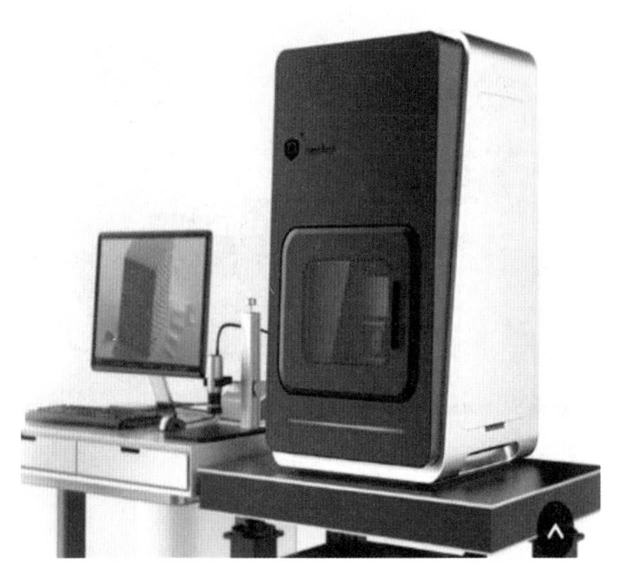

图 2-31 NanoArch P140 微尺度增材制造装备

图 2-32 3D Systems 公司推出的 ProJet MJP 2500 增材制造装备

#### 5. 小型全彩打印装备

增材制造在教育、办公、生活等领域应用广泛，特别是小型桌面级 3D 打印机深受欢迎，比如全彩打印机。2020 年 4 月，Stratasys 公司线上发布全新的全彩 3D 打印机——J55（见图 2-33）。这是一款办公室友好型的小型全彩 3D 打印机，它的成本比前代机型更低，面向设计、制造、教育等行业。J55 有效 3D 打印面积为 1 174cm$^2$，支持五种耗材同时打印，单个耗材盒的树脂容量是 1.1kg。

图 2-33　Stratasys 公司推出的全彩 J55 打印机

**6. 其他装备**

除上述几款比较典型的装备外，还有一些针对特殊应用领域推出的增材制造装备。2019 年 9 月，浙江闪铸三维科技有限公司推出采用多喷嘴喷射技术的喷蜡 3D 打印机——WaxJet 400，并应用于珠宝行业。2020 年 3 月，Mimaki Europe 公司推出 Mimaki 3DGD-1800 3D 打印机，这是一款采用凝胶点胶打印技术（Gel Dispensing Printing Technology）的新型装备。2020 年 4 月，铂力特推出 BLT-A160 金属 3D 打印机，专门用于口腔支架的打印。

# 第3章

# 增材制造产业发展概况

# 3.1 全球增材制造产业发展状况

## 3.1.1 产业篇

**1. 产业规模持续扩大，保持高速增长态势**

经过几十年发展，全球增材制造产业已从起步期迈入成长期，产业规模持续扩大，保持高速增长的态势。Wohlers Associates（2020）对全球 114 家工业级增材制造装备制造商（设备单价超过 5 000 美元）、40 家专用材料生产商及消费级增材制造设备制造商、129 家服务提供商的统计数据显示：2019 年，全球增材制造产业产值达到 118.67 亿美元，同比增长 21.2%，较上一年 33.5% 的增速有所放缓，但全球产值依然可观。1995—2019 年全球增材制造产业产值及增速如图 3-1 所示。

此外，1988—2019 年，全球增材制造产业年复合增长率为 26.7%，经历 2009 年的下滑后，产业规模连续 10 年增长。其中，2012—2014 年的复合增长率（CAGR）高达 33.8%，2016—2019 年 CAGR 为 23.3%，略有下降。预计未来 10 年，全球增材制造产业仍将处于高速增长期，发展潜力巨大。麦肯锡预测，到 2025 年全球增材制造产业可能产生高达 2 000 亿～5 000 亿美元的经济效益。

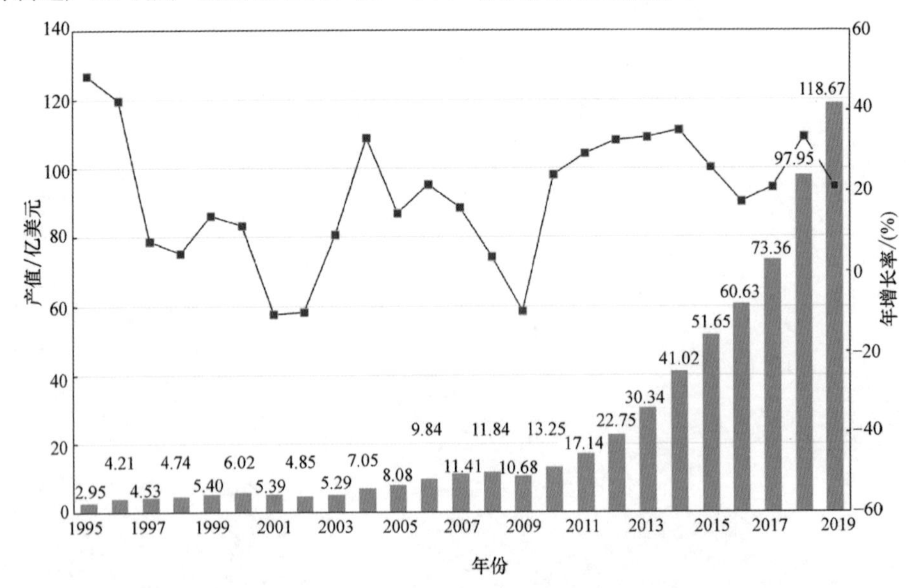


图 3-1 1995—2019 年全球增材制造产业产值及增速

数据来源：Wohlers Associates，中国增材制造产业联盟整理。

**2. 欧美国家领衔发展，亚洲市场潜力渐增**

当前，全球增材制造产业已基本形成了美欧等发达国家和地区主导、亚洲国家和地区后起追赶的发展态势。其中，美国作为全球增材制造技术起源地，引领技术创新和产业发展。近年来，亚洲增材制造市场潜力逐渐显现，全球产业重心逐步向亚太地区转移，产业格局更趋平衡。Wohlers Associates（2020）的统计数据表明，2019 年全球工业级增材制造设备保有量分布格局（见图 3-2）中，美国、中国、日本、德国四国的增材制造设备保有量位居前四位，占有率之和为 64.1%，与 2018 年基本持平。其中，美国设备保有量占有率居首，高达 34.4%，相比 2018 年下降 0.9 个百分点。中国位居第二，其中大陆地区设备保有量占有率为 10.8%，较 2018 年上升 0.2 个百分点，台湾地区设备保有量为 1.4%。其次是日本、德国，设备保有量占有率分别为 9.3% 和 8.2%。此外，韩国设备保有量占有率由 2015 年的 2.9% 上升至 2019 年的 4.0%，增长 1.1 个百分点。

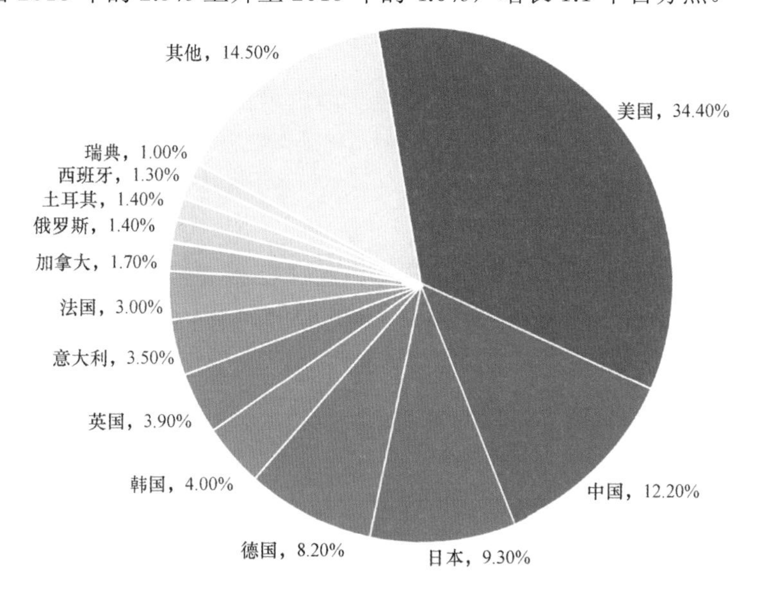


图 3-2　2019 年全球工业级增材制造设备保有量分布格局

数据来源：Wohlers Associates，中国增材制造产业联盟整理。

从工业级设备销售量看，2019 年欧美国家占有率为 62.1%，较上年增长 3.4 个百分点。其中，美国占有率为 35.1%，较上年下降 1.1 个百分点，欧洲国家占有率为 27.1%，较上年增长 4.6 个百分点。亚太地区占有率为 19.1%，较上年上升 6 个百分点。可以看出，美国虽然装备销售量占比有所下降，但仍然保持首位，同时亚太地区销售量占比提升明显。

**3. 装备销量稳步增长，市场竞争趋于激烈**

2019 年，全球工业级增材制造装备销量达到 22 115 台，相比于 2018 年的 19 285 台增长 14.7%，增长率较上年下降 3.1 个百分点。其中，金属增材制造装备销量达到 2 327 台，同比增长 1.3%，销售额 10.88 亿美元，平均售价 46.76 万美元，同比增长 13.2%，如图 3-3 所示。未来，全球市场装备销售将稳步增长并有所趋缓，而对应的加工服务将会是增材制造市场主要的持续增长点。

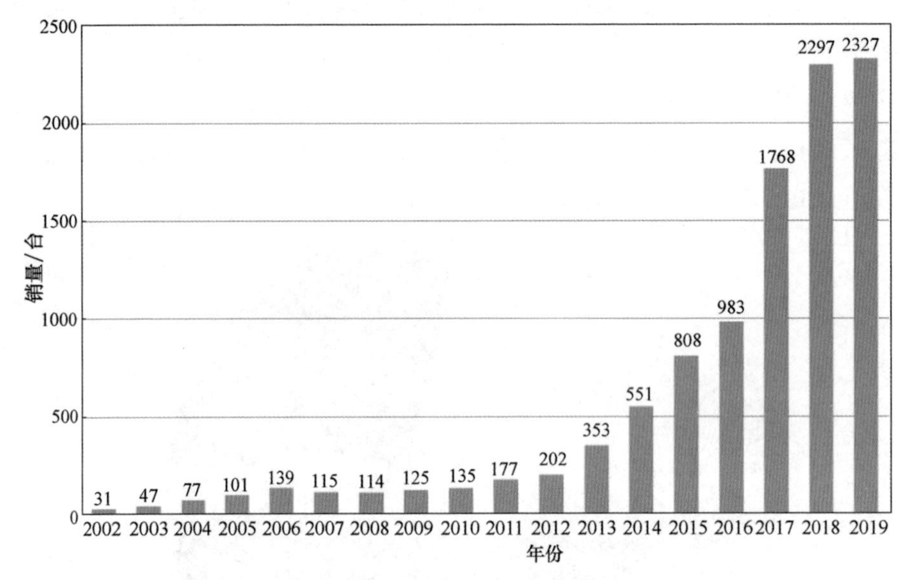


**图 3-3　2002—2019 年全球金属增材制造装备销量**

数据来源：Wohlers Associates，中国增材制造产业联盟整理。

从企业市场份额（见图 3-4）来看，Stratasys、Markforged、3D Systems、Envisiontec、Rapidshape 五家公司的工业级增材制造装备市场份额占据前五，分别为 16.6%、12.8%、10.3%、4.9% 和 3.2%。其中，Stratasys 的市场份额近几年一直处于下降趋势，但市场占有率连续 18 年保持第一，截至 2019 年年底累计出货量为 62 840 台。Markforged 的市场份额位居第二，累计出货量为 28 005 台。3D Systems、Envisiontec 依旧占据第三、四的位置，而 Rapidshape 超过 HP 跃居前五。同时其他企业从 2018 年的 30.3% 上升到 2019 年的 34.1%，这表明在全球范围内有很多新公司进入市场。从系统制造商数量来看，2019 年，全球增材制造系统制造商增长至 213 家，较 2018 年增长 20.3%，超过百套系统的销售厂家达到 34 家，较 2018 年增长 25.9%。

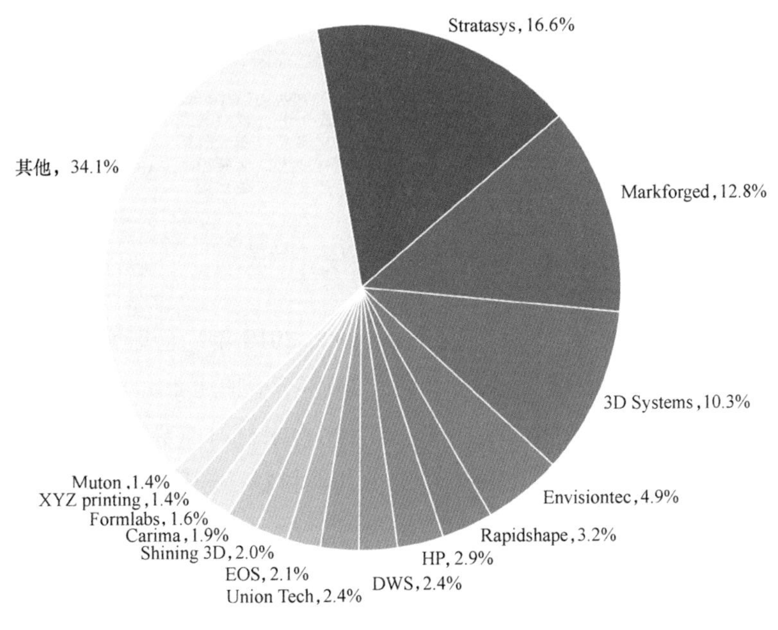


图 3-4　企业市场份额

数据来源：Wohlers Associates，中国增材制造产业联盟整理。

此外，2019 年，低成本消费级增材制造装备（设备单价低于 5 000 美元）的销售量为 705 694 台，增长率为 19.4%，较 2018 年上升 7.7 个百分点，平均售价 1 196 美元，较 2018 年的 1 260 美元有所下降。同时，该类装备的销售量自 2012 年的 35 706 台激增到 2019 年的 705 694 台，增长近 20 倍。

**4. 专用材料备受关注，材料种类逐步增多**

增材制造专用材料的品类和品质决定增材制造产品及服务的质量。目前，传统材料行业巨头及增材制造行业领军企业纷纷布局专用材料领域，材料研发投入和消费支出创纪录增长。自 2018 年 1 月至今，德国化学公司 Evonik、德国化学公司 Henkel、法国材料公司 Arkema、金属粉末生产商 Carpenter Technology、加拿大 Tekna、强生子公司 DePuy Synthes、英国吉凯恩（GKN）等通过加大专用材料研发与生产力度或收购并购等方式，加强增材制造领域竞争力。专用材料厂商研发投入与收购部分案例如图 3-5 所示。

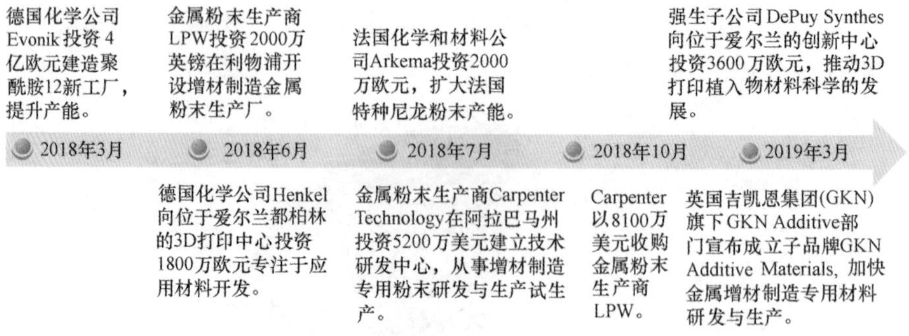

德国化学公司Evonik投资4亿欧元建造聚酰胺12新工厂，提升产能。
金属粉末生产商LPW投资2000万英镑在利物浦开设增材制造金属粉末生产厂。
法国化学和材料公司Arkema投资2000万欧元，扩大法国特种尼龙粉末产能。
强生子公司DePuy Synthes向位于爱尔兰的创新中心投资3600万欧元，推动3D打印植入物材料科学的发展。
2018年3月
2018年6月
2018年7月
2018年10月
2019年3月
德国化学公司Henkel向位于爱尔兰都柏林的3D打印中心投资1800万欧元专注于应用材料开发。
金属粉末生产商Carpenter Technology在阿拉巴马州投资5200万美元建立技术研发中心，从事增材制造专用粉末研发与生产试生产。
Carpenter以8100万美元收购金属粉末生产商LPW。
英国吉凯恩集团(GKN)旗下GKN Additive部门宣布成立子品牌GKN Additive Materials，加快金属增材制造专用材料研发与生产。

图 3-5　专用材料厂商研发投入与收购部分案例

Wohlers Associates（2020）统计数据显示：2019 年，全球增材制造行业系统专用材料消费支出约为 19.16 亿美元，比 2018 年增加约 4.21 亿美元，同比增长达到 28.2%，如图 3-6 所示。其中，光聚合物粉末材料消费支出占比 31.9%，其次为热塑性粉末、长丝材料、金属粉末及其他材料，分别占比 28.1%、20.6%、17.4%、2.0%。

消费支出/亿美元
25
20
15
10
5
0
0.71
0.81
0.93
1.29
1.51
1.90
2.21
2.38
2.18
2.66
3.27
4.17
4.94
6.40
7.68
9.03
17.14
14.95
19.16
2001 2002 2003 2004 2005 2006 2007 2008 2009 2010 2011 2012 2013 2014 2015 2016 2017 2018 2019
年份

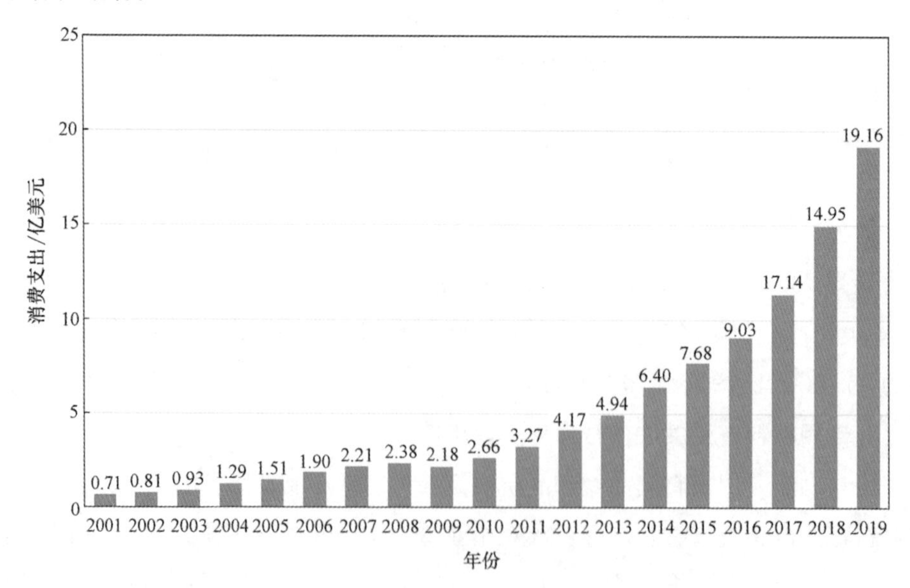

图 3-6　全球增材制造行业系统专用材料消费支出情况

数据来源：Wohlers Associates，中国增材制造产业联盟整理。

据英国 AMFG 公司 *The Additive Manufacturing Landscape 2020* 报告显示，2020 年增材制造专用材料市场突破 20 亿美元，实现强劲增长。同时，专用材料种类逐步增多，Senvol 数据库列出的 2020 年可选择材料种类多达 2 245 种，2019

年仅有 1 700 多种。此外，复合材料增材制造设备在工业领域刚刚起步，单一材料向复合材料方向发展，将带来更大的市场前景。

**5. 行业应用显著深化，直接制造成为主流**

增材制造技术在工业机械、航空航天、汽车等领域的应用逐步深入，越来越多的企业将其作为技术转型方向，专注于提供一体化解决方案，用于突破研发瓶颈或解决设计难题，助力智能制造、绿色制造等新型制造模式。Wohlers Associates（2020）数据显示：2019 年，增材制造在汽车、消费品/电子、航空航天领域应用占比最高，分别为 16%、15% 和 15%，逐步成为产品研发设计制造的工具，如图 3-7 所示。在过去的 12 年，工业机械、航空航天、汽车和消费品/电子领域应用一直处于行业领先的水平。其中，2019 年，增材制造在消费品/电子领域占比同比增长 2.4%，该行业通常大批量生产零件，产品生命周期相对较短，增材制造为这些行业企业实现了快速设计迭代和优化，加速了产品开发。

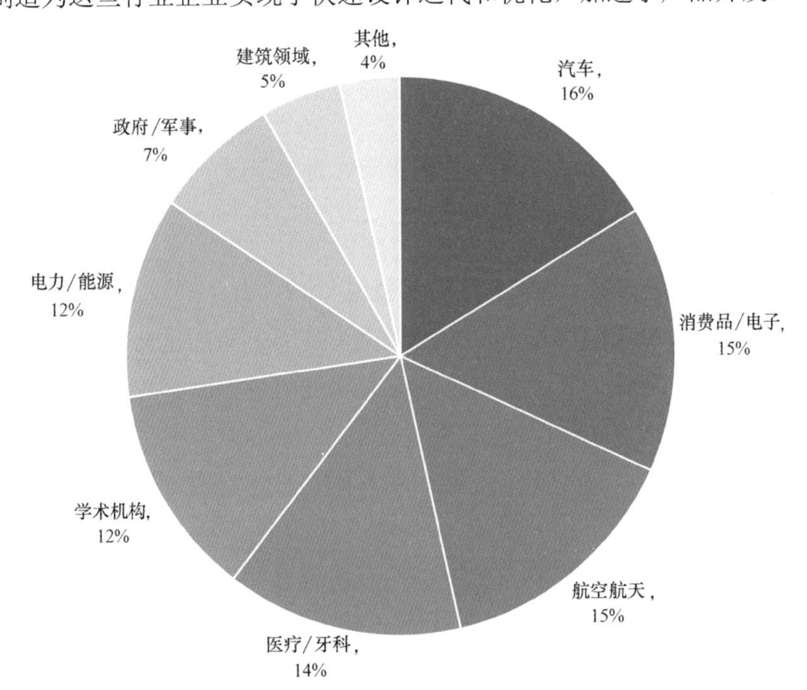


**图 3-7　2019 年全球增材制造应用领域分布**

数据来源：Wohlers Associates，中国增材制造产业联盟整理。

增材制造的应用方式逐渐从原型设计走向直接制造，批量生产成为可能。相较于注塑成形和铸造等传统制造工艺，增材制造摆脱了对模具的依赖，具备缩减成本和交货时间、缩短产品的上市周期等优势，可实现柔性制造、分布式制造等制造模式，越来越多的企业将其用于直接制造。Wohlers Associates（2020）报告显示，2019 年，零部件直接制造的产值达到 14.54 亿美元，同比增长 22.5%，如图 3-8 所示。

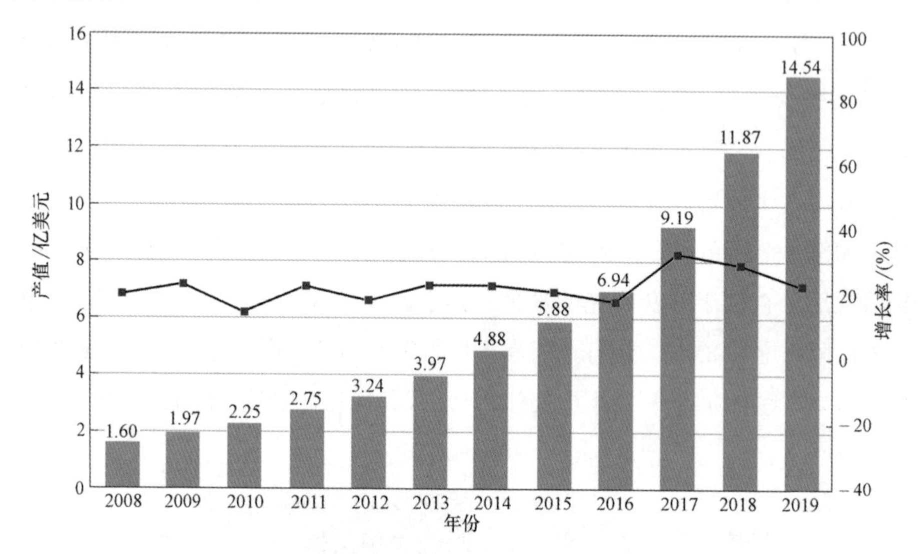


图 3-8　2008—2019 年全球零部件直接制造产值及增速

数据来源：Wohlers Associates，中国增材制造产业联盟整理。

**6. 国际巨头加速布局，持续拓展业务领域**

加强伙伴关系和协同合作正成为国际巨头持续布局的重要手段。通过联合高校、科研机构、企业，集中各自核心能力和优势进行联合攻关，推动增材制造应用再深入。2019 年年初，空中客车公司（Airbus）与荷兰增材制造设备制造商 Ultimaker 达成战略合作协议，利用增材制造技术在欧洲区域内实现工具、夹具以及零部件轻量化设计的本地化制造。2019 年 2 月，Carbon 宣布与兰博基尼联合推进汽车零部件智能、高效生产。之后进一步扩展合作关系，兰博基尼使用 Carbon 数字化制造平台为首款混合动力汽车 Si á n FKP 37 生产中央和侧面仪表板通风口。2019 年 3 月 27 日，IDAM 联合项目在德国慕尼黑举行启动仪式，该项目由德国联邦教育和研究部（BMBF）赞助，项目组包括宝马集团、弗劳恩霍夫激光技术研究所、亚琛工业大学（RWTH Aachen）等 12 个合作伙伴，旨在推动金属增材制造技术在汽车领域应用的工业化和数字化进程。2019 年 4 月，西门子与德国独立汽车设计公司 EDAG 集团围绕“下一代空间架构 2.0”

（Next Gen Spaceframe 2.0）展开创新合作，其合作伙伴还包括 Constellium、北方激光中心（LZN）、BLM 集团、3M 公司等。2019 年 4 月，奥本大学（Auburn University）Samuel Ginn 工程学院国家增材制造卓越中心（NCAME）获得美国宇航局 520 万美元合同，用于开发增材制造工艺和技术，以提高液体火箭发动机的性能，这份为期三年的合同是奥本大学与美国宇航局马歇尔太空飞行中心之间长期合作的最新扩展。

**7. 新一代信息技术赋能，新模式不断出现**

增材制造技术与大数据、人工智能等新一代信息技术的结合，为未来发展带来了无限的可能性。2017 年 6 月，GE 中国智能制造技术中心（AMTC）落户天津空港经济区，AMTC 进行各种智能制造技术的整合研发，包括增材制造技术、增强现实（AR）技术在传统工业领域中的应用以及对于工厂数字化和自动化的改造。2018 年，西门子宣布推出增材制造在线协作平台，旨在为全球制造业提供工业级增材制造的按需设计和工程专业知识、数字工具和生产能力。2019 年 6 月，惠普在巴塞罗那推出增材制造和数字制造卓越中心，面向全球大规模工厂制造市场，集成灵活的交互式布局，打造改变世界设计和制造的方式，赋能第四次工业革命。企业“上云用云”，将打破虚拟世界和现实世界界限，实现生产系统智能优化和动态分布式装备集群的服务调度，为增材制造可持续、资源功效和有效利用提供新途径，重塑增材制造技术及应用模式。2019 年 11 月，EOS 公司与英国软件公司 AMFG 宣布建立合作伙伴关系，以 AMFG 制造执行系统（MES）软件实现 EOS 增材制造装备的数据传输和互联互通，解决增材制造技术用户面临的增材制造工作流之间缺乏连通性的问题。

**8. 资本投入趋于理性，应用服务更受青睐**

近年来，随着市场监管趋严、行业去伪存真加速、合格投资人教育推进，以及一系列风险事件的发生，资本市场对增材制造企业估值趋于理性。长期投资者更加青睐技术水平高、产业化程度好、应用前景广阔的优质项目，助推产业理性平稳发展。2018 年以来，全球增材制造行业投资总额超过 200 亿元，增材制造技术应用服务提供商更受青睐。2019 年 2 月，美国 Rize 混合增强沉积增材制造装备制造商获得 1 500 万美元 B 轮融资，顶级外墙立面生产商 NHF 已将其技术集成到生产运营中，每年节省 20 万美元，生产速度提高 15%，装配检查次数减少 50%。2019 年 3 月，Markforged 公司在 D 轮融资中筹集 8 200 万美元，以帮助加快其产品布局，Summit Partners 公司领投，微软、保时捷、西门子等公司跟投。2019 年 6 月，增材制造“独角兽”Carbon 公司获 E 轮 2.6 亿美元融资，这使得 Carbon 总筹款额超过 6.8 亿美元。Carbon 凭借其开创性的连续液态界面制造（CLIP）技术，正促使增材制造在汽车、医疗和消费品等领域大规模应用。

### 3.1.2 区域篇

世界主要先进国家较早重视并布局增材制造技术，持续将其作为制造业发展的重点领域，加强发展战略谋划。美国作为全球增材制造技术起源地，引领技术创新和产业发展；德国凭借传统制造业中的技术优势与经验，在金属增材制造技术创新和应用方面走在世界前列；英国高度重视增材制造技术发展与应用，重点布局航空航天领域；以色列已成为增材制造领域具有重要影响力的全球技术创新中心；日本在增减材复合制造领域独具优势；韩国则重点发展生物医疗领域的增材制造技术。

**1. 美国：引领全球增材制造产业发展**

美国是全球增材制造技术起源地，诞生过多项增材制造技术，拥有最完整、最前沿的增材制造技术及产业发展体系，引领全球产业发展。1983 年，美国科学家发明了立体光固化成形技术并制造出全球首个增材制造部件，开启了全球增材制造产业发展的篇章。2009 年，美国率先将发展增材制造产业上升到国家战略高度，提出重振制造业战略计划，将增材制造作为重振美国制造业的三大支柱之一。2012 年 8 月，美国国家制造创新网络的第一个创新机构——国家增材制造创新中心（NAMII）成立，2013 年更名为美国制造（America Makes）。作为全球增材制造技术的引领者，美国拥有 GE Additive、Stratasys、3D Systems、Markforged 等众多增材制造知名企业，确保了全球领先地位。

英国 AMFG 公司报告显示，截至 2020 年年底，北美仍是最大的增材制造技术应用地区，在工业增材制造中占有最大份额（35%），设备安装数量达到 422 000 台，位居全球首位。航空航天、工业机械和医疗等行业正将增材制造技术作为重要的投资和研究领域之一。据调查，北美公司比欧洲公司更看好技术发展潜力，超过半数的北美公司计划将增材制造领域的投资增加至少 50%。近年来，汽车行业对增材制造技术的关注度也越来越高，例如，福特汽车已向其新的先进制造中心投资 4 500 万美元，并开始打印汽车功能部件。通用汽车也将增材制造技术用于电动汽车领域。

**2. 德国：金属增材制造技术全球领先**

在德国，增材制造已成为国家的重要战略性产业，得到了德国政府、机构和私人组织的大力支持。德国在金属增材制造技术创新和应用领域走在世界前列。1995 年，德国弗朗霍夫激光技术研究所首次提出激光选区熔化技术构想并获得专利授权。2002 年，德国成功研制激光选区熔化增材制造装备，成形零件综合性能达同质锻件水平。2008 年，德国成立增材制造研究中心。

德国拥有全球 24% 的增材制造企业，仅次于美国。30 多年来，涌现出一批以 EOS、SLM Solutions、Voxeljet、Concept Laser 等为代表的增材制造设备制造商，其中 EOS 的全球装机量超 3 500 台，金属增材制造设备全球市场占有率达到 30% 左右。此外，通快（Trumpf）、西门子（SIEMENS）、德马吉（DMG）、卡尔蔡司（Carl Zeiss）等工业巨头都在加快布局，以求抢占增材制造技术的制高点。

**3. 英国：重点布局航空航天领域**

英国高度重视增材制造技术发展与应用，基于军事航空工业方面的基础和能力，重点推进增材制造技术在航空航天领域持续深化应用。2014 年，英国政府宣布向航空工业研究计划投入 1.54 亿英镑，其中包括轻量化飞机金属部件增材制造研究，以确保英国在航空创新方面的领先地位。2017 年，英国制造技术中心（MTC）与欧洲航天局（ESA）共建 ESA 增材制造基准中心（AMBC），联合开展空间增材制造问题研究。2018 年 6 月，英国制造技术中心启动航空航天数字化可重构增材制造计划，目前已在国家增材制造中心投入运营，以确保增材制造零部件的生产，到 2020 年可满足整个航空航天供应链的产品需求。

有关资料预计，2012 年 9 月至 2022 年 9 月英国将在增材制造研发方面投入约 1.15 亿英镑，其中半数左右来自英国工程与自然科学研究理事会（EPSRC）和产业界，欧盟第七框架计划（FP7）、Innovate UK、高校、国防科学与技术实验室（DSTL）等也是研发资助的重要来源。

**4. 以色列：技术创新能力全球领先**

以色列已成为增材制造领域具有重要影响力的全球技术创新中心，成功打造了一批具有世界领先水平的研究机构和科技创新公司，正推动构建强大开放的增材制造技术和应用生态系统。以色列 XJet 公司推出的纳米颗粒喷射金属增材制造技术颠覆了行业对技术的认知。2018 年 10 月，以色列建立了全球最大的金属和陶瓷增材制造中心，进一步推进新型增材制造材料及其相关技术的开发与应用。2019 年 3 月，以色列精密增材制造技术开发商 Nanofabrica 基于数字光处理工艺，结合自适应光学，推出微米级增材制造技术。2019 年 4 月，以色列特拉维夫大学研究团队宣布成功以病人自身组织为原材料打印出全球首颗拥有细胞、血管、心室和心房的“完整”心脏，推动生物增材制造技术突破性发展。

**5. 日本：增减材复合制造领域独具优势**

日本将增材制造视为重塑制造业国际竞争力的关键驱动因素，组建包括经济部、贸易部、日本经济产业省在内的委员会，致力于发展增材制造产业，并设立专项资金支持产业发展。经过多年发展，日本在增减材复合制造领域独具优势。

20 世纪 90 年代末期，日本一项大学/工业联合研究项目开发出第一台融合激光粉末熔融与计算机数字化控制精密机械（CNC）加工技术的商用混合机床。日本松浦机械的 LUMEX Avance-25 金属增材制造设备是世界上首个将金属激光烧结技术与高速铣削工艺结合的复合制造设备。2007 年，日本的学院和工业界联合开展金属增减材刀具转换研究。2015 年，Enomoto 工业株式会社推出增材制造五轴加工设备，融合熔融沉积成形和切削加工技术，低成本、高精度地制造复杂工业部件。

此外，日本在增材制造专用材料研究方面具有一定的优势。全球领先的钛金属制造商日本大阪钛技术（Osaka Titanium）拥有的 TILOP 级气体雾化球形钛粉制备技术，面向航空、医疗等行业，应用于增材制造、金属粉末注射成形（MIM）、喷涂等领域。日本东丽（Toray）集团基于粉末床熔融技术开发出的增材制造专用材料——聚苯硫醚（PPS）粉末“Treadmill PPS”面向汽车、宇航、工业设备、医疗器械等领域销售。在金属材料领域，日本东北大学排名世界第一，在增材制造、生物兼容性材料等领域具有尖端设备与技术水平，在国际上享负盛名。

日本依托其在制造领域的技术积累和丰富经验，涌现出理光（Ricoh）株式会社、东丽株式会社、Mimaki Engineering 株式会社、Aspex 株式会社、CMET 株式会社、Aspect 株式会社等众多增材制造企业。此外，日本传统产业巨头纷纷进入增材制造领域。松下借助增材制造技术研发数码家电产品，此举意在削减研发成本，并对产品的开发效率进行有效提升。半导体产业巨头东芝进入增材制造领域，借助增材制造技术强大的设计制造功能，将其大量用于产品设计与制造。日本三菱重工集团（MHI）在火箭金属零部件制造方面也应用了增材制造技术。

**6. 韩国：特色发展生物医疗增材制造**

近年来，韩国先后出台了一系列政策措施，大力支持生物医疗增材制造产业创新发展。2015 年，韩国增材制造市场头部企业 Rokit 获 300 万美元政府补助进军生物增材制造领域，与韩国科学技术院、国立首尔大学医院、汉阳大学及韩国机械与材料研究所等机构联合开展人体皮肤组织生物打印技术研究及设备开发。2016 年 7 月，韩国政府宣布降低增材制造等高新技术产业的研发税，为中小企业减免税额高达 30%，打造新的经济增长引擎。2017 年 5 月，韩国政府宣布开展增材制造医疗器械的快速认证，以尽快为患者提供创新设备。2018 年 2 月，韩国科学技术信息通信部宣布投入 3 700 万美元研发增材制造技术，发展增材制造在企业、军队和医疗领域的应用。在系列政策措施的引导和支持下，增材制造技术在生物医疗领域的应用不断升温，已为临床诊疗、医疗操作等提供了新的解决方案。当前，韩国增材制造产业保持快速发展态势，市场规模以年均 24% 的速度增长，预计三年后将达到 1 万亿韩元，约合 56 亿元。

**7. 捷克：将增材制造与工业生产相结合**

捷克将增材制造、机器人技术与工业生产相结合，促使超过 40% 的工业生产实现自动化。捷克增材制造行业主要分布在三个区域，由大学和企业构建校企合作桥梁，注重校企合作。北部以研究机构和企业为主，侧重增材制造技术研发、市场；中部以捷克国内大学牵头的技术研发为主，侧重金属增材制造及核心材料方面的研究；东南部地区以工程大学和科技大学研发为主，侧重航空航天和医疗领域。

**8. 中东地区：发展潜力巨大并注重建筑增材制造市场**

近年来，增材制造技术在中东地区正呈显著增长态势，从航空航天到建筑等诸多行业都在积极抢抓这项技术带来的机遇。2016 年，阿联酋启动“迪拜增材制造战略”，积极致力于使阿联酋成为世界领先的增材制造技术中心。通过与 EOS 合作，阿提哈德工程公司成为首家获得欧洲航空安全局（European Aviation Safety Agency）批准，设计、生产和认证增材制造机舱部件的航空公司。

**9. 印度：重视发展医疗增材制造**

据印度 AM TECH 估计，印度增材制造市场份额达到 6 亿美元，主要集中在汽车、珠宝、医学、航空航天以及国防领域。印度人口众多，医疗增材制造是发展的重中之重。目前，印度的金属增材制造市场非常小，截至 2019 年 3 月，仅有 82 台金属打印机，主要用在航空零部件、汽车工具生产等方面。

**10. 非洲地区：丰富的自然资源对发展增材制造材料有优势**

南非在增材制造应用方面处于非洲地区领先地位。据估计，2018 年南非大约安装了 5 700 台增材制造设备，大多数为桌面级设备。许多非洲国家拥有丰富的自然资源，为金属增材制造系统供应和金属材料生产创造了重大机会。尽管增材制造在该地区有着较大的增长机会，但由于缺乏专业知识的支撑，增材制造技术的快速推广还存在一些障碍。

### 3.1.3 企业篇

**1. 通用电气**

通用电气公司（General Electric Company，GE）成立于1892年，总部位于美国康涅狄格州。近年来，GE通过自主研发和收购兼并，在航空航天、汽车、石油装备、医疗等领域提前布局增材制造技术和产业，力图将其应用延伸到所有业务领域。2010年GE航空成立增材制造部门，2012年收购Morris Technologies公司，2015年成立增材制造技术中心，2016年收购瑞典Arcam和德国Concept Laser，其后专门成立GE Additive公司，正式将增材制造纳入公司主营业务，实现从增材制造应用企业向生产兼应用企业的跨越。

在GE中国公司的未来战略布局中，天津将会成为最重要的区域中心之一。2017年6月，GE中国智能制造技术中心（AMTC）落户天津空港经济区，是GE的首个美国以外、服务于多个业务部门的智能制造技术中心。AMTC进行各种智能制造技术的整合研发，包括增材制造技术、增强现实（AR）技术在传统工业领域中的应用以及对于工厂数字化和自动化的改造。GE公司2018—2020年重点发展情况见表3-1。

**表3-1 GE公司2018—2020年重点发展情况**

| 时间 | 发展情况 |
| --- | --- |
| 2018年 | GE公司发布的增材制造装备成形尺寸达到1.1m×1.1m×0.3m（$z$轴可扩展至1m，甚至更长），推动铺粉式金属激光增材制造成形进入“米”级时代 |
| 2019年5月 | GE公司Forge实验室开发出用于增材制造的量子安全区块链网络，该网络可以管理从原材料到成品零部件的数字传输，通过加密数据的方式保证能够抵御量子计算机的攻击 |
| 2019年6月 | GE Additive在2019巴黎国际航空展上宣布购买27台Arcam电子束熔融金属增材制造装备这一重大投资。这项新投资，使美国GE Aviation和欧洲Avio Aero工厂增加17台Arcam EBM A2X设备和10台Arcam Spectra H金属增材制造系统 |
| 2019年9月 | GE Additive在德国利希滕费尔斯（Lichtenfels）开设了占地面积40 000$m^2$的新厂区，该新厂区将成为GE Additive Concept Laser的新址 |

（续）

| 时间 | 发展情况 |
| --- | --- |
| 2019年11月 | 在Formnext 2019展会上，GE Additive推出两款金属增材制造装备——Arcam EBM Spectra L和Concept Laser M2-5，以及新的自动粉末回收模块站Arcam PRS 30。此外，首次推出用来打印纯铜和高合金工具钢的支撑材料D-material，以及EBM增材制造性能分析套件（AEBMBPA） |
| 2020年 | GE公司已开始采用增材制造技术批量化生产飞机发动机配件，尝试整机制造，并计划2021年启用10 000台金属打印机，凸显增材制造技术的颠覆性意义 |



**2. Stratasys**

Stratasys公司成立于1989年，公司总部位于美国明尼苏达州明尼阿波利斯和以色列瑞荷渥特，亚太区总部位于中国上海，并在北京、深圳和香港设有办事处，是航空航天、汽车、医疗、消费品和教育等行业的应用型增材制造技术解决方案的全球领导者，全球客户超过18 000家，中国客户超过3 000家，多年来始终占据全球工业级增材制造设备第一的市场份额。2001年，Stratasys公司推出第一台基于FDM技术的增材制造设备——3D Modeler，标志FDM技术步入了商用阶段。目前，该公司已获得批准和待批准的增材技术专利超1 200项，主营业务产品包括FDM和PolyJet技术系列设备，全线产品还包括多种增材制造专用材料，如透明、类橡胶、生物兼容的光敏树脂及高性能FDM热塑性塑料，工程师、制造商和设计师由此可及时创建概念模型、功能性原型、工业工具和模具以及最终使用零件，更具成本效益。2019年，营收6.361亿美元，同比下降4.1%。受新冠疫情影响，2020年上半年营收同比下降21%。

当前，中国市场已经成为Stratasys公司全球市场的重中之重，2017年12月，Stratasys在上海新建增材制造服务中心，充分利用全球领先的技术、解决方案、资源和经验，为中国客户带来良好体验，为客户实现创新、高效的生产和服务模式。在材料领域，Stratasys还推出针对中国市场的PolyJet特惠装，涉及Vero ™与Full-Cure720 ™系列基本树脂材料。2019年6月，Stratasys公司与陕西非凡士三维科技有限公司强强联合，共同开拓中国增材制造市场，联合发布的F120作为准工业级增材制造设备，能够制作高精度的专业部件，制造速度达到传统方法的5～10倍。

**3. 3D Systems**

3D Systems公司由SLA技术发明者查尔斯·胡尔于1986年建立，总部位于美国南卡罗来纳州。同年，该公司研发了STL文件格式，将CAD模型进行三角化处理，该文件格式已成为CAD/CAM系统接口文件格式的工业标准之一。1987年，公司推出首款光固化增材制造设备SLA-1，全球进入增材制造时代。1996年，该公司使用喷墨打印技术制造出第一台3DP装备——Actua2100。3D Systems增材制造装备涉及SLA、SLS、DMP、MJP、CJP等多种主流增材制造工艺，应用范围包括教育、医疗、能源、珠宝、动漫、汽车、消费品、国防/航空、建筑、文化创意等行业，提供从设计到制造的全套解决方案（包括增材制造装备、专用材料和云计算按需定制部件）。作为增材制造的创始者和未来增材制造解决方案的开发者，3D Systems花费30年的时间帮助专业人士和企业优化他们的设计、改造工作流程，将创新产品推向市场、驱动新的商业模式。2018年，实现营收6.877亿美元，同比增长6.4%。2019年实现营收6.29亿美元，同比下降8.53%。受新冠疫情的影响，2020年上半年营收同比下降20%。

2015年4月6日，3D Systems公司发布公告收购中国无锡易维模型设计制造有限公司以及该公司在上海、无锡、北京、广东和重庆的业务，改组成立3D Systems中国公司，从增材制造设备制造及分销两个途径全面进入中国市场。3D Systems公司2019年重点发展情况见表3-2。

表3-2 3D Systems公司2019年重点发展情况

| 时间 | 发展情况 |
| --- | --- |
| 2019年4月 | 3D Systems宣布在意大利皮内罗洛开设新的高级增材制造中心，新中心的建立将扩展在欧洲的按需制造服务。此前，该公司已经在法国、英国和德国等地建立服务中心 |
| 2019年8月 | 3D Systems和乔治费歇尔集团旗下GF加工方案宣布，在大中华区扩大合作伙伴关系，帮助全球客户提高制造金属零件的能力并优化制造环境。通过将3D Systems在增材制造方面的创新经验、专业技术与GF加工方案在精密加工和工业自动化领域的领先地位相结合，制造商能够更高效地在精密公差范围内生产复杂的金属零件并降低运营总成本 |
| 2019年9月 | 3D Systems与德国汽车研发中心TOYOTA Motorsport GmbH（TMG）宣布合作开发领先进入市场（first-to-market）增材制造解决方案。3D Systems和TMG整合各自专业知识，为汽车行业创造先进的增材制造技术和材料，以适应汽车工业中的高性能应用 |

**4. 惠普**

惠普（Hewlett-Packard，HP）公司成立于1939年，总部位于美国加利福尼亚州帕洛阿尔托市，是世界最大的信息科技公司之一。2013年10月，惠普公司宣布于2014年正式进军增材制造领域，专注于增材制造速度和成本。

2017 年，惠普正式进入中国市场，在汽车、消费电子、医疗、航空航天四个领域率先拓展。同年 6 月 13 日，惠普在亚太地区正式推出 HP Jet Fusion 增材制造解决方案，加快增材制造全球布局的步伐，抢占增材制造市场。惠普公司 2018—2019 年重点发展情况见表 3-3。



表 3-3 惠普公司 2018—2019 年重点发展情况

| 时 间 | 发展情况 |
| --- | --- |
| 2018 年 | 惠普公司针对工业级金属零件大批量生产推出 HP Metal Jet 技术，将工作效率提升 50 倍，并显著降低成本，其生产服务应用平台于 2019 年上半年交付 |
| 2019 年 2 月 | 惠普公司增材制造全球制造中心落户重庆，拟建立惠普公司全球最大的增材制造工厂 |
| 2019 年 6 月 | 惠普公司在西班牙巴塞罗那的增材制造和数字制造卓越中心正式开业，是世界上最大和最先进的研发中心之一，旨在加强客户与合作伙伴之间的合作。据惠普公司称，巴塞罗那中心将汇集数字制造专家，包括系统工程、数据、分析、软件、材料科学、设计和增材制造应用。巴斯夫、GKN Metallurgy、西门子、大众汽车在内的合作伙伴也开始与惠普公司合作开展工业应用 |

**5. EOS**

EOS 公司成立于 1989 年，总部位于德国慕尼黑，是金属和高分子材料工业级增材制造的全球领先者。1994 年，EOS 公司推出了 EOSINT P350 系统，成为世界上第一个能够提供 SLA 和 SLS 装备系统的公司。EOS 专注于持续不断地优化 SLS/SLM 技术，并开发适用于工业化生产的高效率设备，以先驱和创新者的身份，提供全面的增材制造解决方案，目前已在全球安装超过 3 500 台金属增材制造装备。2018 年，EOS 推出 Laser ProFusion 技术，使烧结速度提高 10 倍，被称为唯一能够取代注塑成形的“革命性的聚合物增材制造技术”。

早在 2013 年，EOS 就已进入中国市场并在上海设立中国总部和技术中心。目前，EOS 在中国的总装机量超过 300 台，主要用户包括铂力特、鑫精合激光科技（北京）发展有限公司（简称鑫精合）、先临三维、飞而康快速制造科技有限责任公司（简称飞而康）等企业。

**6. Renishaw**

Renishaw 公司成立于 1973 年，总部位于英国伦敦，是世界领先的工程科技公司之一，在精密测量和医疗保健领域拥有专业技术。2006 年，该公司开始活跃于增材制造领域。2011 年，收购 MTT 投资有限公司，开始生产金属增材制造装备，是英国唯一一家集设计和制造工业用金属增材制造设备的公司。Renishaw的愿景是使增材制造成为一种主流制造技术，并可用于航空航天、医疗、汽车、石油及天然气、模具和消费等领域高性能零部件的批量制造。2019年8月1日，Renishaw发布2019年财报（2018年7月1日—2019年6月31日），财年总收入为5.74亿英镑，较2018财年下降6%。财报显示，亚太地区仍是该公司最强劲的收入来源，增材制造产品线经历强劲增长，医疗保健业务也实现较快增长，增材制造和医疗保健细分市场成为该公司未来发展战略的关键发展领域。

目前，Renishaw在中国各大区域均设有技术服务公司，其在中国的总部设在北京，其产品配有充足的技术人员，保障了快速响应。

**7. SLM Solutions**

SLM Solutions公司成立于2006年，总部位于德国北部吕贝克市，在中国、法国、意大利、美国、新加坡、俄罗斯和印度设有分支机构。SLM Solutions是一家集成解决方案提供商和金属增材制造合作伙伴，其拥有的多激光、双向铺粉和闭环粉末处理技术使其选区激光熔化系统能够在保证一流安全性的同时进一步提高形状复杂且完全致密的金属零部件的生产效率。2016年3月21日，该公司在法兰克福证券交易所挂牌交易。2019年，公司的订单总额约6 770万欧元，较2018年增长21%。2020年，SLM Solutions收入呈现持续增长态势，上半年收入强劲增长90%。

SLM Solutions积极布局中国市场。2015年，在上海设立第一家全资子公司，以扩展中国业务；2019年5月，成立SLM Solutions上海应用中心，配备SLM®125、SLM®280、SLM®500等系统及其他配套设备，提供后处理功能、金相实验室以及粉末存储和操作的示范规划，该中心是SLM Solutions除德国总部以外最大的海外应用中心，也是同行业内在中国建立的最大的应用中心。

**8. Markforged**

Markforged公司成立于2012年，总部位于美国马萨诸塞州剑桥市，主营产品为连续碳纤维增材制造设备Onyx系列和桌面金属增材制造设备，核心技术来源于麻省理工学院。据Wohlers Associates数据统计，2018年Markforged的设备销量大幅提高，市场份额达到12.3%，仅次于3D Systems的14.7%。Markforged公司2019年重点发展情况见表3-4。

表 3-4　Markforged 公司 2019 年重点发展情况

| 时 间 | 发展情况 |
| --- | --- |
| 2019 年 3 月 | Markforged 在 D 轮融资中筹集 8 200 万美元，以帮助加快其产品布局，其中 Summit Partners 领投，微软、保时捷、西门子等跟投。目前，Markforged 公司融资总额达到 1.37 亿美元。在爱尔兰都柏林建立了首个欧洲总部，位于马萨诸塞州剑桥市的新研发创新中心提供 AI 技术平台 |
| 2019 年 5 月 | Markforged 推出适用于航空航天、汽车与国防领域的 V-0 级防火材料 Onyx FR，该材料为尼龙填充短切碳纤维 |
| 2019 年 10 月 | Markforged 宣布在马萨诸塞州开设新制造工厂，用于材料生产，包括新发布的阻燃复合材料 Onyx FR 和镍基超级合金 Inconel 625 等的生产 |

**9. Carbon**

Carbon 公司成立于 2013 年，是一家位于美国硅谷的初创型增材制造数字化解决方案供应商。2016 年，Carbon 推出首款基于 CLIP 技术的增材制造设备，并与医疗行业巨头强生合作进军增材制造手术器械市场。Carbon 公司凭借其开创性的 CLIP 技术，实现了企业的持续增长。Carbon 公司联合创始人约瑟夫 • 德西蒙（Joseph Desimone）博士表示，数字增材制造时代已经来临，Carbon 公司将加大产品研发力度，在设计、工程制造和产品研发领域不断创新，并且通过最新研发的基于云计算的应用平台，推进整个增材制造技术不断发展。Carbon 公司 2019 年重点发展情况见表 3-5.

表 3-5　Carbon 公司 2019 年重点发展情况

| 时 间 | 发展情况 |
| --- | --- |
| 2019 年 6 月 | Carbon 获 2.6 亿美元 E 轮融资后，估值高达 24 亿美元 |
| 2019 年 8 月 | Carbon 与领先的自行车制造商 Specialized 合作推出增材制造自行车鞍座“S-Works Power Saddle”，以提升动态舒适性和压力分布方面的性能 |
| 2019 年 12 月 | Carbon 宣布扩大与兰博基尼合作伙伴关系，兰博基尼通过 Carbon 数字化制造平台为首款混合动力汽车 Si á n FKP 37 生产中央和侧面仪表板通风口 |

## 3.2　我国增材制造产业发展状况

### 3.2.1　产业篇

**1. 产业规模稳步增长，发展活力持续增强**

我国增材制造产业已从起步培育进入加速推广的新阶段。中国增材制造产业联盟对 40 家重点企业经营数据的统计结果显示：2019 年，40 家重点企业总产值达到45.41亿元，同比增长11.7%；其中，先临三维总收入达到4.55亿元，同比增长14.31%；铂力特总收入3.21亿元，同比增长10.38%。据Wohlers Associates（2019）数据统计：2019年，我国增材制造装备保有量占全球装备保有量的12.2%，仅次于美国，位居全球第二。工业和信息化部统计数据显示，2020年1—10月，全国规模以上增材制造装备制造企业营业收入80.6亿元，同比增长13.7%，实现利润总额7.8亿元，同比增长160%，发展活力持续增强。另据英国AMFG公司2019年调查，在接受调查的中国企业中，已有78%的企业应用了增材制造技术。

**2. 创新发展形势向好，供给能力不断提升**

我国增材制造产业创新发展环境逐步向好，创新技术不断涌现，部分装备技术指标比肩国际先进水平，国产化进程再度提速。2019年2月，华曙高科发布Flight ™高分子光纤激光烧结技术，实现超高烧结速度，助力增材制造批量化生产。2019年3月，长沙新材料产业研究院成功研制出高强铝合金粉末材料，粉末性能达到国际先进水平。2019年8月，航天五院总体部设计研制的国际尺寸最大增材制造整星结构“千乘一号01星”发射成功并进入预定轨道，达到国际领先的优化设计及制备技术水平。2019年10月，铂力特获得Nadcpa材料测试、无损检测、热处理、测量检验四项认证，增材制造产品制造能力国际领先，产品后处理、检验检测能力达到国际先进水平。2020年8月，深圳布尔三维团队基于光固化成形推出创新性的面激光类超临界流体连续成形（Surface Laser Supercritical Fluid Form，SLF）技术，实现超高速打印。

**3. 深度应用逐步加速，新兴应用持续涌现**

增材制造技术应用已从简单的概念模型、功能型原型制作向功能部件直接制造方向发展，在航空航天、医疗等各领域的应用持续深入。中国航空发动机集团成立增材制造技术创新中心，推动增材制造燃油喷嘴等零部件逐步走向规模化应用。2018年5月，作为对月测控、数传中继的“嫦娥四号”中继星发射升空，其上搭载多个航天科技529厂研发的增材制造复杂形状铝合金结构件。2020年5月，我国首次进行太空增材制造实验，这也是国际上第一次在太空中开展连续纤维增强复合材料的增材制造实验，验证了微重力环境下复合材料增材制造的科学实验目标，该实验对于未来空间站长期在轨运行、发展空间超大型结构在轨制造具有重要意义。在医疗领域，共有四个增材制造医疗器械被CFDA批准上市，2019年1月，第二类医疗器械定制式增材制造膝关节矫形器被批准上市，标志着 CFDA 认证的增材制造医疗器械正从标准化走向个性化。建筑、鞋业等领域的新兴应用持续涌现。2019 年 1 月 12 日，采用清华大学徐卫国教授团队自主研发的机器臂增材制造混凝土系统制造的大规模混凝土增材制造步行桥在上海落成。2019 年 7 月，匹克发布“黑衣人联名”款增材制造运动生活鞋，成为应用增材制造技术最轻的运动鞋产品。

**4. 产业链条渐趋完善，发展环境更加优化**

我国增材制造相关企业有近千家，涵盖技术研发、专用材料制备、关键部件及装备生产、行业应用等诸多环节，产业链条渐趋完善。政策保障体系逐步建立。国家和各地政府持续关注产业发展，2017 年以来，国务院及工业和信息化部、科学技术部等部委发布涉及增材制造的政策多达 20 余项，各地也有近百项政策涉及增材制造产业。“1+N”创新体系初步形成。2019 年 9 月，国家增材制造创新中心在陕西省揭牌，福建省增材制造创新中心、山东省快速制造产业（3D 打印）创新中心等也相继成立或获批筹建，正推动形成国家级、省级增材制造创新中心协同布局的发展格局。标准体系建设成果突出。2019 年，增材制造企业标准“领跑者”评估工作正式启动，国际标准化工作取得实质性进展。2020 年 11 月，新发布了 8 项国家标准，已发布的国家标准数达到 25 项。

**5. 国际合作稳步推进，合作领域深度拓展**

增材制造行业领军企业加速布局海外市场，多层次地开展技术、软件、标准等方面的国际交流与合作，不断拓展合作领域，共同推进增材制造产业化进程。2019 年 3 月，河钢集团与德国西门子达成战略合作协议，在增材制造研发和产业化方面开展合作，探索和实践西门子智能制造解决方案。2019 年 4 月，华曙高科宣布与印度增材制造企业 Sahas Softech 开展合作，深度布局印度市场。2019 年 5 月，汉邦科技与 ANSYS 签署增材制造仿真软硬件合作协议，推动金属增材制造仿真应用与发展。2019 年 8 月，铂力特与美国普莱克斯公司签署战略合作协议，为市场提供更完善的金属增材制造专用材料解决方案，共同促进金属增材制造产业发展。2020 年 7 月，上海普利生机电科技有限公司与巴斯夫增材制造品牌 Forward AM 签署合作协议，双方将进一步探索增材制造创新应用，包括进行功能原型设计，打造提高材料韧性、耐热性和长期稳定性的定制化材料解决方案。

**6. 行业发展更趋理性，行业集中度逐步提升**

相关统计数据显示，1988—2019 年，全球增材制造产业年复合增长率（CAGR）

为26.7%，其中，2016—2019年的CAGR为23.3%，略有下降。近年来，随着市场监管趋严、行业去伪存真加速、合格投资人教育推进，以及一系列风险事件的发生，资本市场对增材制造企业的估值趋于理性。长期投资者将更加青睐技术水平高、产业化程度好、应用前景广阔的优质项目，助推产业理性平稳发展。

近年来，我国增材制造行业领军企业逐步扩大业务规模，行业集中度逐步提升，行业竞争进一步加剧。2019年3月，深圳光韵达光电科技股份有限公司（简称光韵达）收购成都通宇航空设备制造有限公司51%股权，进入军工产业，布局航空航天应用领域，推进增材制造业务发展。2019年3月6日，鑫精合潍坊生产基地开工建设，将打造成国内最大增材制造军民融合示范基地。2019年5月，上海联泰科技股份有限公司（简称联泰科技）针对过去七年间快速发展过程中出现的各种情况和问题进行梳理总结，在战略、管理和资源等方面进行全面调整，聚焦于产业应用在深度上的挖掘和广度上的扩展。2019年7月22日，铂力特正式在“科创板”上市交易。“科创板”全规则落地有利于企业直接融资，刺激科技创新，这将使得具有新技术、新模式、新业态的增材制造领域的优质企业真正脱颖而出，助力增材制造行业高质量发展。

**7. 行业活动次第开展，广泛凝聚发展共识**

中国增材制造产业联盟有效发挥桥梁和纽带作用，组织国内外产业链重点企业、科研院所、金融机构、行业协会等，召开“增材制造产业发展推进会”“增材制造技术发展及技术路线研讨会”，积极跟踪增材制造国内外产业技术发展趋势，加强对产业发展重大问题和政策的研究。人力资源和社会保障部、工业和信息化部联合主办“增材制造技术及应用推广”高级研修班，开展政策解读、技术研讨等系列学习活动，凝聚发展共识，深化增材制造行业应用。国家增材制造产品质量监督检验中心组织召开“2019中国（无锡）增材制造质量提升暨全国增材制造标准化技术委员会测试方法分技术委员会成立大会”，强化顶层设计、标准引领、技术支撑，推动增材制造产业高质量发展。2020年8月，由工业和信息化部装备工业发展中心、安徽省经济和信息化厅、芜湖市人民政府指导，中国增材制造产业联盟主办，繁昌县人民政府协办的中国增材制造产业发展芜湖（繁昌）高峰论坛暨2020年中国增材制造产业年会在安徽省芜湖市举行。

### 3.2.2 区域篇

我国增材制造产业已初步形成了以环渤海地区、长三角地区、珠三角地区为核心，中西部部分地区为纽带的产业空间发展格局。

**1. 环渤海地区**

（1）发展综述　环渤海地区是我国增材制造人才中心、技术研发中心和成果转化基地。北京市在增材制造技术研发、工艺设备生产、关键零部件制造、专用材料制备、软件系统开发等方面具有优势。天津市拥有天津市快速成形中心和清华大学天津高端装备研究院，是重要的增材制造成果转化基地。河北省凭借“京津冀”协同发展的区位优势，重点在工业级增材制造金属粉末领域发力。辽宁省已经形成了沈阳、大连两处增材制造产业发展高地。其中，沈阳侧重发展工业级金属增材制造，大连侧重发展消费级增材制造装备制造及应用服务。山东省在消费级增材制造设备、特种增材制造设备生产及公共服务平台建设等领域具备一定优势。

（2）代表性园区　即墨增材制造创新产业园位于山东省青岛市即墨经济开发区，建成以山东三迪时空集团（简称三迪时空）总部大楼为基础，引进 20 家行业领先品牌项目、建设项目孵化基地、国家级重点实验室、增材制造大数据云服务平台交易中心以及增材制造博物馆等。三迪时空基于国际化平台资源优势，围绕“立足青岛、布局全球，构建国际增材制造全生态产业圈”的总体目标，着力构建线上线下互补、国际国内联动的增材制造产业大闭环体系，在即墨基地中打造国际综合性增材制造智能制造全产业链科技创新总部基地、产业融合生态示范基地以及基于“互联网 +”的国际化大批量集群定制化智能工厂，实现全球化的互联互通，抢占增材制造智能制造新兴产业制高点。

**2. 长三角地区**

（1）发展综述　长三角地区具备良好经济发展优势、区位条件和较强的工业基础，已初步形成了包括增材制造材料制备、装备生产、软件开发、应用服务及相关配套服务完整的增材制造产业链。上海市增材制造产业蓬勃发展，形成以临港松江科技城为代表的产业集群。江苏省增材制造产业主要分布在南京、无锡、昆山等地，侧重发展增材制造金属粉末和工业级金属增材制造装备生产。浙江省在先临三维、浙江闪铸三维科技有限公司（简称闪铸科技）、杭州喜马拉雅信息技术有限公司等增材制造企业的带动下，其增材制造服务、网络平台建设等初具优势。安徽省在春谷增材制造智能装备产业园带动下已成为华东地区最大的增材制造产业集聚地。

（2）代表性园区　春谷增材制造智能装备产业园（见图 3-9）成立于 2015 年，位于安徽省繁昌县，规划占地 1 200 亩（1 亩 =666.7$m^2$），总投资 50 亿元，已建成增材制造产业技术研究院、研发中心、孵化中心、邻里中心、标准化厂房及相关配套设施。2016 年，安徽春谷增材制造智能装备产业园荣膺中国增材制造产业联盟副理事长单位，是全国唯一入选的产业园区。春谷增材制造智能装备产业园先后被认定为省级科技孵化器、省级众创空间、省金属增材制造创新中心、省级新型研发机构、省级小微创新基地、省级增材制造特色小镇、市级重大研发平台等。目前，该产业园已签约落户企业 60 余家，产品涉及数据软件、专用材料、整机设备、应用服务等多个领域。

图 3-9　安徽繁昌春谷增材制造智能装备产业园

上海临港松江科技城始建于 1995 年，目前已形成以工业互联网、智能硬件、电子信息、生命健康、检验检测、时尚消费为主的六大产业板块。近几年，增材制造企业在临港松江科技城不断集聚，已逐步成为上海乃至全国最为集聚的增材制造特色集群。依托上海市增材制造协会以及联泰科技、上海悦瑞三维科技股份有限公司、上海极臻三维设计有限公司、上海普利生机电科技有限公司、光韵达等行业龙头企业，松江增材制造产业在科研创新、技术攻关等方面的能力水平加速提升。

上海智慧湾增材制造创意产业园区位于上海市宝山区蕰川路 6 号，占地面积 200 亩（1 亩 =666.7$m^2$），前身为重庆轻纺集团下属上海三毛国际网购生活广场，2015 年 11 月由上海科房投资有限公司接管，分三期进行转型升级改造，立志建设成为宝山区新地标。该园区以科技创新和文化创意为定位，注重功能建设。在张江国家自主创新示范区的指导下，以“张江示范区创客加”为服务品牌，打造增材制造创客空间、智能制造创意工场、虚拟与增强现实创客中心、人工智能创新中心等专业化众创空间。

### 3. 珠三角地区

（1）发展综述　珠三角地区经济条件、区位条件优越，工业基础良好，发展形成了较为完整的增材制造产业链条，并在增材制造专用材料、生物增材制造领域特色优势明显。广州市依托华南理工大学、广州迈普再生医学科技有限公司等高校和企业，在金属增材制造、生物增材制造以及光固化成形等技术领域达到国内先进水平。深圳市凭借良好的电子产业制造基础，在增材制造设备零部件、3D 扫描仪领域具备优势。珠海市在增材制造专用材料及 FDM 打印设备领域具有一定实力。东莞市在增材制造耗材的研发、生产和销售方面优势明显。

（2）代表性园区　广州市服务型制造业集聚区增材制造产业园（见图 3-10，以下简称广州市增材制造产业园）成立于 2014 年 9 月，是广州市唯一一家以增材制造技术产业为载体的新业态产业园区。园区以打造华南地区最具活力和经济效应的增材制造产业集聚区为目标，以政策为导向，以项目培育为重点，以招商引资为突破口。立足区位优势和产业链资源，引进国内外知名增材制造技术企业、专业人才，建立广州市增材制造公共技术服务平台，建立创新孵化专业团队、搭建孵化服务体系，并牵头成立了广州市增材制造技术产业联盟、广州市增材制造技术行业协会、广东省增材制造协会。广州市增材制造产业园有效地整合广东省尤其是珠三角地区增材制造产业资源和创新资源，构建集增材制造上下游于一体的产业链专业孵化器。

图 3-10　广州市服务型制造业集聚区增材制造产业园

**4. 中西部地区**

（1）发展综述　陕西省是我国增材制造产业最为发达的地区之一，也是我国增材制造技术研发中心之一，集中了以卢秉恒院士为核心，黄卫东、李涤尘、赵万华、洪军等多位长江学者为代表的科研人才和一批增材制造技术的研发、中试和产业化人才。湖南省以华曙高科为增材制造产业发展龙头，在非金属增材制造领域具有显著优势。湖北省是我国增材制造技术的发源地之一，也是我国增材制造技术研发、生产和应用的重地之一。四川省积极探索推进增材制造技术在航空航天、精密机械、生物医疗、设计应用平台等领域的创新应用。

（2）代表性园区　渭南高新区增材制造产业培育基地始建于 2013 年，经过多年的发展，已成为国内规模最大、体系最全的增材制造主导产业示范园区之一，发起设立了国内第一只增材制造创投基金（2.5 亿元），与西安交通大学、西北工业大学、中国钢铁研究总院等 20 所高校科研单位建立长期合作关系，引进卢秉恒院士、李涤尘教授、黄卫东教授等为首的 12 个国内知名增材制造团队。基地先后获批增材制造国家新型工业化产业示范基地、国家服务型制造示范平台、国家级增材制造科技企业孵化器、国家级增材制造众创空间等多项国家级平台。已入驻孵化的有陕西智拓固相增材制造技术有限公司（简称智拓）、陕西聚高增材智造科技发展有限公司、陕西斐帛科技发展有限公司、渭南领智三维等 100 余家企业，逐步形成了“增材制造 + 军工、航空、医疗、教育、文创”全领域产业体系。

四川省增材制造（3D 打印）技术创新中心由四川省增材制造技术协会、四川大学制造科学与工程学院、四川维嘉增材制造技术有限公司、彭州航空动力产业功能区管委会联合共建，总投资 3 000 万元，规划建设展览科普中心、科技研发中心、加工服务中心和孵化器四大分中心。成都航空动力产业园位于彭州市西南部，主要发展航空动力、智能装备制造、高端再制造及通用航空等先进制造业，是工业和信息化部确定的国家级“再制造产业集聚区”和“四川省高技术转化应用特色产业基地”。目前，国内外多家企业已与园区就新能源、新材料、通用航空制造、增材制造等产业项目确定了投资合作关系，并相继落户。

### 3.2.3　企业篇

**1. 西安铂力特增材技术股份有限公司**

西安铂力特增材技术股份有限公司（简称铂力特）成立于 2011 年 7 月，是中国增材制造产业联盟副理事长单位。铂力特业务范围涵盖金属增材制造服务、设备、原材料、工艺设计开发、软件定制化产品等，构建了较为完整的金属增材制造产业生态链。铂力特申请的相关自主知识产权达200余项，拥有各种金属增材制造设备80余套，可成形材料涵盖钛合金、高温合金、铝合金、铜合金、不锈钢、模具钢等多个种类，涉及50余种材料。

铂力特运用金属增材制造技术的专业经验，通过持续创新为航空、航天、国防、能源、医疗、模具、汽车等行业客户提供服务。目前，公司已与空中客车、法国赛风集团、中航工业、中国航天集团等国内外知名企业建立了合作关系，是空中客车在亚洲的第一个金属增材制造供应商。2017年，铂力特“金属增材制造智能工厂”项目荣获“工业和信息化部智能制造试点示范项目”。2019年，总营业收入达3.21亿元。2019年7月21日，铂力特成功在“科创板”上市，也是首批“科创板”企业中唯一的增材制造公司。受疫情影响，2020年上半年营收为6 444万元，同比下降39.72%。铂力特的主要增材制造设备产品见表3-6。

**表3-6 铂力特的主要增材制造设备产品**

| 类型 | 型号 | 主要特点 | 适用材料 | 外观 |
| --- | --- | --- | --- | --- |
| SLM工艺装备 | BLT-S210 | 体积小、重量轻，机身高度集成，操作简易，成形尺寸为105mm×105mm×200mm | 钛合金、铝合金、高温合金、铜合金、钴铬合金、不锈钢、高强钢、模具钢等 | |
| | BLT-S310 | 双激光双振镜、双向刮粉，成形尺寸为250mm×250mm×400mm | 钛合金、铝合金、高温合金、铜合金、钴铬合金、不锈钢、高强钢、模具钢等 | |

（续）

| 类型 | 型号 | 主要特点 | 适用材料 | 外观 |
|---|---|---|---|---|
| SLM 工艺装备 | BLT-S320 | 激光功率 500W×2 单/双向铺粉，成形尺寸为 250mm×250mm×400mm | 钛合金、铝合金、高温合金、钴铬合金、不锈钢、高强钢、模具钢等 | 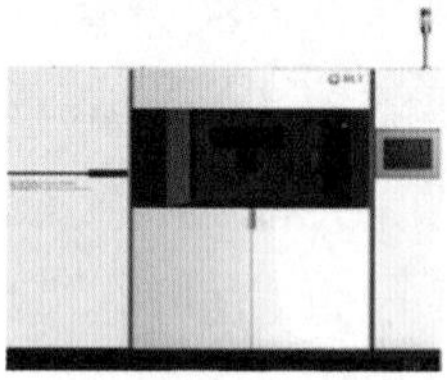 |
| | BLT-S400 | 激光功率 500W×2 单/双向铺粉，成形尺寸为 400mm×250mm×400mm | 钛合金、铝合金、高温合金、钴铬合金、不锈钢、高强钢、模具钢等 |  |
| | BLT-A300 | 针对模具、功能件制造领域专用机型，成形尺寸 为 250mm×250mm×300mm | 钛合金、铝合金、高温合金、铜合金、钴铬合金、不锈钢、高强钢、模具钢等 | 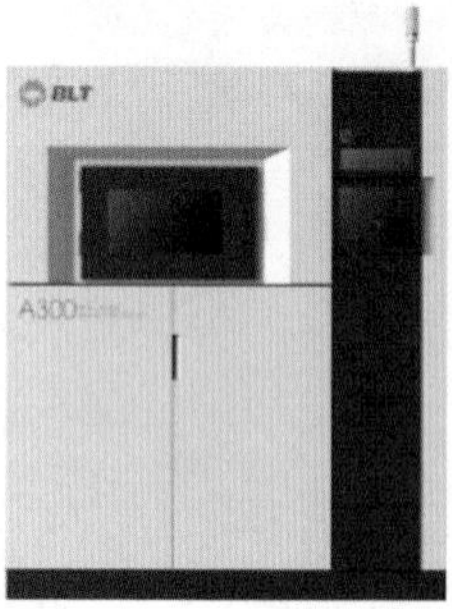 |
| | BLT-A100 | 针对义齿以及饰品制造领域专用机型，成形尺寸 为 100mm×100mm×100mm | 不锈钢、钴铬合金等 | 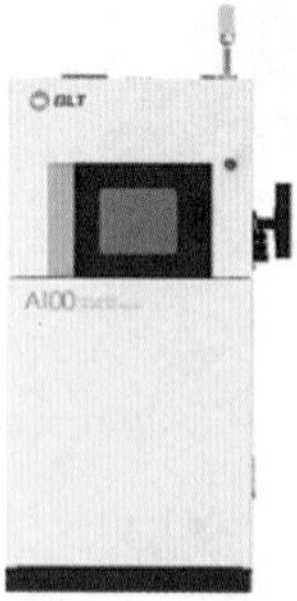 |
| LSF 工艺装备 | BLT-C1000 | 成形件综合力学性能与锻件相当，高沉积效率，快速完成零部件制备，成形尺寸为 1 500mm×1 000mm× 1 000mm | 钛合金、高温合金、高强钢、不锈钢等 |  |

（续）

| 类型 | 型号 | 主要特点 | 适用材料 | 外观 |
|---|---|---|---|---|
| LSF 工艺装备 | BLT-C600 | 成形件综合力学性能与锻件相当，高沉积效率，快速完成零部件制备，成形尺寸为 600mm×600mm×600mm | 钛合金、高温合金、高强钢、不锈钢等 | |

**2. 先临三维科技股份有限公司**

先临三维科技股份有限公司（简称先临三维）成立于 2004 年，总部设在杭州，并在北京、德国斯图加特、美国旧金山等地设有子公司，专注于 3D 数字化（3D 扫描）及增材制造技术 10 余年，主营业务为 3D 扫描与增材制造设备及相关智能软件的研发、生产、销售，为高端制造、齿科医疗、消费和教育等领域用户提供数字化、定制化、智能化的“3D 数字化—智能设计—增材制造”智能制造解决方案，包括航空航天、汽车工业、金属模具、医疗康复、个性化消费品设计与直接制造等各个领域，是拥有自主研发的“从 3D 数字化数据设计到增材制造”的软硬件一体化完整技术链的科技创新企业。

公司汇聚了专注金属增材制造技术的北京易加三维科技有限公司、专注高精度 3D 视觉检测技术的北京天远三维科技股份有限公司、专注生物增材制造技术的杭州捷诺飞生物科技股份有限公司以及专注“互联网 + 增材制造”的杭州先临三维云打印技术有限公司等下属公司，形成总公司统筹、下属多个专业子公司专注聚焦细分板块的发展格局。目前，公司正致力于成为具有全球影响力的 3D 数字化和增材制造技术企业。公司始终将技术创新视为企业的核心竞争力，积极将研发成果向产业化转化，专注于实现复杂结构产品的柔性生产，助力制造业高质量发展。

2019 年，公司营收为 4.55 亿元，较 2018 年增长 14.31%。2020 年，第一季度自主研发设备销售收入达 5 717.71 万元，同比保持稳定增长。先临三维的主要增材制造设备产品见表 3-7。

**表 3-7　先临三维的主要增材制造设备产品**

| 类型 | 型号 | 主要特点 | 适用材料 | 外观 |
|---|---|---|---|---|
| 金属增材制造装备 | 金属 3D 打印机 EP-M250 | 多材料、多工艺开放系统，自主设计的光路系统、铺粉设计、风场设计等，确保成形精度高，整机使用成本低，成形尺寸为 250mm×250mm×300mm | 不锈钢、模具钢、钴铬钼、钛合金、高温镍基合金、铜合金、铝合金等粉末 | 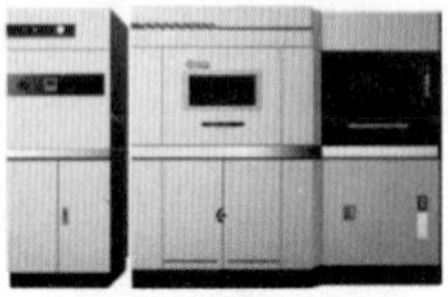 |
| | EP-M250 pro 金属 3D 打印机 | 成形尺寸为 258mm×258mm× 350mm | 不锈钢、模具钢、高温镍基合金、钛合金、铝合金 | 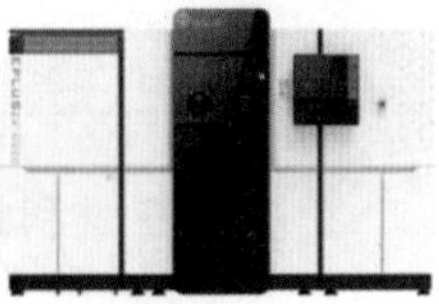 |
| | EP-M150 金属 3D 打印机 | 高精度、高效率，可配双激光，提高打印效率，成形尺寸为 ϕ150mm×80mm | 不锈钢、模具钢、钴铬钼、钛合金、高温镍基合金、铜合金、铝合金等粉末 | 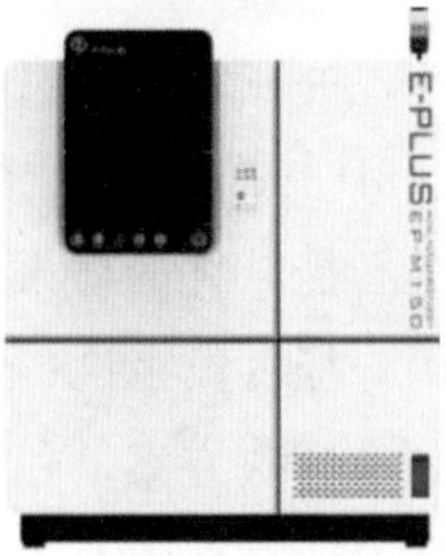 |
| | EP-M100T 小型金属 3D 打印机 | 小光斑直径，低分层厚度，保证更精细模型；耗电功率小，优质封闭性粉末消耗低，成形尺寸为 120mm×120mm×80mm；分层厚度为 0.015 ～ 0.05mm | 钴铬钼、钛合金、铜合金等粉末 | 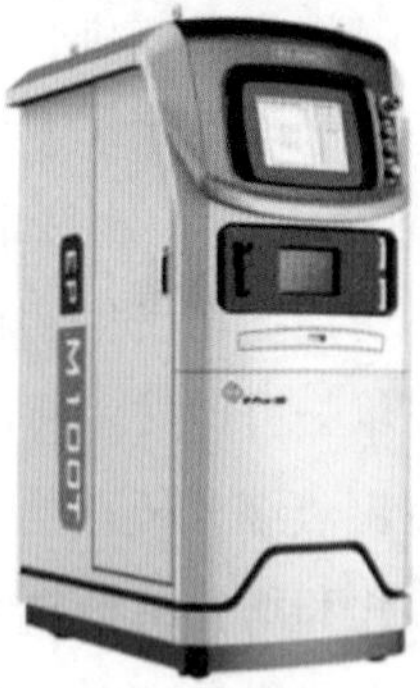 |
| | EP-M450 大尺寸金属 3D 打印机 | 大尺寸、高精度、高性能零部件的直接制造<br>成形室尺寸为 455mm×455mm×500mm<br>成形速度：单激光的为 15 ～ 35cm$^3$/h；双激光的为 25 ～ 55cm$^3$/h<br>粉末分层厚度为 20 ～ 100μm<br>光斑直径为 80 ～ 120μm | 钛合金、铝合金、高温镍基合金、模具钢、不锈钢、钴铬钼等粉末 |  |

（续）

| 类型 | 型号 | 主要特点 | 适用材料 | 外观 |
|---|---|---|---|---|
| 非金属增材制造装备 | EP-A450 光敏树脂打印机（SLA 工艺） | 成形禁锢高、成形细节好、高度自动化、智能化等特点，成形尺寸为 450mm×450mm×350mm | 355nm 光敏树脂材料 |  |
| | EP-A650 光敏树脂打印机（SLA 工艺） | 广泛应用于建筑、医疗模型手术导板等成形模型，成形尺寸为 650mm×600mm×400mm | 355nm 光敏树脂材料 |  |
| | EP-A800 大尺寸 SLA 光固化 3D 打印机 | 高效率、高精度、大尺寸、易维护。成形室尺寸为 800mm×800mm×450mm<br>分层厚度为 0.05 ～ 0.25mm<br>扫描速度为典型速度 6 ～ 12m/s | 355nm 光敏树脂材料 | 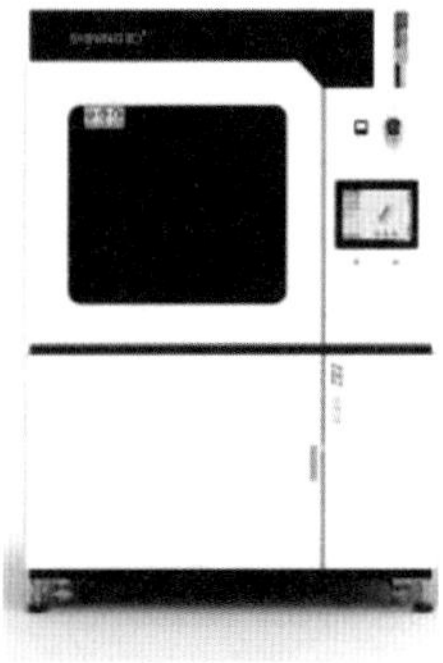 |
| | EP-P3850 尼龙 3D 打印机 | 粉料重复性高，自动双向连续供料，可实现自动打印大尺寸样件，成形尺寸为 380mm×380mm×500mm | 玻璃微珠复合尼龙、矿物纤维复合尼龙、碳纤维复合尼龙、PP、超高分子量 PE 等 | 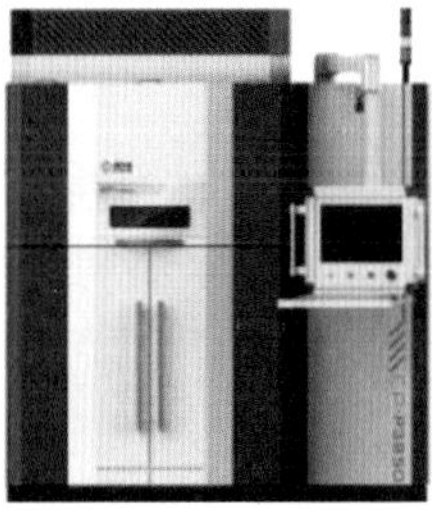 |

（续）

| 类型 | 型号 | 主要特点 | 适用材料 | 外观 |
|---|---|---|---|---|
| 非金属增材制造装备 | AccuFab-D1 齿科 DLP 3D 打印机 | 配合自主研发软件，优化整体操作流程，提高打印细节及效率。省时高效，支持广泛适应症，助力口腔客户高效数字化生产，成形尺寸为 144mm×81mm× 180mm | SHINING DENT 打印材料 |  |
| | Einstart-P 桌面 3D 打印机 | 独创安全童锁保护、打印速度快，适合创客教育的课时，成形尺寸为 153mm×153mm×153mm | 1.75mm 直径 PLA |  |
| | Einstart-D 桌面 3D 打印机 | 新颖独特的快拆头设计、加热打印底板，底部细腻不翘边，成形尺寸为 400mm×400mm×600mm | PLA、ABS | 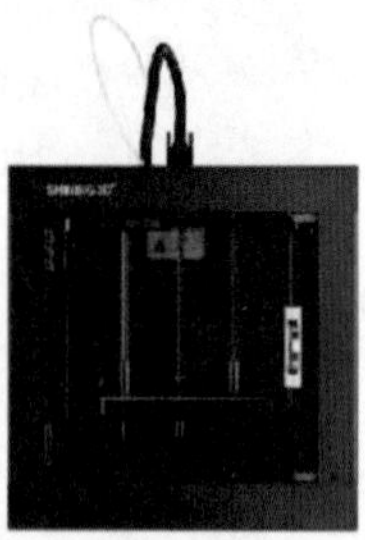 |
| 生物增材制造装备 | Regenovo 3D Bio-Architect® 系列 | 打印活细胞存活率高，具备高精度、高扩展、高洁净、多通道、易操作、打印方式多样化等特点 | 细胞系与细胞株、天然生物材料、高分子材料、生物无机材料 |  |

（续）

| 类型 | 型号 | 主要特点 | 适用材料 | 外观 |
|---|---|---|---|---|
| 三维扫描仪 | SHINING Foot3DScan_M 便携式足部三维扫描仪 | 扫描模式为自由扫描，扫描精度为 ±0.5mm，光源为 LED 白光，单片扫描范围为 208 mm×（136 ～ 312） mm ×204mm | — | Foot3Dscan-M SHINING 3D |
| | EinScan Pro 2X 系列 2020 版手持 3D 扫描仪 | 扫描范围为 150mm×（120mm～250mm）×200mm，扫描速度：手持精细扫描模式为≥ 10 帧 /s；手持快速扫描模式为 15～30 帧 /s | — | EinScan Pro 2X 2020 SHINING 3D |

**3. 湖南华曙高科技有限责任公司**

湖南华曙高科技有限责任公司（简称华曙高科）成立于 2009 年 10 月，是中国增材制造产业联盟副理事长单位。公司建立了全国唯一高分子复杂结构增材制造国家工程实验室，是工业和信息化部首批智能制造试点示范企业，牵头制订增材制造技术国家标准，申请专利与软件著作权登记 230 余项。先后研制出具有国际先进水平、开源可定制化的 20 余款金属、高分子材料工业级增材制造装备及专用材料，2018 年研发出世界上打印幅面最大的商用高性能高分子增材制造设备（1 000 mm×500 mm×500 mm），是全球唯一同时具备装备、材料及软件自主研发与生产能力的增材制造企业。2020 年，公司入选湖南“小巨人”名单。

华曙高科积极实施国际化战略，努力寻求业务突破和模式创新，在全球范围开展合作与产业化应用。自主产品销往俄罗斯、德国、美国、瑞典、法国、韩国等全球 26 个国家，海外销售收入占企业总营收的 60%。与德国巴斯夫、瑞士欧瑞康、美国欧特克建立了战略合作关系，与波音、戴姆勒、博世、韩国工业技术研究院、南加利福尼亚大学等国外知名机构，中国航天科技集团、中国航天科工集团、中国航空发动机集团、中国航空工业集团、中国商用飞机有限责任公司等国内知名单位，在航空、航天、军工、医疗、汽车、精密机械、消费等领域开展全面合作，致力于打造北美、欧洲之外的全系列产业化增材制造公司。华曙高科的主要增材制造设备产品见表 3-8。

**表 3-8　华曙高科的主要增材制造设备产品**

| 类型 | 型号 | 主要特点 | 适用材料 | 外观 |
| --- | --- | --- | --- | --- |
| 尼龙3D打印机 | HT1001P | 完全开源，目前全球最大打印幅面的尼龙增材制造解决方案，成形尺寸为 1 000mm× 500mm× 450mm | FS3300PA、FS3250 MF、FS3400CF、FS3400 GF、FS6028PA（PA6） | 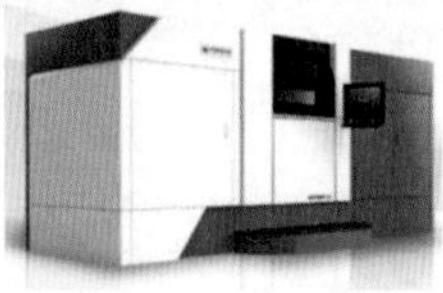 |
| | SS/HT403P | 配合华曙高科与巴斯夫共同研发的纯 PA6 增材制造材料 FS6028PA，组合成目前市场上唯一既具备大尺寸成形能力，又能烧结 PA6 材料的增材制造解决方案，成形尺寸为 375mm×375mm×430mm | FS 3300PA、FS 3400 GF、FS 3400CF、FS3250 MF、Rilsan® Invent Nature、Ultrasint X043、FS 6028PA、FS 1092A-TPU、X92A-2TPU |  |
| | 超高温版 ST252P | 全球首款尺寸最大、可批量烧结 PA66 等熔点 280℃及以下材料的开源型、商业化工业级增材制造设备，成形尺寸为 220mm×220mm×320mm | FS 3300PA、FS 3400 GF、FS 3400CF、FS3250 MF、Rilsan® Invent Nature、Ultrasint X043、FS 6028PA、FS 8100PPS、FS 1092-TPU、X92A-2TPU |  |
| | eForm | 超高性价比、自主开源操作系统、高效“触”屏，成形尺寸为 220mm×220mm×320mm | FS 3300PA、FS 3250 MF、FS3400CF、FS 3400GF、Rilsan® Invent Nature | 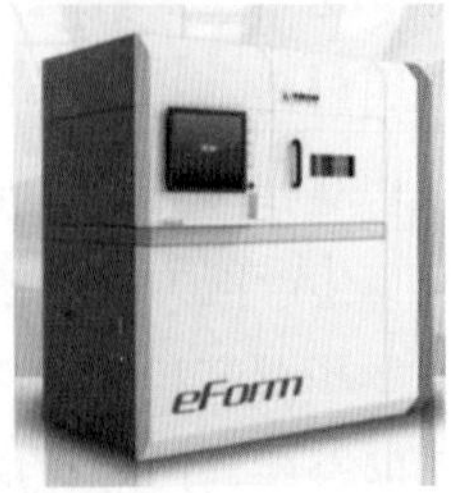 |

（续）

| 类型 | 型号 | 主要特点 | 适用材料 | 外观 |
|---|---|---|---|---|
| 金属3D打印机 | FS421M | 大成形尺寸，不间断生产，自动清送粉，安全高效，完全开源，模块化理念，成形尺寸为420mm×420mm×420mm | FS 316L、FS 17-4PH、FS 15-5PH、FS 420、FS 18Ni300、FS AlSi10Mg、FS CoCrMoW、FS CoCrMo、FS Ti6Al4V、FS IN625、FS IN718、FS GH3536、FS CuSn10 | |
| | FS271M | 全球首款开源可定制化金属增材制造设备，成形尺寸为275mm×275mm×320mm | FS 316L、FS 17-4PH、FS 15-5PH、FS 420、FS 18Ni300、FS AlSi10Mg、FS CoCrMoW、FS CoCrMo、FS Ti6Al4V、FS IN625、FS IN718、FS GH3536、FS CuSn10等13种金属粉末材料 | |
| | FS121M | 高性价比解决方案，可满足医疗、饰品和科研机构的需求，成形尺寸为120mm×120mm×100mm | FS 316L、FS CoCrMoW、FS CoCrMo、FS 17-4PH、FS CuSn10 | |
| | FS121M-E | 为产业化义齿客户量身定制的二代金属增材制造设备，成形尺寸为120mm×120mm ×100mm | FS CoCrMoW、FS CoCrMo | |

**4. 广州迈普再生医学科技有限公司**

广州迈普再生医学科技有限公司（简称迈普）成立于2008年9月，是中国增材制造产业联盟副理事长单位。迈普是针对解决人体器官短缺的颠覆性生物打印技术的发明团队及产业化的践行者，全球首次实现增材制造人体软组织产业化。其中人工硬脑（脊）膜——睿膜已在全球60多个国家和地区临床应用20多万例，被认为是最接近自体、修复效果最理想的硬脑（脊）膜，也是进入发达国家高端医疗器械市场的首个我国神经外科植入物产品。截至2019年12月31日，迈普已申请国内外专利270多项，获得包括中国、美国、俄罗斯、日本等授权专利140项，生物增材制造专利统计数据位列全球第七。

迈普业务覆盖生物增材制造和高端医疗器械全产业链，产品主要出口欧洲、中东、南美洲等地区。在规模、影响力等多方面已超越大部分欧美同类竞争对手，成为生物增材制造这个新兴领域的全球产业领导者。未来，迈普还将同时在介入产品领域发力，助推国产医疗器械高质量发展。

迈普医学的主要产品及增材制造设备见表3-9。

表3-9　迈普医学的主要产品及增材制造设备

| 领域 | 产品 | 产品概述 | 产品优势 | 外观 |
|---|---|---|---|---|
| 医学增材制造 | 细胞生物打印机 | 成形尺寸为120mm×120mm×100mm，主要应用于3D细胞培养支架、组织工程支架、个性化修复支架、细胞生物学、肿瘤模型、药物研究、再生医学等领域 | 具有多区段温度控制模块、多喷头自动旋转切换模块、压力调节模块、照明及UV紫外消毒模块、高效洁净模块、自主开发的专业软件模块等 | |
| | 医学增材制造模型 | 产品主要应用于术前规划、手术方案辅助、术前模拟、个性化手术导板、永久植入物、手术技能训练、临床教学、沟通交流工具等 | 拥有国内最新、最先进的技术和设备，独有的神经纤维束打印技术，实现高精度、多材料、全彩色增材制造 | |
| | FDM-High-JuPu200 | FDM熔融堆积增材制造系列，成形尺寸为200mm×200mm×200mm | 全国独家超高温FDM 3D打印机，全机保温箱、密封设计、专利高温、加热平台 | |

（续）

| 领域 | 产品 | 产品概述 | 产品优势 | 外观 |
| --- | --- | --- | --- | --- |
| 医学增材制造 | SLA-JuPu400 | SLA 光固化增材制造系列，成形尺寸为 384mm×216mm× 384mm | 超薄外壁，清晰细节无“阶梯”边缘 | |
| 神经外科 | 睿膜®可吸收硬脑（脊）膜补片 | 睿膜®通过生物增材制造模拟自体组织的 ECM 结构，采用生物增材制造技术加工制作而成，生产过程中未加入任何添加剂或杂质 | 生物增材制造：接近自体组织结构，修复速度快；可缝可贴：适应医生习惯，应用面广；非动物源可吸收：无动物源病毒传染风险，无长期异物排斥反应风险 | |
| | 赛卢™颅颌面修补系统 | 赛卢™可用于各种原因导致的颅颌面骨缺损需修补的手术，特别适用于伴眶周、颧骨颧弓和部分上颌骨等不规整骨缺损的修复 | 利用计算机辅助设计和生产，一体成形，操作简便；基于 CT 数据三维重建和设计，精准匹配，完美修复；PEEK 材料具有良好的生物相容性；具有优异的力学性能 | |
| | Cranchor™ 手术头架 | 由德国迈普精工制造，适用于外科手术时固定头部 | 具有安装便捷、快速锁杆、可调底座、凝胶垫软硬适中、射线可透过、多功能适配器等一系列优势 | |
| 妇科泌尿科 | 立婷™尿失禁悬吊带 | 国产加强型尿失禁悬吊带，适用于因尿道运动过度和/或括约肌功能障碍引起的女性压力性尿失禁的治疗 | 优质聚丙烯材料安全有效，创圆锥形连接点和预装缝线的新设计使得产品操作简便、多入路选择 | |

### 5. 南京中科煜宸激光技术有限公司

南京中科煜宸激光技术有限公司（简称中科煜宸）成立于2013年，位于南京经济技术开发区，是中国增材制造产业联盟副理事长单位。中科煜宸主要从事智能激光装备、激光增材制造装备、自动化生产线、激光核心器件和材料的研发与生产。2019年，中科煜宸整体业务稳定增长，实现销售收入1.2亿元，同比增长20%。在产品方面，中科煜宸丰富了产品线，在激光送粉类及电弧熔丝类方面形成了八个产品型号，同时承担了多项客户定制项目。在核心器件开发方面，突破了关键核心器件变焦融覆头、长程送粉器、高效惰性气体循环净化系统等；在智能控制及软件方面，开发了基于零件几何特征的增材制造自适应策略与路径规划技术、基于智能机器视觉识别及闭环控制检测反馈系统、增材制造装备系统全信息检测系统、增材制造数据库及过程热力耦合模拟分析软件等，为增材制造装备的全流程管理及智能化奠定基础。

中科煜宸的 主要增材制造设备产品见表3-10。

表 3-10 中科煜宸的主要增材制造设备产品

| 类型 | 型号 | 主要特点 | 适用材料 | 外观 |
|---|---|---|---|---|
| 同轴送粉金属3D打印机 | LDM2020同轴送粉式金属增材制造装备 | 经济型，面向大中院校和科研单位，成形尺寸为200mm×200mm×300mm | 钛合金、铝合金、镍基合金、铁基合金、模具钢、不锈钢等 | 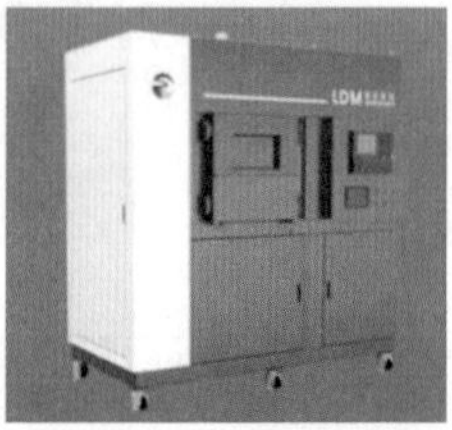  |
| | RC-LDM4030送粉式金属增材制造装备 | 面向大中院校和科研单位，成形尺寸为400mm×300mm× 300mm | 钛合金、铝合金、镍基合金、铁基合金、模具钢、不锈钢等 | 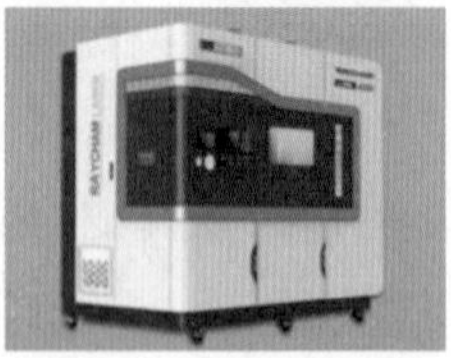  |
| | LDM8060送粉式金属增材制造装备 | 支持五轴联动，实现增材制造与再制造修复，成形尺寸为800mm×600mm×900mm | 钛合金、铝合金、镍基合金、铁基合金、模具钢、不锈钢、铜合金、低合金钢等 |   |

（续）

| 类型 | 型号 | 主要特点 | 适用材料 | 外观 |
| --- | --- | --- | --- | --- |
| 同轴送粉金属3D打印机 | RC-LDM1500送粉式金属增材制造装备 | 成形尺寸为1 500mm ×1 000mm ×1000mm | 钛合金、铝合金、镍基合金、铁基合金、模具钢、不锈钢、铜合金、低合金钢等 | |
| | LDM4000送粉式金属增材制造装备 | 采用高功率激光熔融金属粉末，成形金属零件，支持五轴联动，成形尺寸为 4 000mm× 3 500mm× 3 000mm | 钛合金、铝合金、镍基合金、铁基合金、模具钢、不锈钢、铜合金、低合金钢等 | |
| 铺粉金属打印机 | M250铺粉金属增材制造装备 | 成形尺寸为250mm× 250mm×300mm | 不锈钢、钛合金、铝合金、钴铬合金、镍基合金等 | |
| | M400铺粉金属增材制造装备 | 成形尺寸为400mm× 400mm ×350mm | 不锈钢、钛合金、铝合金、钴铬合金、镍基合金等 | |
| 电弧3D打印机 | RC-WAAM-3000电弧增材制造装备 | 成形尺寸为3000mm× 2 000mm×1 000mm | 钛合金、铝合金、不锈钢、铜合金、低合金钢等 | |
| | RC-WAAM-1500电弧增材制造装备 | 成形尺寸为1500mm× 1 000mm×1 000mm | 钛合金、铝合金、不锈钢、铜合金、低合金钢等 | |

**6. 共享装备股份有限公司**

共享装备股份有限公司（简称共享装备）是共享集团股份有限公司的全资子公司，总部位于银川市，建于 1966 年，是中国增材制造产业联盟副理事长单位。主要业务包括三方面。一是智能制造（铸造）软硬件研发孵化器。以绿色智能铸造为主攻方向，围绕行业关键共性问题，开展铸造增材制造、工业互联网、智能装备等技术研发。目前已研制的软硬件成果有 30 余项，累积申请专利近 200 项，其中发明专利130项，申报软件著作权15项；制定《数字化铸造工厂通用技术要求》等四项团体标准。二是智能制造（铸造）系统解决方案供应商。打造数字化智能化示范工厂、示范园区，引领行业转型升级。目前，已在山东潍坊、广东大亚湾建立分中心，并在沈阳、天津、太仓、渭南等地设置铸造增材制造服务点，为区域周边企业提供增材制造砂型服务。三是面向铸造行业、区域制造业的工业云平台。搭建服务于行业的工业互联网平台——共享工业云，建设内容包括协同研发、协同制造、共享学院、共享商城、供应链管理、SaaS 应用、远程运维等。

共享装备的主要增材制造设备产品见表 3-11。

表 3-11 共享装备的主要增材制造设备产品

| 类型 | 型号 | 主要特点 | 适用材料 | 外观 |
| --- | --- | --- | --- | --- |
| 智能装备 | IDream 工业级铸造砂型增材制造系统 | 具有自主知识产权的工业级铸造增材制造设备，成形尺寸为 2 200mm×1 500mm× 700mm×2（双工作箱） | 型砂材料：石英砂、人工合成砂等新砂及热法再生砂；液体材料：呋喃树脂、酚醛树脂等 | |
| | IShare 工业级模具增材制造设备 | 基于 FDM 技术，采用颗粒 PLA 材料，打印结构复杂、高精度、高强度、高耐磨性的模具及工艺品，成形尺寸为 2 000mm×1 200mm×600mm | PLA 等 | |

**7. 北京太尔时代科技有限公司**

北京太尔时代科技有限公司（简称太尔时代）成立于 2003 年，专门从事研发、生产、销售工业级和消费级增材制造装备，是中国增材制造产业联盟副理事长单位，也是国内第一家将国产增材制造装备出口海外的公司，其消费级增材制造设备的 UP 系列是全球三大品牌之一。其产品包括多款工业级 INSPIRE 系列大型增材制造装备和消费级 UP 系列增材制造装备。其中，设备的控制系统、机械系统等核心技术及专用材料均自主研发，具备完全自主知识产权。公司产品广泛应用于航空航天、医疗、教育、文化创意等多个领域，已在美国、英国、俄罗斯、澳大利亚、日本、南非等国设立了 40 余家代理机构。太尔时代的主要增材制造设备产品见表 3-12。

表 3-12　太尔时代的主要增材制造设备产品

| 类型 | 型号 | 主要特点 | 适用材料 | 外观 |
|---|---|---|---|---|
| X5 | X5 | 能够自动将 12 个打印板送入其构建平台并在打印过程中重新加载，提供连续增材制造体验，成形尺寸为 180 mm×230 mm×200 mm | UP Fila ABS，ABS +，PLA，TPU | |
| UP 系列 | UP 300 | 配备三个可互换的打印头，专为高温、低温和柔性细丝设计的 XNUMXD 打印机，成形尺寸为 205mm×225mm×225mm | 一种用于 ABS 和其他高温长丝，一种用于低温长丝如 PLA，另一种用于 TPU，一种柔性聚氨酯 | |
| | UP BOX+ | 基于熔融挤出建模（MEM）技术，具备大尺寸成形空间，成形尺寸为 255mm×205mm×205mm | ABS、ABS+、PLA、尼龙、聚碳酸酯、碳纤维、PET、ASA 等 | |
| | UP mini2 | 基于熔融挤出建模（MEM）技术，灵巧机身，主要面向教育市场，成形尺寸为 120mm×120mm×120mm | ABS、ABS+、PLA、尼龙、聚碳酸酯、碳纤维、PET、ASA 等 | |

（续）

| 类型 | 型号 | 主要特点 | 适用材料 | 外观 |
|---|---|---|---|---|
| UP 系列 | UP Plus2 | 基于熔融挤出建模（MEM）技术，简单易懂且功能丰富，成形尺寸为 140mm×140mm×135mm | ABS、ABS +、PLA、尼龙、聚碳酸酯、碳纤维、PET、ASA 等 | |
| INSPIRE 系列 | Inspire-A | 基于熔融挤出建模（MEM）技术，广泛应用于教育、医学、汽车、考古、动漫、工业设计、工艺设计等领域 | ABS、B501 等 | |

**8. 北京隆源自动成型系统有限公司**

北京隆源自动成型系统有限公司（简称隆源成型），为三帝打印科技有限公司控股子公司，成立于 1994 年。作为国内工业级增材制造技术、激光加工技术设备服务商，隆源成型已拥有自主研发的金属铺粉增材制造设备（AFS- M90、M120、M120X、M260）、金属同轴送粉增材制造设备（AFS-D800、D800V）、选区激光粉末烧结快速成形机（AFS-300、360、500，LaserCore-5300、6000）、3DP 砂型打印机 AFS-J1600 等系列智能装备，可为用户提供完整、可靠的增材制造解决方案。2018 年，隆源成形实现大型 3DP 铸造砂型打印机、大型增锻减一体化设备、梯度金属增材制造设备等关键装备技术及相关材料、工艺、软件和应用技术的突破，有效带动了传统铸造行业、海洋装备行业及新材料研究模式的转型升级。把“傻大笨粗”的传统铸造转化为“绿色高效”的数字化快速铸造，为航空航天、汽车、能源、军工等领域输送了大量高性能装备和高质量零件；把能耗高、成本高、产量低的海洋装备制造，升级为“一体化、数字化、定制化”的智能制造，并攻克了水下海洋管线修复作业的高压干式增材修复关键技术；把传统的“鸟枪法”材料研究升级为“高通量”材料研发，率先突破了“功能性梯度材料”的高精度增材制造，并获得了相关核心专利。隆源成型的主要增材制造设备产品见表 3-13。

表 3-13　隆源成型的主要增材制造设备产品

| 类型 | 型号 | 主要特点 | 适用材料 | 外观 |
| --- | --- | --- | --- | --- |
| 激光快速成形机 | AFS-360 | 快速模具制造、快速铸造、小批量生产、自由制造，成形尺寸为360mm×360mm×500mm | 精铸模料/工程塑料 |  |
|  | LaserCore-5100 | 快速模具制造、快速铸造、小批量生产、自由制造，成形尺寸为560mm×560mm×500mm | 树脂砂/精铸模料/工程塑料 |  |
| 激光金属增材制造 | AFS-D800V | 基于LMD的激光同轴送粉增材制造系统，可实现大型钛合金材料轻质承力整体结构件及复杂异型整体结构件制造 | 不锈钢、钛合金、模具钢、钴铬合金、镍基合金等 |  |
|  | AFS-M260 | 基于SLM的AFS-M260激光增材制造设备，整机采用国际一流品牌激光器、光学及精密元器件，荣获全国铸造装备创新奖。成形尺寸为260mm×260mm×350mm | 不锈钢、钛合金、模具钢、钴铬合金、镍基合金 |  |
|  | AFS-M120 | 突破高精度运动系统、封闭式供粉系统、惰性气氛控制、过程监测及整机控制等技术难点，荣获全国铸造装备创新奖。成形尺寸为120mm×120mm×150mm | 不锈钢、钛合金、模具钢、钴铬合金、镍基合金等 |  |
| 3DP砂型打印机 | AFS-J1600 | 自主研发的喷墨式3D打印机，成形尺寸为1600 mm×800 mm×600mm | 可成形各类型砂材，广泛应用在航空航天、汽车、科研等领域 |  |

### 9. 鑫精合激光科技发展（北京）有限公司

鑫精合激光科技发展（北京）有限公司（简称鑫精合）成立于 2015 年 11 月，为中国增材制造产业联盟理事单位。公司以增材制造、特种连接、金属钣金成型、复合材料加工、复杂机械加工、精密装配等先进制造工艺为依托，面向航天、航空、航海、核电等高端制造领域，是从事产品设计与优化、结构分总体制造与修复、增材制造设备生产、软件定制开发、技术咨询与服务的国家级高新技术企业，也是中国领先的金属增/减材制造技术全套解决方案提供商。2017 年年底公司经过资源整合，正式成立精合集团，集团总部位于北京，在天津、沈阳、西安、潍坊设有分/子公司。

鑫精合现拥有 50 台自主研发的系列化金属选区熔化设备，11 台超大型自主研发的金属沉积制造设备，拥有核心技术专利 100 余项。依托自身先进制造技术优势，承接了大量高端制造领域的国家重点型号结构产品的研制生产任务，产品已应用于 30 多型飞机、火箭、导弹、卫星、飞船、空间站、船舶、核电等装备，打破了多项国外技术垄断，填补了国内相关领域的空白。鑫精合的主要增材制造设备产品见表 3-14。

表 3-14　鑫精合的主要增材制造设备产品

| 类型 | 型号 | 主要特点 | 适用材料 | 外观 |
|---|---|---|---|---|
| TSC-S 系列 | TSC-S2510 | 该设备集成数控、精密机械、激光光电、电气等高端科技为一体，设计制造及应用过程比较复杂，主要应用于航空航天、军工、高端材料制造等领域，成形尺寸为 2 500mm× 1 500mm× 1 800mm | 钛合金、高强钢、高温合金、铝合金、不锈钢等 | |
| | TSC-S4510 | 自主研发的国际成形尺寸最大的激光沉积制造设备，填补了激光沉积制造大型装备的空白，最大成形尺寸为 4 500mm× 4 500mm× 2 500mm | 钛合金、高强钢、高温合金、铝合金、不锈钢等 | |

### 10. 武汉华科三维科技有限公司

武汉华科三维科技有限公司（简称华科三维）成立于 2014 年，位于湖北省武汉市，是中国增材制造产业联盟副理事长单位。华科三维依托华中科技大学材料成形与模具技术国家重点实验室快速制造中心，从事激光选区烧结（SLS）设备制造和产品加工服务，是华中地区投资规模最大的专业增材制造装备研发制造平台。2011 年，华科三维的 1 400mm×700mm×500mm 全球第一台超大台面快速成形装备，获得国家技术发明奖二等奖，同期被两院院士评选为“2011 中国十大科技进展”。华科三维 2017 年 12 月 15 日推出世界首台同时打印非金属材料和金属材料的 HK PM250 增材制造装备，2018 年推出基于陶瓷膏体的光固化增材制造装备、基于 PEEK 粉末的增材制造装备和金属/非金属一体化增材制造装备，2019 年推出的新型 P 系列粉末烧结快速成形系统在第十六届中国国际机床展上亮相。华科三维的主要增材制造设备产品见表 3-15。

表 3-15　华科三维的主要增材制造设备产品

| 类型 | 型号 | 主要特点 | 适用材料 | 外观 |
| --- | --- | --- | --- | --- |
| S 系列 | HK S500 | 设备面向高校、科研院所等领域，成形尺寸为 500mm×500mm×400mm | PS、覆膜砂 | |
| | HK S800 | HK S 系列大台面粉末烧结快速成形系统，成形尺寸为 800mm×800mm×500mm | PS、覆膜砂 | |
| P 系列 | HK PM250 | 工业级 SLS&SLM 一体化增材制造快速成形系统 | 非金属材料和金属材料 | |
| | HK P420 | HK P 系列设备采用 SLS 技术对粉末材料进行激光烧结，小批量生产功能性测试零件，成形尺寸为 420mm×420mm×500mm | PA12、PP 等熔点为 195℃以下的材料 | |

（续）

| 类型 | 型号 | 主要特点 | 适用材料 | 外观 |
|---|---|---|---|---|
| C 系列 | HK C250（高精型） | 设备突破传统陶瓷造形，成形精度为 ±0.1mm，成形尺寸为 250mm×250mm×250mm | 氧化铝、氧化锆、碳化硅等陶瓷材料 | |
| M 系列 | HK M125、HKM280 | HK M 系列快速成形系统，直接成形金属零件、注塑模具、金属零件等，成形尺寸为 125mm×125mm×150mm。HK M280 成形尺寸为 280mm×280mm×300mm | 不锈钢、钴铬合金、钛合金、镍基高温合金等 | |
| L 系列 | HK L400 | HK L 系列快速成形系统应用于玩具、建筑、工艺品设计、电子产品设计等开发领域，成形尺寸为 400mm×400mm×450mm | 光敏树脂 | |

**11. 中航迈特粉冶科技（北京）有限公司**

中航迈特粉冶科技（北京）有限公司（简称中航迈特）成立于 2014 年 2 月，以液态金属雾化 - 近净成形技术为核心，开展增材制造、粉末冶金、粉冶装备等业务，致力于航空航天、数字医疗增材制造材料及零部件的研发、制造，是国家级高新技术企业。中航迈特直接为用户提供金属增材制造解决方案服务，主营业务涵盖航空级钛合金、高温合金材料，增材制造零部件，智能热工装备等产品。主要客户有国内外航空航天、船舶机械等领域知名企业、高校院所等。

中航迈特在江苏徐州空港开发区、河北省固安工业园区投资建成国内技术水平最高的金属粉末材料研发生产基地，占地面积 53 亩（1 亩 =666.7m$^2$），规划制粉生产线 30 余条。中航迈特联合京津冀地区高校院所和行业内企业，组建了北京市增材制造和新材料技术创新中心、粉末工程化研究中心、国家增材制造联合检验实验室。近年来，中航迈特承担了北京市中小企业创新专项、中关村高精尖重大技术成果转化、河北省科技厅重点研发计划等项目，针对增材制造金属粉末的制备关键技术（包括粉末粒度控制、氧含量控制和粉末形貌及流动性控制等）进行攻关，先后突破真空熔炼气雾化制粉（EIGA、VIGA）、等离子旋转电极雾化制粉（PREP）、等离子丝材雾化制粉等多项前沿技术，工艺技术达到国际先进水平，部分技术填补了国内空白。生产的钛合金、镍基高温合金、模具钢、钴铬合金等已广泛应用于航空航天、医疗等领域。2020 年，中航迈特第一季度销售额为 1 500 多万元，同比增长 40%；高品质球形粉末产能达到 200t/ 季度，同期产能翻番。

中航迈特的新研发及批产粉末产品见表 3-16。

表 3-16　中航迈特的新研发及批产粉末产品

| 类型 | 牌号 | 主要特性 | 增材制造主要应用 | 外观质量 |
| --- | --- | --- | --- | --- |
| 钛基合金粉末 | TA0、TA1、TC4、TC4 ELI、TC11、TC17 等 | 球形或近球形，显微颗粒球形度 $\Psi_0 \geq 0.90$ | 激光选区熔化、电子束熔融、激光金属沉积等 | 目视呈银灰色，无明显氧化色颗粒 |
| 镍基合金粉末 | In718（GH4169）、In 625（GH3625）、Hastelloy X（GH3536）等 | 球形或近球形，显微颗粒球形度 $\Psi_0 \geq 0.85$ | 激光选区熔化、电子束熔融、激光金属沉积等 | 目视呈灰色，无明显氧化色颗粒 |
| 钴铬合金粉末 | CoCrMo（W） | 球形或近球形，显微颗粒球形度 $\Psi_0 \geq 0.85$ | 激光选区熔化、电子束熔融、激光金属沉积等 | 目视呈灰色，无明显氧化色颗粒 |
| 铝基合金粉末 | 2219、2024、6061、AlSi7Mg（ZL101）、AlSi12（ZL102）、AlSi10Mg（ZL104）等 | 球形或近球形，显微颗粒球形度 $\Psi_0 \geq 0.85$ | 激光选区熔化、激光金属沉积等 | 目视呈浅灰色，无明显氧化色颗粒 |

**12. 中国航天科工集团增材制造技术创新中心**

中国航天科工集团增材制造技术创新中心（简称中心）成立于 2016 年 9 月，同时在中国航天科工二院与长沙新材料产业研究院下设两个分中心，形成技术与产业集群式发展的新态势。中心汇聚中国航天科工二院、中国航天科工三院、湖南航天有限责任公司等优势资源，是国内面向航天领域规模最大、技术最为全面的增材制造技术研究机构。

2018 年，中心以航天产品需求为牵引，致力于增材制造原材料制备、装备研发及工艺技术研究全产业链发展，快速形成在航天领域的示范带动作用，以形成产业规模、发展成为国内领先的增材制造服务商为目标，抢占未来制造业制高点。在能力建设方面，新增工业级金属设备四台，各类工业级金属/非金属设备达到 20 台。在产品应用服务方面，突破 TA15 钛合金、GH4099 高温合金新材料工艺开发技术、结构 - 功能一体化设计与制造技术、大型构件激光送粉成形技术、大尺寸复杂薄壁构件复合制造技术等一系列关键技术，部分产品实现装机并通过型号试验验证。在装备自主研发方面，生产了七台工业级金属增材制造装备（ASA-260M）、三台小型金属增材制造装备（ASA-120M），实现了两台金属设备、两台非金属设备的销售。在知识产权申报方面，完成五项企业标准的编制与评审，形成激光选区熔化成形粉末与产品验收评价标准，申报专利 22 项，发表学术论文两篇。在对外合作方面，与河北敬业集团、厦门钨业集团等签署战略合作协议，赴德国弗朗霍夫、西班牙惠普公司进行实地考察，探讨国际合作与战略布局。

**13. 中国商飞公司增材制造技术应用研究中心**

中国商用飞机有限责任公司增材制造技术应用研究中心（简称增材中心）成立于 2017 年，行政上挂靠中国商用飞机有限责任公司北京民用飞机技术中心。增材中心是中国商用飞机公司增材制造专业技术发展及能力建设的责任主体，以及增材制造技术应用能力管理职能的延伸机构。在增材制造技术方面，增材中心主要开展了结构优化设计方法、增材制造技术评估与验证、增材制造结构件性能测试与质量检测等研究工作，为民用飞机型号研制提供设计规范、分析与验证方法、标准、手册、数据库和软件等服务。近年来，增材中心配备了增材制造创新设计、性能测试与缺陷检测等软硬件资源，牵头或参与国家重点研发项目五项，目前正在针对公司在研民机型号开展基于增材制造的结构优化设计及应用验证工作，积累了丰富的型号预研经验。

**14. 天津清研智束科技有限公司**

天津清研智束科技有限公司（简称智束科技）成立于 2015 年 9 月，是中国增材制造产业联盟理事单位。公司核心技术及团队源于清华大学，开发了具有自主知识产权的电子束选区融化（EBSM）金属增材制造装备，可广泛应用于航空航天高性能复杂零部件和医学植入体制造等领域。2018 年，智束科技分别向中船重工第十二研究所、株洲通达合金股份有限公司、天津职业大学、俄罗斯全俄航空材料研究院交付四台 QbeamLab 型号电子束增材制造装备，并和相关合作单位开展钛铝材料、纯铜及镍基高温合金材料的成形参数开发和试制工作；同时启动医疗骨科专用电子束金属增材制造设备 QbeamMed200 及针对于航空航天、工业制造领域大尺寸电子束金属增材制造设备 QbeamAero350 的研发制造。智束科技的主要增材制造设备产品见表 3-17。



表 3-17　智束科技的主要增材制造设备产品

| 类型 | 型号 | 主要特点 | 适用材料 | 外观 |
| --- | --- | --- | --- | --- |
| 电子束选区熔化成形设备 | Qbeam Lab | 工艺参数开源、模块化可定制、主动式供粉、网格扫描加热、电子束自动校准、过程在线监控，成形尺寸为 200mm× 200mm×240mm | 316L 不锈钢、钛合金、铜合金、高温合金、Co-Cr 合金等 | |
| | Qbeam Med200 | 专为骨科植入物的制造设计，成形尺寸为 200mm×200mm×240mm | 钛合金、Co-Cr 合金、钽合金等 | |
| | Qbeam Aero | 具备更大成形尺寸、配备一站式粉末回收系统，成形尺寸为 350mm×350mm×400mm | 316L 不锈钢、钛合金、铜合金、高温合金、Co-Cr 合金等 | |

**15. 上海极臻三维设计有限公司**

上海极臻三维设计有限公司（简称极臻三维）成立于 2014 年 10 月 22 日，致力于为全球提供三维设计和研究服务，专注于三维数据服务、三维数据产品高级定制和增材制造相关研究、开发和用户培训。同时，也是我国“增材制造 + 文创”的示范应用企业，致力于将先进增材制造与数字设计进行创新性融合，规模化增材制造三维消费产品，业务涉及艺术、时尚、珠宝、室内、建筑、工业产品设计等多个领域。

### 16. 深圳光华伟业股份有限公司

深圳光华伟业股份有限公司（简称光华伟业）成立于2002年，以绿色为主题，致力于环境友好型材料的产业化，专门从事生物材料、绿色溶剂的研发、生产和销售，于2016年上市“新三板”。公司依托武汉大学、北京大学、中科院宁波材料所联合组建三个研发中心，形成了合成、改性与增材制造材料等多个独立研发团队。截至2018年12月，光华伟业研发上市的增材制造材料超过100种，以品质稳定、品种齐全、品牌知名、性价比高、适用面广等优势，占领了欧美主流市场，通过40多家代理经销商销往全球100多个国家，目前已成为我国增材制造耗材的领军企业、国际增材制造耗材领导品牌之一。光华伟业的部分增材制造耗材产品见表3-18。

表3-18　光华伟业的部分增材制造耗材产品

| 类型 | 牌号 | 主要特性 | 增材制造主要应用 | 外观质量 |
| --- | --- | --- | --- | --- |
| 增材制造耗材 | PLA eSUN 易生增材制造材料 | 规格：1.75mm，3.00mm | 材料韧度好，强度高，适用于Makerbot，UP、RepRap、Cubify等FDM所有机型 | |
| | Re-filament_Silver | 规格：1.75mm，2.85mm | 强度高，韧度好，具有良好的光泽度和透明度；适合较大型号模型的增材制造 | |
| | PETG filament_Fire Engine Red | 规格：1.75mm，2.85mm | 强度高，韧度好，具有良好的流动性 | |

### 17. 三的部落（上海）科技股份有限公司

三的部落（上海）科技股份有限公司（简称三的部落）成立于2006年12月，是一家3D应用解决方案专业提供商。2018年，三的部落自主研发的产品——医用PEEK 3D打印机“3dpro 牛魔王 3”上市，医疗团队的矫形固定器获得医疗器械注册（备案）证。公司再次通过上海市专精特新企业、高新技术企业复审，通过ISO9001质量管理体系复审，成为ASTM美国材料协会成员，并获得上海市品牌培育企业，进入上海市重点商标保护名录，公司整体质量体系、品牌培育工作跨上新的台阶。三的部落的主要增材制造设备产品见表3-19。

表 3-19　三的部落的主要增材制造设备产品

| 类型 | 型号 | 主要特点 | 适用材料 | 外观 |
| --- | --- | --- | --- | --- |
| 医用PEEK 3D打印机 | 3dpro牛魔王3 | “3dpro牛魔王3”打印的PEEK骨科植入物已成功用于动物实验，取得不错的临床效果 | 聚醚醚酮（PEEK）材料 | |
| 超工业级3D打印机 | 300 Pro | 可以在高温状态下打印PEEK等高性能特种塑料，同时向下兼容打印工程塑料以及通用塑料。市售普通PEEK 3D打印机，都是室温下打印，不能实现高温打印。成形尺寸为300mm×220mm×254mm | PEEK等高性能特种塑料 | |

**18. 武汉天昱智能制造有限公司**

武汉天昱智能制造有限公司（简称天昱智造）成立于2015年5月，是一家立足金属增材制造、金属部件修复与再制造、工业智能系统等领域，集定制生产、设备研发、技术服务于一体的高新技术企业。目前，公司已开发出六台大型微铸锻铣复合增材制造设备，全系列装备具备完全自主知识产权，包括：微铸锻铣复合增材设备（大型双侧龙门机床）、微铸锻铣复合增材制造设备（大型单侧龙门机床）、微铸锻铣复合增材制造设备（4D轧机）、微铸锻铣复合增材专用设备（挂架专机）、大型气氛室微铸锻铣复合增材制造装备。累计完成销售额近1 000万元，与空中客车、GE、中国航空发动机集团、中建钢构有限公司、西安飞机工业（集团）有限责任公司、武昌船舶重工集团有限公司、中国船舶集团有限公司第725研究所、成都飞机工业（集团）有限责任公司、中国铁路集团有限公司等客户合作，完成内燃机过渡段、螺旋桨、辙叉、飞机挂架、航空发动机匣、球阀、承力钢构、航空电力件、航空发动机关键承力件、舰船用水泵推进器等产品制造，并重点完成中国船舶集团有限公司第725研究所微铸锻大型保护气氛室微铸锻铣复合增材制造装备的研发和交付。天昱智造的主要增材制造设备产品见表3-20。

表3-20 天昱智造的主要增材制造设备产品

| 类型 | 型号 | 主要特点 | 适用材料 | 外观 |
|---|---|---|---|---|
| 微铸锻铣复合 | TY2000AL-ZDX-01 | 大型微铸锻铣复合增材制造设备，成形尺寸为4 200mm×5 820mm ×1 500mm | 钛合金、高温合金、铝合金等 | |
| | TY5000AL-ZDX-02 | 单侧龙门微铸锻铣复合制造设备，成形尺寸为4 200mm×5 820mm× 1 500mm | 钛合金、高温合金、铝合金等 | |
| | TY2000AL-ZDX-03 | 大型保护气氛室微铸锻铣复合制造专用设备，成形尺寸为800mm× 1 500mm ×900mm | 钛合金、高温合金、铝合金等 | |
| | TYZBSL011 | 大压力微轧制增材制造设备，成形尺寸为2 000 mm ×280 mm ×350mm | 钛合金、高温合金、铝合金等 | |

**19. 浙江亚通焊材有限公司**

浙江亚通焊材有限公司（简称亚通焊材）成立于2006年，隶属于浙江省冶金研究院，公司依托钎焊材料与技术国家地方联合实验室和浙江省钎焊材料与技术重点实验室的研发平台，专业致力于金属粉体材料的开发，特别是增材制造专用金属粉末的开发与生产。经过多年发展和持续投入，公司的金属增材制造专用粉末材料趋于丰富，已开发出适用于SLM、SLS、LENS等不同工艺的不锈钢、铝合金、钛合金、钴铬合金、铜合金、镍基高温合金等产品系列，新投产应用的等离子旋转电极（PREP）设备、真空气雾化设备均有较大的市场效益。目前，公司产品已获得先临三维、汉邦科技、永年激光等国内增材制造知名企业的认可，产品在工业制造、模具应用、齿科医疗和文创作品等行业获得广泛应用。2019 年，该公司计划进一步加大研发和产品提升改进力度，加大对新设备的投入，从而提升金属增材制造专用粉末材料的产能和品质。



**20. 广东峰华卓立科技股份有限公司**

广东峰华卓立科技股份有限公司（简称峰华卓立）成立于 2011 年，是国内最早从事增材制造技术研发和应用的单位之一，中国增材制造产业联盟理事单位。公司主营业务包括两个板块：高端智能装备（喷墨智能砂型 3D 打印机及软件、耗材的研发、制造、销售及售后服务等）和先进制造服务（提供砂型、铸件、零件、整体解决方案等）。目前公司拥有发明专利 10 多项，实用新型专利约 20 项，外观专利 5 项，软件著作 3 项，注册商标 4 项，成功研发出第四代 PCM-800、PCM-1200、PCM-1500、PCM-2200 系列无模铸型 3D 打印机和 PDM-800、PDM-1300、PDM-1500 系列模型直接雕铣机，并已经实现产业化生产能力，可以广泛应用于科研院校、航空航天、军工、汽车、摩托车、船舶、装备制造、陶瓷等开发研制和生产单位。2019 年推出的第四代 PCM 系列无模铸型 3D 打印机，各项指标均达到国际先进水平，并实现出口欧洲；快速制造加工服务呈现业务增长的趋势，技术水平和核心竞争力不断提升。峰华卓立的主要增材制造设备产品见表 3-21。

表 3-21　峰华卓立的主要增材制造设备产品

| 类型 | 型号 | 主要特点 | 适用材料 | 外观 |
| --- | --- | --- | --- | --- |
| 第四代 PCM 系列无模铸型 3D 打印机 | PCM800 AJ | 标配喷头数量 2× 1 024P，成形尺寸为 800mm× 750mm ×500mm | 硅砂、陶瓷砂、宝珠砂、CB 砂等 | |
| | PCM1200AJ | 标配喷头数量 4× 1 024P，成形尺寸为 1 200mm× 1 000mm ×600mm | 硅砂、陶瓷砂、宝珠砂、CB 砂等 | |
| | PCM1500AJ | 标配喷头数量 4×1 024P，成形尺寸为 1 500mm× 1 000mm ×700mm | 硅砂、陶瓷砂、宝珠砂、CB 砂等 | |

（续）

| 类型 | 型号 | 主要特点 | 适用材料 | 外观 |
|---|---|---|---|---|
| 第四代PCM系列无模铸型3D打印机 | PCM1800AJ | 标配喷头数量4×1 024P，成形尺寸为1800mm×1 000mm×700mm | 硅砂、陶瓷砂、宝珠砂、CB砂等 | |
| | PCM2200AJ | 标配喷头数量4×1 024P，成形尺寸为2 200mm×1 000mm×800mm | 硅砂、陶瓷砂、宝珠砂、CB砂等 | |

**21. 北京阿迈特医疗器械有限公司**

北京阿迈特医疗器械公司（简称阿迈特）成立于2011年，位于北京中关村生物医药园，是全球领先的利用精密增材制造技术进行完全可吸收冠脉血管支架和外周血管支架研发和生产的企业。公司拥有具有完全自主知识产权的快速血管支架增材制造专利技术，这一技术与国外雅培（Abbott）等公司采用的激光切割技术完全不同，具有速度快、成品率高、产品力学性能优异等特点。基于该技术，公司研发的主要产品包括增材制造新一代全降解冠脉血管支架和全降解外周血管支架，用于心脑血管和糖尿病人下肢血管闭塞的治疗。全降解冠脉产品已经完成一系列临床前动物试验研究，2019年6月正式启动临床试验。2019年7月，增材制造全降解冠脉药物洗脱支架系统完成首例临床试验入组，标志着我国具有完全自主知识产权的增材制造全降解冠脉支架成功进入临床试验阶段，并计划于2022年率先在国外开展临床试验。2020年4月，公司与西藏诺迪康药业股份有限公司达成了投资合作协议，双方将发挥各自资源和专业优势，实现互利共赢。阿迈特的主要增材制造产品见表3-22。

**表3-22 阿迈特的主要增材制造产品**

| 领域 | 产品 | 产品用途 | 产品优势 | 外观 |
|---|---|---|---|---|
| 生物医疗增材制造 | 全降解冠脉血管支架 | 主要用于针对心血管疾病患者开展微创介入支架治疗 | 具有首创的螺旋排列的闭环单元结构，具有良好的弯曲性能和径向支撑强度。支架杆截面积比雅培公司激光切割的全降解BVS冠脉支架杆截面积减少约50% | |

（续）

| 领域 | 产品 | 产品用途 | 产品优势 | 外观 |
| --- | --- | --- | --- | --- |
| 生物医疗增材制造 | 全降解外周血管支架 | 主要用于糖尿病患者常见的并发症下肢动脉血管栓塞的治疗 | 具有与全降解冠脉血管支架类似的独特的螺旋排列闭环单元结构，支架弯曲性能良好 | 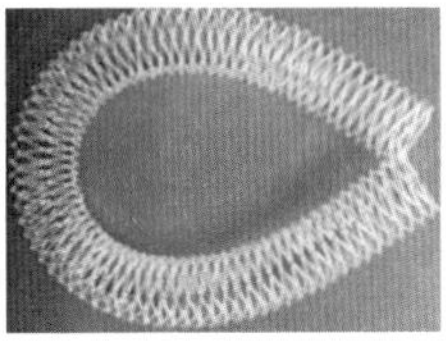 |

**22. 安世亚太科技股份有限公司**

安世亚太科技股份有限公司（简称安世亚太）成立于1996年，是我国工业企业研发信息化领域的领先者、新型工业品研制者、企业仿真体系和精益研发体系创立者，作为ANSYS公司精英级合作伙伴及增值服务商，在国内PLM、虚拟仿真及先进设计领域处于领先地位。安世亚太致力于工业软件开发、先进设计与制造体系研究和智慧工业体系研究，提出了基于增材思维的先进设计和智能制造解决方案。未来，公司将聚焦于打造以增材思维为核心的先进设计与智能制造产业链，以全球视野和格局进行资源整合、技术转化和生态构建，着力建设成为一家生态化平台型企业。

安世亚太的主要业务方向及内容见表3-23。

**表3-23 安世亚太的主要业务方向及内容**

| 类型 | 业务方向 | 概述 |
| --- | --- | --- |
| 工业软件 | 工业仿真 | 提供完整的工业仿真产品体系、课程培训及高端仿真咨询服务。工业仿真业务包括仿真工具、仿真平台、工程咨询、仿真体系咨询和课程培训  |

（续）

| 类型 | 业务方向 | 概述 |
|---|---|---|
| 工业软件 | 精益研发 | 精益研发业务包括平台建设、研发工具和体系咨询 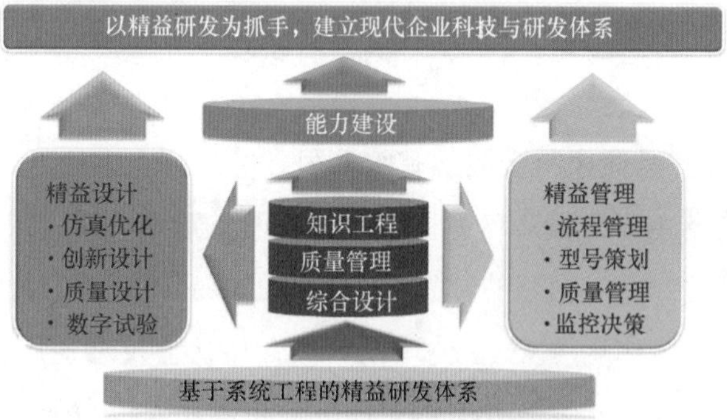 |
| | 工业云平台 | 安世亚太工业云体系是通过对成熟的商业化 IaaS 和商业化 PaaS 的工业化改造，嵌入工业元素，形成工业 IaaS 和工业 PaaS，由此构成了安世亚太工业云平台 PERA.PaaS。业务包括平台建设、平台运营及体系咨询 |
| 先进设计 | 再设计 | 再设计是一种全新的工程设计思想和方法，再设计就是让研发设计回归市场客户需求本源，重新审视原有的设计，以自然的方式来探索设计的本质，效法自然。业务内容涵盖产品再设计、产品再设计咨询和产品再设计体系咨询和创业孵化 |
| | 正向设计 | 正向设计是指系统工程理论所总结和提出的全新产品理想的设计过程模型。理想的产品设计过程是从涉众需求开始，经过需求开发、功能分解、系统设计、物理设计、产品试制、部件验证、系统集成、系统验证和系统确认等阶段，直至完成满足涉众需求产品的验收。业务内容涵盖创新产品设计和正向设计体系咨询 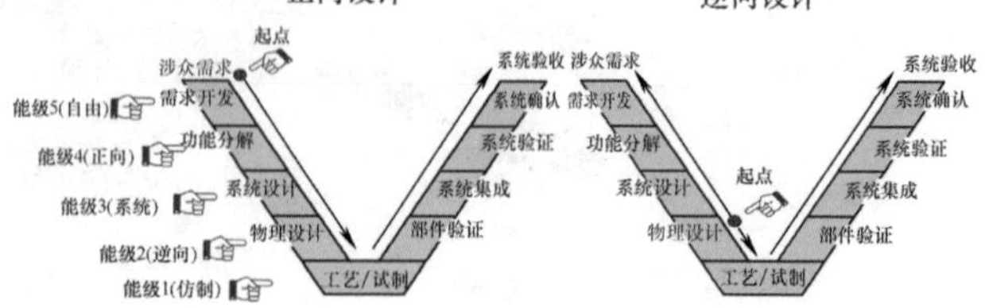 |

（续）

| 类型 | 业务方向 | 概述 |
| --- | --- | --- |
| 先进设计 | 绿色设计 | 安世亚太绿色设计主要是以国家绿色设计政策为导向，在公司先进设计思想体系中，加入绿色设计理念，形成服务于绿色环保新产品的先进设计理论体系，应用此先进设计理论体系，设计出既绿色环保又符合人们新需求的新产品。业务包括绿色产品设计和绿色设计体系咨询 |
| | 精密制造 | 实现产品精密制造是技术进步的重要表征，也是企业产品设计生产能力的重要体现。安世亚太精密制造业务包括精密铸造和增材制造 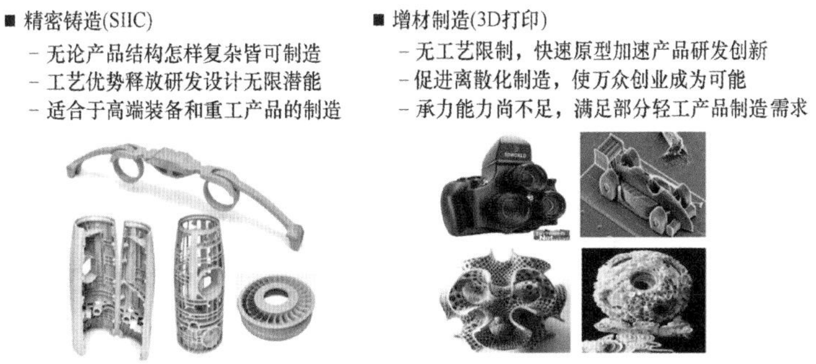<br>■ 精密铸造(SIIC)<br>- 无论产品结构怎样复杂皆可制造<br>- 工艺优势释放研发设计无限潜能<br>- 适合于高端装备和重工产品的制造<br>■ 增材制造(3D打印)<br>- 无工艺限制，快速原型加速产品研发创新<br>- 促进离散化制造，使万众创业成为可能<br>- 承力能力尚不足，满足部分轻工产品制造需求 |
| 智慧工业 | 智能产品 | 智能产品是指应用先进的信息技术和人工智能技术，对传统的经典产品进行改造，使其具有智能化要素，所形成的新产品。智能产品的设计和发展是当前技术状态下的最重要的产品发展方向。安世亚太智能产品业务包括智能产品设计和智能产品体系咨询两部分 |
| | 智慧研发 | 智慧研发是指智能化得到普遍使用状态下的产品研发模式，包括产品设计所需要的智慧研发工具、企业进行智慧研发的支撑平台，以及建设智慧研发的咨询服务等 |
| | 智慧工业 | 智慧工业是指智能技术得到广泛应用的状态下，整个社会或工业界的一种生产和运营模式，包括智能产品的设计、智慧研发体系的建设和智慧工业体系的建设三个层次 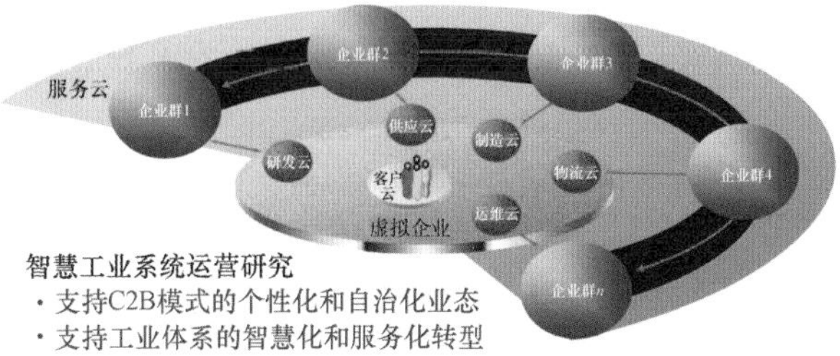<br>服务云 企业群1 企业群2 企业群3 企业群4 企业群n 研发云 供应云 制造云 物流云 运维云 客户云 虚拟企业<br>智慧工业系统运营研究<br>· 支持C2B模式的个性化和自治化业态<br>· 支持工业体系的智慧化和服务化转型 |

### 23. 上海联泰科技股份有限公司

上海联泰科技股份有限公司（简称联泰科技）成立于2000年，致力于非金属领域增材制造技术和产品的发展，提供系统化、模块化、专业化、平台化、智能化的解决方案。主营产品包括SLA、DLP增材制造设备及光敏树脂材料的生产及销售，其中，光固化增材制造设备市场份额最大，市场占有率超过50%。2016年4月22日，上海联泰科技股份有限公司正式挂牌“新三板”。2018年，联泰科技完成3亿元销售额。2019年5月，联泰科技完成战略重组，同时获得三家风投机构增资数千万元，并且其全年的工业级装备销量排名全球第七，竞争力不断增强。联泰科技的主要增材制造设备产品见表3-24。

表3-24 联泰科技的主要增材制造设备产品

| 类型 | 型号 | 主要特点 | 适用材料 | 外观 |
|---|---|---|---|---|
| Lite系列 | Lite 300 | 基于SLA技术，高精度，高效率，成形尺寸为300mm×300mm×200mm | 液态树脂 | |
| Lite HD系列 | Lite 300 HD | 基于SLA技术，成形尺寸为300mm×300mm×200mm | 液态树脂 | |
| G1400系列 | G1400 | 基于SLA技术，成形尺寸为1400mm×700mm×500mm | 液态树脂 | |

（续）

| 类型 | 型号 | 主要特点 | 适用材料 | 外观 |
|---|---|---|---|---|
| PILOT 系列 | PILOT 250 | 基于 SLA 技术，成形尺寸为 250mm×250mm×250mm | 液态树脂 | |
| RSPro 系列 | RSPro 600 | 基于 SLA 技术，成形尺寸为 600mm×600mm×500mm（全槽） | 液态树脂 | |
| FL 系列 | FL 450 | 增材制造鞋模机，鞋业量产模具革新者，成形尺寸为 450mm×450mm×350mm | 液态树脂 | |
| FM 系列 | FM 450 | 增材制造鞋模机，高端鞋业量产模具革新者，成形尺寸为 450mm×450mm×350mm | 液态树脂 | |

**24. 广东汉邦激光科技有限公司**

广东汉邦激光科技有限公司（简称汉邦科技）总部位于广东省中山市，专注于金属增材制造（SLM）装备的研发、生产、销售及应用推广，服务于航空航天、医疗、模具、汽车、个性化定制、教育科研等领域，为客户提供高品质、全方位的增材制造技术解决方案。2007 年创始团队正式进入金属增材制造行业，不断创新迭代装备、软件与控制系统、工艺技术参数库，共获得 60 余项技术专利、九项软件著作权。2018 年 3 月，汉邦科技在上海市闵行区成立上海汉邦联航激光科技有限公司，服务于航空航天、军工、船舶等重点制造领域。汉邦科技的主要增材制造设备产品见表 3-25。

表 3-25　汉邦科技的主要增材制造设备产品

| 类型 | 型号 | 主要特点 | 适用材料 | 外观 |
| --- | --- | --- | --- | --- |
| 金属增材制造装备 | HBD-100 | 体积小巧，结构紧凑，适用于牙科、教育科研、个性化定制等领域，成形尺寸为 105mm×105mm×100mm | 不锈钢、钴铬合金、钛合金、工具钢、高温合金、铝合金及部分稀有金属 | |
| | HBD-150 | 适用于医疗骨科、牙科、模具、零部件制造等领域，成形尺寸为 150mm×150mm×200mm | 不锈钢、钴铬合金、钛合金、工具钢、高温合金、铝合金及部分稀有金属 | |
| | HBD-280 | 配备稳定铺粉系统、精准激光光路及管理系统、智能传感与监控系统。适用于军工、模具、航空航天等领域，成形尺寸为 250mm×250mm×300mm | 不锈钢、钴铬合金、钛合金、工具钢、高温合金、铝合金及部分稀有金属 | |

**25. 浙江闪铸三维科技有限公司**

浙江闪铸三维科技有限公司是一家集产、学、研为一体，专业研制与生产增材制造设备及增材制造配套产品及服务的国家高新技术企业。公司具备强大的科研开发和技术创新能力，拥有十大系列、几十款产品，建立了涵盖 3D 设计软件、3D 打印机、增材制造耗材和增材制造服务的完整产业链。产品分为工业级、商业级、民用级三个层次，满足不同类型的用户需求，同时在技术研发、渠道建设、售后服务等多方面均处于行业领先水平。

**26. 江苏永年激光成形技术有限公司**

江苏永年激光成形技术有限公司（简称永年激光）成立于 2012 年 12 月，是由颜永年教授率领的研发团队发起成立的，主要从事金属增材制造技术及设备和工艺的研发、制造、销售和技术服务，是一家集设备提供、系统集成和应用服务于一体的高新技术企业。永年激光已合作共建清华大学国家 CIMS 工程技术研究中心吴澄院士企业工作站和中科院葛昌纯院士 3D 金属打印科研创新中心；先后建立中科院宁波先进制造所协同创新实验室、中科院电子学所协同创新实验室、石家庄铁道大学金属增材制造联合实验室、昆明理工大学流动博士科研工作站以及江苏增材制造产品质量监督检验中心协同创新实验室。拥有国家发明专利授权 17 项、实用新型专利授权 13 项，获得软件著作权 4 项，注册商标 14 项，参与起草地方标准 2 项，企业标准 3 项。

公司拥有国内一流的金属增材制造工艺和设备研发能力，立足国产化和专业化，业务范围分为三大类：激光选区熔化（SLM）设备、激光熔覆沉积成形（LCD）系统集成和金属增材制造技术应用及服务，致力于成为我国最有影响力的金属增材制造设备集成制造商和技术服务商。

**27. 陕西恒通智能机器有限公司**

陕西恒通智能机器有限公司（简称恒通智能）成立于 1997 年，是中国增材制造产业联盟副理事长单位。公司依托西安交通大学先进制造技术研究所的相关技术，主要研制、生产和销售激光快速成形设备、快速模具设备及三维反求设备，同时从事快速原型制造、快速模具制造以及逆向工程服务。公司于 1997 年研制并销售出国内第一台光固化成形设备，现已开发出激光快速成形设备、紫外光快速成形设备、真空浇注成形设备、三维面扫描抄数设备、三维数字散斑动态测量分析系统等 10 种型号 20 余个规格的系列产品以及九种型号的配套光敏树脂等增材制造专用材料。

2018 年，公司重点发展教育、医疗、政府平台项目，突出自身优势，提升科技成果和专利技术在合作项目中的比重。在全国设立宝鸡、湘潭、彭州、无锡、东莞等多家双创中心，将产业服务终端化，显著降低设备成本 50% 以上，研发出两款金属机型供应市场，新增自主知识产权 60 多个。恒通智能的主要增材制造相关产品见表 3-26。

表 3-26 恒通智能的主要增材制造相关产品

| 类型 | 型号 | 主要特点 | 适用领域 / 材料 | 外观 |
|---|---|---|---|---|
| 3D 扫描设备 | RDS BODYSCAN 极速人体扫描系统 | 系统能够获取的人体点云数据包含人体各个部位的准确三维信息，实现人体面部、头部、上身、全身的三维扫描 | 三维扫描领域 | |
| | RMS 系列三维光学面扫描系统 | 采用先进外差式多频相移三维光学测量技术，单幅测量幅面大小、测量精度、测量速度等性能均达到国际先进水平 | 逆向设计、产品检测、文物扫描和三维显示、牙齿及畸齿矫正、医学整容及修复等领域 | |
| 3D 打印机 | 金属喷涂机器人 | 新一代电弧喷涂快速制模设备，最大可制作 5 000mm ×2 500mm 模具 | 金属丝材 | |
| | 3D P150 三维打印机 | 成形尺寸为 150mm×50mm×140mm | ABS、PLA | |
| | 陶瓷光固化快速成形设备 | 基于硅溶胶的水基陶瓷浆料光固化快速成形工艺 | 军工、生物医疗及其他基础装备零件制造领域 | |
| | 光固化成形设备 SPS600 | 输出功率最大可达 2kW，配备全数字式高速扫描振镜，成形尺寸为 600mm ×600mm×400mm | 光敏树脂 | |

（续）

| 类型 | 型号 | 主要特点 | 适用领域 / 材料 | 外观 |
|---|---|---|---|---|
| 3D 打印机 | 金属增材制造设备 | 面向医疗及模具、汽车、珠宝首饰、终端零部件等领域 | 不锈钢、钛合金、钴铬合金等 | |
| | 桌面级 SLA 成形设备 HTQ150 | 产品面向医疗卫生、艺术设计、珠宝首饰、模具开发等行业，成形尺寸为 125mm×125 mm×165mm | 丙烯酸酯光敏树脂（液体光敏树脂） | |

**28. 三迪时空集团有限公司**

三迪时空集团有限公司（简称三迪时空）成立于 2013 年，总部位于青岛市即墨区。三迪时空为国家级服务型制造示范平台、国家中小企业公共服务示范平台、科学技术部第二批国家级众创空间、科学技术部认定的高新技术企业、中国增材制造产业联盟副理事长单位、全国增材制造标准化技术委员会委员单位、重点信用认证企业单位。

2018 年，三迪时空的“3D 打印智能制造大数据综合服务平台”被评为工业和信息化部 2018 年大数据产业发展试点示范项目；三迪时空平台顺利入选工业和信息化部 2018 年制造业“双创”平台试点示范项目；成立国内首个增材制造影视道具联盟；三迪时空作为牵头单位组建山东省快速制造产业（增材制造）创新中心，为山东省增材制造行业发展起到示范引领作用；“青岛 3D 打印创新产业基地”项目入选“山东省新旧动能转换重大项目”第一批名单、青岛市 50 大重点推介项目等。

2019 年，三迪时空增材制造平台为实现从创意到产品的“一站式”柔性化定制，重点在产业创新大数据应用方面做了大量工作，集聚了全国增材制造行业客户中 95% 以上的市场资源。该平台既能帮助企业减少库存和资源浪费，又能通过标准化、模块化以及协同化生产快速实现大规模个性化定制。

# 第 4 章

# 增材制造产业发展战略

## 4.1 主要国家和地区的政策及战略

发展增材制造技术及产业已经成为世界先进国家抢抓新一轮科技革命与产业变革机遇，抢占先进制造业发展制高点的竞争焦点之一。世界主要先进国家较早布局增材制造，并持续将其作为制造业发展的重点领域，加强发展战略谋划。

### 4.1.1 美国

美国率先将发展增材制造产业上升到国家战略高度，通过制定发展增材制造的国家战略和具体推动措施，将增材制造作为未来产业发展新的增长点来加以培育，引领全球技术创新和产业化。2009 年，美国发布《重振美国制造业框架》，将增材制造作为重振美国制造业的三大支柱之一。2012 年美国提出“国家制造业创新网络计划”，以 10 亿美元联邦政府资金支持 15 个制造技术创新中心，将增材制造技术作为其中的核心支撑技术之一。2018 年 10 月，美国国家科学与技术委员会发布《美国先进制造领先战略》，将增材制造技术列为影响美国制造业竞争力的关键因素。2019 年 2 月，美国发布《未来工业发展规划》，关注人工智能、先进制造技术、量子信息科学和 5G 技术，以确保美国主宰未来工业。美国相关政策发布情况见表 4-1。

表 4-1 美国相关政策发布情况

| 时 间 | 政策 / 报告 | 发布机构 | 相关内容 |
|---|---|---|---|
| 2009 年 9 月 | 《美国创新战略：促进可持续增长和提供优良工作机会》 | 美国总统执行办公室 | 优先发展清洁能源、生物技术、纳米技术、先进制造业技术和空间技术 |
| 2009 年 12 月 | 《重振美国制造业框架》 | 美国总统执行办公室 | 重振美国制造业发展战略，将人工智能、增材制造、机器人作为重振美国制造业的三大支柱 |
| 2010 年 8 月 | 《制造业促进法案》 | 美国国会 | 属于美国重振制造业体系重要内容，目的是通过关税及国内税收减免，降低制造业成本和保持稳定就业 |
| 2011 年 6 月 | 《确保美国先进制造业领导地位》 | 美国总统科技顾问委员会 | 根据此议案，美国提出并启动“先进制造伙伴计划”（AMP），投入 5 亿美元推动此项工作 |

（续）

| 时间 | 政策 / 报告 | 发布机构 | 相关内容 |
| --- | --- | --- | --- |
| 2012 年 2 月 | 《先进制造业国家战略计划》 | 美国总统执行办公室国家科技委员会 | 对美国发展先进制造业进行系统构思，从投资、劳动力和创新等方面提出了促进美国先进制造业发展的五大目标及相应的对策措施 |
| 2012 年 3 月 | 国家制造业创新网络计划 | 美国联邦政府 | 以 10 亿美元联邦政府资金支持 15 个制造技术创新中心，增材制造是其中的核心技术支撑之一。2012 年 8 月，首个制造业创新中心“国家增材制造创新中心”(NAMII)成立，现更名为“美国制造” |
| 2013 年 2 月 | 《美国总统奥巴马 2013 年国情咨文》 | — | 强调增材制造技术的重要性，称其将加速美国经济增长 |
| 2018 年 10 月 | 《美国先进制造领先战略》 | 美国国家科学与技术委员会 | 将增材制造技术列为影响美国制造业竞争力的关键因素 |
| 2019 年 2 月 | 《未来工业发展规划》 | 白宫网站 | 聚焦人工智能、先进制造业、量子信息科学和 5G 四项关键技术，以确保美国主宰未来工业，推动国家繁荣和保护国家安全 |
| 2019 年 10 月 | 《有关国防部利用增材制造技术进行零部件维护保障的审查》 | 美国国防部 | 该报告旨在对美国国防部增材制造技术应用成效进行评审，以核查国防部利用增材制造技术进行武器装备维护保障工作的执行情况，并对后续增材制造技术的应用推广提出建议 |

在路线图层面，美国将航空航天、国防军工需求作为首位工业应用目标，波音、通用电气、霍尼韦尔、洛克希德·马丁公司等巨头企业均参与其中。早在 1998 年，美国就曾发布增材制造技术路线图。2009 年，美国学界召开增材制造技术路线图研讨会，为增材制造技术制定未来 10 ～ 12 年的研究指南。2015 年，美国国家增材制造创新机构（“美国制造”，AM）发布公开版增材制造技术路线图，规划美国增材制造工业技术发展路径。随后，美国国防部增材制造路线图、增材制造标准化路线图相继发布。美国增材制造路线图见表 4-2。

表 4-2　美国增材制造路线图

| 时 间 | 路线图 | 发布机构 | 相关内容 |
| --- | --- | --- | --- |
| 1998 年 | 增材制造技术路线图 | 非政府机构 | 面向产业界的发展路线图 |
| 2009 年 | 增材制造技术路线图 | 相关大学牵头 | 美国学界召开技术路线图研讨会，为增材制造技术制定未来 10 ～ 12 年研究指南。该研讨会关注增材制造技术在设计、工艺建模与控制、材料、生物医药应用、能源与可持续发展、教育和研发等各领域发展前景 |
| 2011 年 | 增材制造技术路线图 | 美国国防部、美国空军研究实验室牵头 | 美国国防部依据美国防务分析研究所研究成果，将增材制造技术作为军方重点关注技术，并依据技术成熟度，由美国空军研究实验室牵头发布美国国防部增材制造技术路线图。路线图显示，增材制造技术近期在美军装备上的应用是以装备保障为中心，再制造相关零件及工装，并进行装备维修 |
| 2015 年 9 月 | 美国增材制造技术路线图 | 美国国家增材制造创新机构——“美国制造”（AM） | 路线图包括设计、材料、工艺、价值链和增材制造基因组五个技术焦点领域，同时在每个技术焦点领域下分别划分子焦点领域，并按其技术成熟度分别对每个领域的 2013—2020 年的发展重点进行规划 |
| 2016 年 11 月 | 美国国防部增材制造路线图 | 美国国防部（AM 和德勤公司负责制定，美陆海空三军和国防后勤局全程参与） | 阐述了增材制造在国防系统的应用领域，包括维修与保障、部署与远征、新部件/系统采办，重点分析了国防部对增材制造使能技术的需求，在此基础上，提出美国国防部增材制造路线图，主要包括设计、材料、工艺和价值链四个细分领域具体路线图，各路线图分别详细阐述了具体目标、影响和技术要素排序。2018 年，又详尽梳理了陆海空实际需求，提出了有针对性的发展路径 |
| 2017 年 2 月 | 美国增材制造标准化路线图 1.0 | AM 和美国国家标准学会（ANSI）增材制造标准化协作组织（AMSC） | 路线图确定增材制造标准领域中 89 个缺口，其中 19 个被列为高优先级，58 个需要进一步的研发需求。路线图列出相关标准或在研标准，并对需要额外标准化活动的地方提出优先领域的建议。标准的专题领域包括设计、工艺和材料（分为前体材料、工艺控制、后处理和成品材料性能）、合格鉴定和认证、无损评价和维修 |

（续）

| 时 间 | 路线图 | 发布机构 | 相关内容 |
| --- | --- | --- | --- |
| 2018 年 6 月 | 美国增材制造标准化路线图 2.0 | AM 和 ANSI 的 AMSC | 重点在于工业增材制造市场，尤其是航空航天、国防和医疗应用领域。2.0 版本对上一版本进行了修订，概述了增材制造标准化的当前状况，并强调目前尚无标准化行业中的 93 个缺口。其中 18 个缺口被确定为高优先级缺口，65 个缺口包括额外的预标准化研发 |

### 4.1.2 德国

德国在金属增材制造技术创新和应用方面一直走在世界前列，处于全球领先地位。2008 年，德国成立增材制造研究中心（DMRC），旨在联合工业界和学术界共同促进德国增材制造技术的发展。同时，DMRC 发布了一系列研究报告，如《超前思维 3D 打印的未来——需求创新路线》《超前思维 3D 打印的未来——工业前景分析》《超前思维 3D 打印的未来——未来应用》等，明确了增材制造技术在航空航天、汽车和电子等领域的应用前景。DMRC 还相继制订了国家激光发展计划“光技术促进计划”与“激光 2000”，确保在有关方面的领先优势。

为了捍卫德国制造业的全球竞争力，2010 年德国联邦政府制定了《高技术战略 2020》，打造基于信息物理系统的制造智能化新模式，巩固全球制造业龙头地位和抢占第四次工业革命国际竞争先机的战略导向。2013 年 4 月，德国机械及制造商协会等机构设立“工业 4.0 平台”并向德国政府提交了平台工作组的最终报告——《保障德国制造业的未来——关于实施工业 4.0 战略的建议》，报告中明确支持包括激光增材制造在内的新一代革命性技术的研发与创新。2019 年 2 月，德国经济和能源部发布《国家工业战略 2030》草案，将增材制造列为十大工业领域的“关键工业部门”。2019 年 3 月，德国联邦教育与研究部启动了“数字工程与增材制造工业化（IDEA）项目”，利用数字孪生技术将增材制造过程中的各个工艺环节连接集成，推进增材制造技术工业化应用。德国相关政策发布情况见表 4-3。

表 4-3 德国相关政策发布情况

| 时 间 | 政策 / 报告 | 发布机构 | 相关内容 |
| --- | --- | --- | --- |
| 2010 年 | 《高技术战略 2020》 | 德国联邦政府 | 打造基于信息物理系统的制造智能化新模式，巩固全球制造业龙头地位和抢占第四次工业革命国际竞争先机的战略导向 |
| 2013 年 | 《超前思维 3D 打印的未来——需求创新路线》 | 德国增材制造研究中心 | 进一步明确了增材制造的前景应用领域，包括航空航天、汽车和电子等 |
| 2013 年 4 月 | 《保障德国制造业的未来——关于实施工业 4.0 战略的建议》 | 德国机械及制造商协会 | 明确支持包括激光增材制造在内的新一代革命性技术的研发与创新 |
| 2019 年 2 月 | 《国家工业战略 2030》 | 德国经济和能源部 | 将包括增材制造在内的处于全球领先地位的十个工业领域列为“关键工业部门” |
| 2019 年 3 月 | 数字工程与增材制造工业化（IDEA）项目 | 德国联邦教育与研究部 | 利用数字孪生技术将增材制造过程中的各个工艺环节连接集成，推进增材制造技术工业化应用 |

### 4.1.3 日本

日本作为全球经济最发达、制造业发展水平最高的工业强国之一，面临着国际竞争激烈、技术变化迅猛、劳动人口减少的严峻挑战。为巩固和提升制造业这一国民经济的基础，日本将促进制造业发展作为国家战略的重要内容，推出了一系列支持增材制造产业的计划，借助增材制造技术重塑制造业国际竞争力。

早在 2013 年颁布的《日本复兴战略》中规划了增材制造技术研究开发国家项目，出台了对增材制造等先进技术的投资减税政策。2013 年 5 月，经济产业省启动“超精密 3D 成形系统技术开发项目”，总预算为 30 亿日元，促进增材制造技术在高难度铸造行业的普及。2013 年 8 月，日本近畿地区 2 府 4 县与福井县的商工会议所成立探讨运用增材制造技术的研究会，思考日本中小企业如何发挥增材制造技术的作用，以此来加强国际竞争力。2014 年 6 月，日本政府内阁会议通过《制造业白皮书》，大力调整制造业结构，将增材制造技术作为今后制造业发展的重点领域之一。同年，日本经济产业省继续将增材制造技术列为优先政策扶持对象，投资 40 亿日元实施以增材制造技术为核心的制造革命计划，来构建其完备的增材制造材料与装备体系。2016 年 1 月，日本厚生劳动省下属的中央社会保障医疗理事会将用于辅助医疗和手术的增材制造器官模型的费用纳入标准医疗保险支付范围，这使得增材制造医疗模型成为日本医院中一个常用的辅助医疗工具。

除大规模投资之外，日本还研究制定增材制造技术相关的法律、标准。2014年，日本政府在预算中增加了30亿日元，用于在各地公共实验基地、技术中心以及高等专科学校添置或更新3D数字制造设备。同时，对一部分大学购买增材制造设备提供补助金，并于2015年将补助对象扩展到初、高中。日本相关政策发布情况见表4-4。

表4-4 日本相关政策发布情况

| 时间 | 政策/报告 | 发布机构 | 相关内容 |
| --- | --- | --- | --- |
| 2013年6月 | 《日本复兴战略》 | 日本政府 | 规划增材制造技术研究开发国家项目，出台对增材制造等先进技术的投资减税政策 |
| 2014年6月 | 《制造业白皮书》 | 日本政府 | 大力调整制造业结构，将增材制造技术作为今后制造业发展的重点领域之一 |
| 2014年8月 | 《制造革命计划》 | 日本经济产业省 | 该计划以增材制造技术为核心，以构建其完备的增材制造材料与装备体系，提高其增材制造技术的国际竞争能力 |

### 4.1.4 欧盟

20世纪80年代，欧盟在增材制造技术出现之初就开始在“第一框架计划”（FP）中布局相关工作。几十年以来，欧盟通过各种计划对增材制造提供持续支持，推动其在各领域的应用发展。2004年，开始搭建增材制造创新中心——欧洲增材制造技术平台（AM Platform）。目前，平台联盟成员超过350名，横跨欧盟20多个国家，其中72%成员来自工业界，其余主要来自于研究机构。AM Platform的主要职能是提供增材制造发展的策略与需求分析研究，为欧盟执委会政策及研发计划的制定提供参考依据。该平台和欧洲以外的增材制造相关组织如“快速成形协会国际联盟”保持良好合作关系。2012—2014年间发布了多版增材制造战略研究议程报告，为欧盟增材制造的技术进步和产业发展提供了指导框架，并着力推动增材制造成为一个可以长期推动欧洲经济发展的关键技术。2014年1月启动的欧盟规模最大的研发创新计划——“地平线2020”中计划7年内（2014—2020年）投资800亿欧元，其中选择了10个增材制造项目，总投资2 300万欧元。欧盟在进行资金投入的同时，也开展了路线图的研究工作。AM Platform先后制定了欧盟增材制造的技术路线图、产业路线图和标准路线图。

欧洲航天局（ESA）也正在积极探索增材制造在太空的应用。2012 年，ESA 进行了一项“针对太空应用的通用零部件加工 —— 复制工厂”的研究，着重使用高分子和金属材料开发国际空间站所需的可替换部件。ESA 同时还支持了“月球表面栖息地原位增材制造”项目。此外，意大利航天局（ASI）还支持一个太空增材制造项目，并于 2015 年向国际空间站运送了一台熔融沉积成形太空 3D 打印机。

从各个成员来看，除了上述单独介绍的德国外，欧盟国家政府推出了一系列推动增材制造发展的政策和战略方针。在西班牙，西班牙快速制造协会已经组建了一个创新工作组（AEI-DIRECTMAN），将该国大部分增材制造相关机构和单位纳入其中。在工业领域，增材制造的研发活动主要由社会资本主导，Ascamm 技术中心、AIMME 金属加工技术研究所等机构引领了西班牙增材制造的发展。同时，加泰罗尼亚、阿拉贡、阿斯图里亚斯等多个地区参与了欧盟“面向精明专业化的研究和创新战略”（RIS3）计划，推动本地区增材制造的发展。在葡萄牙，增材制造的研究得到了葡萄牙科学技术基金、葡萄牙创新促进中心以及工业界的大力支持。同时。葡萄牙增材制造创新中心（PAMI）也宣布成立，并参与制定葡萄牙国家基础研究路线。在荷兰，增材制造技术已经成为产品开发过程中的最要部分。荷兰应用科学研究中心（TNO）已经与其工业合作伙伴共同启动了“彭罗斯共享研究计划”，开发下一代增材制造设备以及工业产品。在比利时，佛兰德斯地区的“增材制造结构工程材料发展计划”开始安施，并于 2014 年启动了三个项目，用以发展高分子激光烧结和金属选择性激光熔化工艺。该计划包含了比利时多所研究机构、大学和企业。同时，增材制造领域的教育培训活动也正在开展，辅助传播推广这项先进制造技术。

### 4.1.5 其他

**1. 英国**

英国较早推出促进增材制造发展的政策。2007 年，在英国技术战略委员会的推动下，英国政府计划在 2007—2016 年期间，投入 9 500 万英镑的公共和私人基金用于增材制造合作研发项目，其中绝大多数项目为纯研发项目（仅 2500 万英镑用于成果转化）。英国高度重视增材制造技术发展与应用，在《未来高附加值制造技术展望》报告中将增材制造技术作为提升国家竞争力、应对未来挑战亟须发展的 22 项先进技术之一。2012 年 9 月，英国技术战略委员会（现更名为

“创新英国”）特别专家组在一份题为 *Shaping our National Competency in Additive Manufacturing* 的专题报告中，将航空航天作为增材制造技术的首要应用领域。2016 年 2 月，“创新英国”发布《英国增材制造研究和创新概况》，报告中显示，2012 年 9 月—2022 年 9 月，英国在增材制造研发上计划投入约为 1.15 亿英镑，主要集中在使能技术（占 40%）、航空航天、医疗、材料、教育、汽车、能源、电子和国防等行业，金属是研发主要对象。该报告是在英国工程与自然科学研究理事会（EPSRC）协助下，由 Stratasys 战略咨询公司撰写的，旨在通过调研英国增材制造研究和创新概况，分析英国增材制造研究与创新上的优势和不足，并据此提出政策建议。2018 年 6 月，英国制造技术中心启动航空航天数字化可重构增材制造计划。英国相关政策发布情况见表 4-5。

表 4-5 英国相关政策发布情况

| 时间 | 政策 / 报告 | 发布机构 | 相关内容 |
| --- | --- | --- | --- |
| - | 《未来高附加值制造技术展望》 | - | 将增材制造与激光制造作为提升国家竞争力的核心技术 |
| 2013 年 10 月 | 《制造业的未来：英国机遇与挑战的新时代》 | 英国政府科技办公室 | 面向 2050 年制造业的长期发展，提出了英国制造发展与复苏的政策措施 |
| 2016 年 2 月 | 《英国增材制造研究和创新概况》 | “创新英国” | 旨在通过调研英国增材制造研究和创新概况，分析英国增材制造研究与创新上的优势和不足，并据此提出政策建议 |
| 2018 年 6 月 | 《航空航天数字化可重构增材制造计划》 | 英国增材制造技术中心（MTC） | 旨在建设世界一流的增材制造测试平台和相应“数字孪生体”环境 |

**2. 韩国**

2014 年 11 月，韩国发布了一个长达 10 年的增材制造战略规划，以推动和发展增材制造技术，使之成为新兴增长市场，并帮助制造业部门实现转型。韩国政府通过推广制造业革新 3.0 战略与智能工厂等流程创新，开发物联网、增材制造与大数据等核心技术，来创造未来的增长动力。韩国未来创造科学部与产业通商资源部在 2015 年 4 月联合成立智能制造研发路线图促进委员会，旨在用半年时间制定上一年度《制造业创新 3.0 战略》中提出的包括增材制造在内的八大智能制造技术研发路线图，并向政府提出具体的投资扶持方案。2016 年，韩国贸易工业和能源部计划在未来五年（2017—2021 年）投资 2 000 万美元用于资助船舶与海工装备的增材制造技术。2016 年 7 月，韩国政府宣布降低对增材制造等高新技术产业的研发税，为中小企业减免税额高达 30%，打造新的经济增长引擎。2018 年 2 月，韩国科学技术信息通信部（MSIP）宣布投入 3 700 万美元开发和提高增材制造技术，推动增材制造在企业、军队和医疗领域的应用。

**3. 新加坡**

新加坡贸易与工业部在 2013 年出台了《国家制造发展计划》，增材制造被列为未来技术发展关键领域之一。2013 年年底，新加坡最大研究所 A*STAR(Agency for Science，Technology and Research) 发布增材制造特别计划，由制造技术研究所领衔，南洋理工大学、材料工程研究所、高性能计算研究所等作为参与机构，并遴选出了六项关键技术方向。2015 年 9 月，南洋理工大学、新加坡国立大学和新加坡科技设计大学合作组建了国家增材制造创新集群。

**4. 澳大利亚**

澳大利亚政府在 2012 年发布题为《面向更智能的澳大利亚：更智能的制造》的研究报告，将增材制造列为该国未来制造发展的重要方向之一。2014 年 11 月，澳大利亚研究理事会与产业合作伙伴共同出资 900 万澳元在莫纳什大学（Monash University）成立“增材制造协同研究中心”，旨在助力以终端客户为导向的协作研究。

**5. 俄罗斯**

俄罗斯是激光技术产业大国，由于激光技术与增材制造技术切合性很强，因而俄罗斯的增材制造在激光技术的辅助下快速发展，并与其他国家开展了广泛的技术交流与合作。2014 年 9 月，俄罗斯对《科技装备优先发展方向》和《关键技术清单同步更新计划》进行修订，增加了新型制造技术、增材制造技术等内容。

## 4.2 我国的主要政策及解读

### 4.2.1 政策体系概况

我国高度重视增材制造产业发展，近年来，一系列规划政策密集发布，推动了增材制造产业创新发展。2016 年 11 月 29 日，国务院印发《“十三五”国家战略性新兴产业发展规划》，重点打造增材制造产业链。2017 年以来，国务院及工业和信息化部、科学技术部等部门发布涉及增材制造的政策多达 20 余项，重点聚焦核心技术攻关与创新示范应用，加大财政支持力度。尤其是在 2017 年

11 月，工业和信息化部、国家发展改革委等十二部门联合印发的《增材制造产业发展行动计划（2017—2020 年）》，对全面推动我国增材制造产业发展的意义重大。此外，省级层面（含计划单列市）出台的相关产业政策中，涉及增材制造内容的有 40 余项。2020 年，为最大限度降低新冠肺炎对工业通信企业生产的负面影响，工业和信息化部印发《关于有序推动工业通信业企业复工复产的指导意见》，将增材制造作为重点支持对象。2017 年以来我国出台的部分产业政策见表 4-6。

表 4-6　2017 年以来我国出台的部分产业政策

| 发布单位 | 政策名称 | 时间 |
| --- | --- | --- |
| 科学技术部 | 《国家重点研发计划“增材制造与激光制造”重点专项实施方案》 | 2016—2020 年 |
| 国家发展改革委 | 《国家发展改革委关于加强分类引导培育资源型城市转型发展新动能的指导意见》 | 2017 年 1 月 |
| 工业和信息化部、国家发展改革委 | 《信息产业发展指南》 | 2017 年 1 月 |
| 工业和信息化部、国家发展改革委、科学技术部、财政部 | 《新材料产业发展指南》 | 2017 年 1 月 |
| 科学技术部 | 《“十三五”先进制造技术领域科技创新专项规划》 | 2017 年 4 月 |
| 教育部 | 《中小学综合实践活动课程指导纲要》 | 2017 年 9 月 |
| 科学技术部 | 《“增材制造与激光制造”重点专项 2018 年度项目申报指南》 | 2017 年 10 月 |
| 工业和信息化部 | 《产业关键共性技术发展指南（2017 年）》 | 2017 年 10 月 |
| 工业和信息化部等十六部门 | 《关于发挥民间投资作用 推进实施制造强国战略的指导意见》 | 2017 年 10 月 |
| 工业和信息化部 | 《高端智能再制造行动计划（2018—2020 年）》 | 2017 年 11 月 |
| 国家发展改革委 | 《增强制造业核心竞争力三年行动计划（2018—2020 年）》 | 2017 年 11 月 |
| 工业和信息化部等十二部门 | 《增材制造产业发展行动计划（2017—2020 年）》 | 2017 年 11 月 |
| 工业和信息化部 | 《首台（套）重大技术装备推广应用指导目录》 | 2017 年 12 月第 1 次发布，每年修订 |

（续）

| 发布单位 | 政策名称 | 时间 |
| --- | --- | --- |
| 财政部 | 《国家支持发展的重大技术装备和产品目录（2017 年修订）》 | 2017 年 12 月 |
| 财政部 | 《重大技术装备和产品进口关键零部件、原材料商品目录》 | 2017 年 12 月第 1 次发布，每年修订 |
| 教育部 | 《普通高中课程方案和语文等学科课程标准（2017 年版）》 | 2017 年 12 月 |
| 国家知识产权局 | 《知识产权重点支持产业目录（2018 年本）》 | 2018 年 1 月 |
| 国家药品监督管理总局 | 《定制式增材制造医疗器械注册技术审查指导原则》（征求意见稿） | 2018 年 2 月 |
| 工业和信息化部 | 《关于有序推动工业通信业企业复工复产的指导意见》 | 2020 年 2 月 |
| 国家标准化管理委员会、工业和信息化部、科学技术部、教育部等六部门 | 《增材制造标准领航行动计划（2020—2022 年）》 | 2020 年 3 月 |
| 商务部、科学技术部 | 《中国禁止出口限制出口技术目录》 | 2020 年 8 月 |

### 4.2.2 国家重点政策摘要

**1.《国家增材制造产业发展推进计划**（2015—2016 年）》

为落实国务院关于发展战略性新兴产业的决策部署，抢抓新一轮科技革命和产业变革的重大机遇，加快推进我国增材制造（又称“3D 打印”）产业健康有序发展，工业和信息化部、国家发展改革委、财政部研究制定了《国家增材制造产业发展推进计划（2015—2016 年）》。

该计划的主要内容包括：①着力突破增材制造专用材料。②加快提升增材制造工艺技术水平。③加速发展增材制造装备及核心器件。④建立和完善产业标准体系。⑤大力推进应用示范。

**2.《“十三五”先进制造技术领域科技创新专项规划》**

为贯彻落实《国家创新驱动发展战略纲要》《国家中长期科学和技术发展规划纲要（2006—2020 年）》《“十三五”国家科技创新规划》和《中国制造2025》，明确“十三五”先进制造技术领域科技创新的总体思路、发展目标、重点任务和实施保障，推动先进制造技术领域创新能力提升，科学技术部组织制定了《“十三五”先进制造技术领域科技创新专项规划》。

该规划的主要内容包括：

1）形势分析。对世界制造业的发展趋势、发展先进制造技术是国家战略需求、我国制造业发展取得的成绩以及我国制造业自身存在的问题做了具体分析。

2）我国制造业发展对科技创新的需求。

3）思路目标与任务布局。以促进制造业创新发展，以推进智能制造为方向，强化制造基础能力，提高综合集成水平，促进产业转型升级，实现制造业由大变强的跨越为总体目标。

4）重点任务。以增材制造、激光制造、智能机器人、极大规模集成电路制造装备及成套工艺、新型电子制造关键装备、高档数控机床与基础制造装备、智能装备与先进工艺、制造基础技术与关键部件、工业传感器、智能工厂等为重点任务。

**3.《关于发挥民间投资作用推进实施制造强国战略的指导意见》**

为促进民营企业转型升级、激发民间投资活力、加快制造强国建设，工业和信息化部、国家发展改革委、科学技术部、财政部、环境保护部、商务部、中国人民银行、国家工商行政管理总局、国家质量监督检验检疫总局、国家知识产权局、中国工程院、中国银行业监督管理委员会、中国证券监督管理委员会、中国保险监督管理委员会、国家国防科技工业局、中华全国工商业联合会联合印发了《关于发挥民间投资作用推进实施制造强国战略的指导意见》（以下简称《指导意见》）。

针对近年来制造业民间投资增速放缓、活力不强的局面，《指导意见》贯彻落实党中央、国务院关于促进民间投资工作的总体要求，围绕《中国制造2025》，通过一系列措施和保障，破解制约民间投资的体制机制障碍，发挥民营企业在制造业领域主力军和突击队的作用，激发民间投资活力，培育壮大新动能，改造提升传统产能，促进制造业向高端、智能、绿色、服务方向发展。

《指导意见》按照坚持市场主导、坚持问题导向、坚持协同推进、坚持公平共享的基本原则，从民营企业反映强烈、制约民间投资、影响提质增效升级的突出问题出发，提出了八项提升民营制造业转型升级的主要任务，鼓励支持制造业民营企业提升创新发展能力、两化融合水平、工业基础能力和质量品牌水平，推动绿色制造升级、产业结构布局优化、服务化转型以及国际化发展，指出了民营企业转型升级的方向任务和工作措施。

为保障各项工作任务落实到位，《指导意见》提出了五个方面的保障措施，包括：改善制度供给，优化市场环境；完善公共服务体系，提高服务质量水平；

健全人才激励体系，提升企业管理水平；加大财税支持力度，发挥引导带动作用；规范产融合作，创新金融支持方式。

**4.《高端智能再制造行动计划（2018—2020年）》**

为落实《中国制造2025》《工业绿色发展规划（2016—2020年）》和《绿色制造工程实施指南（2016—2020年）》，加快发展高端再制造、智能再制造（以下统称高端智能再制造），进一步提升机电产品再制造技术管理水平和产业发展质量，推动形成绿色发展方式，实现绿色增长，制定《高端智能再制造行动计划（2018—2020年）》。

（1）工作思路和主要目标

全面贯彻党的十九大精神，以习近平新时代中国特色社会主义思想为指导，贯彻落实新发展理念，深化供给侧结构性改革，深入落实《中国制造2025》，加快实施绿色制造，推动工业绿色发展，聚焦盾构机、航空发动机与燃气轮机、医疗影像设备、重型机床及油气田装备等关键件再制造，以及增材制造、特种材料、智能加工、无损检测等绿色基础共性技术在再制造领域的应用，推进高端智能再制造关键工艺技术装备研发应用与产业化推广，推动形成再制造生产与新品设计制造间的有效反哺互动机制，完善产业协同发展体系，加强标准研制和评价机制建设，探索高端智能再制造产业发展新模式，促进再制造产业不断发展壮大。

到2020年，突破一批制约我国高端智能再制造发展的拆解、检测、成形加工等关键共性技术，智能检测、成形加工技术达到国际先进水平；发布50项高端智能再制造管理、技术、装备及评价等标准；初步建立可复制推广的再制造产品应用市场化机制；推动建立100家高端智能再制造示范企业、技术研发中心、服务企业、信息服务平台、产业集聚区等，带动我国再制造产业规模达到2 000亿元。

（2）主要任务

1）加强高端智能再制造关键技术创新与产业化应用。加快增材制造、特种材料、智能加工、无损检测等再制造关键共性技术创新与产业化应用。

2）推动智能化再制造装备研发与产业化应用。以企业为主导，联合行业协会、科研院所和第三方机构等，促进产学研用金结合，面向高端智能再制造产业发展重点需求，加快再制造智能设计与分析、智能损伤检测与寿命评估、质量性能检测及智能运行监测，以及智能拆解与绿色清洗、先进表面工程与增材制造成形、智能再制造加工等技术装备研发和产业化应用。

3）实施高端智能再制造示范工程。重点推进盾构机、重型机床、办公成像设备等领域高端智能再制造示范企业建设，鼓励依托再制造产业集聚区建设示范工程。

4）培育高端智能再制造产业协同体系。鼓励应用智能检测、远程监测、增材制造等手段开展再制造技术服务，扶持一批服务型高端智能再制造企业。

5）加快高端智能再制造标准研制。支持再制造产业集聚区结合自身实际制定管理与评价体系，探索形成地域特征与产品特色鲜明的再制造产业集聚发展模式，建设绿色园区。

6）探索高端智能再制造产品推广应用新机制。鼓励由设备维护和升级需求量大的企业联合再制造生产和服务企业、科研院所等，创新再制造产学研用合作模式。

7）建设高端智能再制造产业公共信息服务平台。探索建立再制造公共信息服务和交易平台，鼓励与互联网企业加强合作。

8）构建高端智能再制造金融服务新模式。积极利用融资租赁、以旧换新、以租代购和保险等手段服务高端智能再制造。

（3）保障措施

1）完善支持政策。充分利用绿色制造、技术改造专项及绿色信贷等手段支持高端智能再制造技术与装备研发和产业化推广应用，重点支持可与新品设计制造形成有效反哺互动机制的再制造关键工艺突破系统集成项目建设。

2）规范产业发展。加大对高端智能再制造标准化工作的支持力度，充分发挥标准的规范和引领作用，建立健全再制造标准体系，加快修订再制造管理、工艺技术、产品、检测及评价等标准。

3）促进交流合作。充分利用多双边国际合作机制与交流平台，加强高端智能再制造领域的政策交流，推动产品认定等标准互认。

4）强化组织实施。工业和信息化部将加强与有关部门沟通协调，推动建立有利于高端智能再制造产业发展的政策环境，促进产业健康有序发展。指导具备条件的地区工业和信息化主管部门、有关协会等按照本行动计划确定的目标任务，结合当地或本领域实际制定支持高端智能再制造产业发展的工作方案。

**5.《增强制造业核心竞争力三年行动计划**（2018—2020年）**》**

为全面贯彻落实党的十九大精神，深入学习贯彻习近平新时代中国特色社会主义思想，加快发展先进制造业，推动互联网、大数据、人工智能和实体经济深度融合，突破制造业重点领域关键技术实现产业化，增强制造业核心竞争力，在《增强制造业核心竞争力三年行动计划（2015—2017年）》的实施取得显著成效的基础上，国家发展改革委结合新时代制造业发展形势、任务和要求，制定本行动计划。

（1）基本原则　一是坚持创新驱动，把创新作为制造业实现引领发展的第一动力。二是坚持市场主导，充分发挥市场在制造业资源配置中的决定性作用。三是坚持质量为先，把提高供给体系质量作为主攻方向，完善质量管理机制，夯实质量提升基础。四是坚持重点突破，加强制造业发展的前瞻性和战略性研究。

（2）总体目标　到“十三五”末，轨道交通装备等制造业重点领域突破一批重大关键技术实现产业化，形成一批具有国际影响力的领军企业，打造一批中国制造的知名品牌，创建一批国际公认的中国标准，制造业创新能力明显提升、产品质量大幅提高、综合素质显著增强。

（3）重点领域　在轨道交通装备、高端船舶和海洋工程装备、智能机器人、智能汽车、现代农业机械、高端医疗器械和药品、新材料、制造业智能化、重大技术装备等重点领域，组织实施关键技术产业化专项。

（4）政策措施　一是加强支撑体系建设，整合政府、企业、行业协会、科研院所等多方资源，积极开展标准的制修订、评估、试点、验证、宣贯和推广应用工作，积极主导或参与国际标准制定。二是优化完善激励政策，充分利用现有渠道，加大资金投入力度，支持重点领域核心技术攻关和关键共性技术平台建设。三是强化金融政策扶持，积极发挥政策性金融和商业金融的优势。四是加大国际合作力度，落实“一带一路”倡议，推动建立国际对话交流平台，构建国际合作长效机制。

**6.《增材制造产业发展行动计划**（2017—2020年）》

为有效衔接《国家增材制造产业发展推进计划（2015—2016年）》，应对增材制造产业发展新形势、新机遇、新需求，推进我国增材制造产业快速健康持续发展。2017年11月，工业和信息化部联合国家发展改革委、教育部、公安部、财政部、商务部、文化部、国家卫生计生委、国资委、海关总署、质检总局、知识产权局等十一部门印发《增材制造产业发展行动计划（2017—2020年）》（以下简称《行动计划》）。

《行动计划》紧密围绕新兴产业培育和重点领域制造业智能转型，着力提高创新能力，提升供给质量，培育龙头企业，推进示范应用，完善支撑体系，探索产业发展新业态新模式，营造良好发展环境，促进增材制造产业做强做大，为制造强国建设提供有力支撑，为经济发展注入新动能。

（1）实现五大行动目标　《行动计划》提出五大行动目标：一是产业保持高速发展，年均增速在30%以上，到2020年增材制造产业销售收入超过200亿元；二是技术水平明显提高，突破100种以上满足重点行业需求的工艺装备、核心器件及专用材料；三是行业应用显著深化，开展100个以上试点示范项目，推动增材制造在航空、航天、船舶、汽车、医疗、文化、教育等领域实现规模化应用；四是生态体系基本完善，培养形成完整的增材制造产业链，涵盖计量、标准、检测、认证等在内的增材制造生态体系；五是全球布局初步实现，培育2～3家以上具有较强国际竞争力的龙头企业，打造2～3个国际知名名牌，推动一批技术装备、产品标准成功走向国际市场。

（2）实施五大重点任务　围绕五大行动目标提出了五大重点任务。一是提高创新能力：加强增材制造创新体系建设，完善增材制造创新中心运行机制，推进增材制造领域前瞻性、共性技术研究和先进科技成果转化；强化关键共性技术研发，重点突破一批关键共性技术，提早布局新一代增材制造技术研究。二是提升供给质量：提升增材制造专用材料质量，开展增材制造专用材料研究，推动关键材料制备技术及装备的研发，提升增材制造专用材料品质和性能稳定性；提升增材制造装备、核心器件及软件质量，重视突破增材制造装备、核心器件及专用软件的质量、性能和稳定性问题；提升增材制造行业整体服务质量和用户对增材制造技术的认可程度。三是推进示范应用，以直接制造为主要战略取向，兼顾原型设计和模具开发应用，推动增材制造在重点制造、医疗、文化创意、创新教育等领域规模化应用，利用增材制造云平台等新模式，线上线下打通增材制造在社会、企业、家庭中的应用路径。四是培育龙头企业，支持骨干企业发展，鼓励骨干企业积极整合国内外技术、人才和市场等资源，加强品牌培育；促进全产业链协同发展，助推增材制造龙头企业的发展壮大；加快产业集聚区建设，鼓励特色优势地区加快培育世界级先进增材制造产业集群。五是完善支撑体系，建立健全增材制造计量体系，健全增材制造标准体系，建立增材制造检测与认证体系，健全人才培养体系。

（3）采取六项保障措施　一是加强统筹组织协调，各有关部门政策要加强协调，形成资源共享、协同推进的工作格局，同时要加强对区域政策的指导，完善中央和地方协同推进的产业政策体系。二是加大财政支持力度，充分利用现有渠道支持增材制造装备及关键零部件产业化和推广应用。三是着力拓宽融资渠道，采取政策引导和市场化运作相结合的方式，吸引企业、金融机构以及社会资金投向增材制造产业，推进设备融资租赁，鼓励符合条件的企业进行直接融资。四是深化国际交流合作，坚持引进来和走出去并重，多层次开展国际交流与合作，鼓励国外企业在华设立研发基地、研发中心，依托“一带一路”倡议，推进增材制造技术的推广应用。五是强化行业安全监管，研究建立购买增材制造装备实名登记制度、装备基本信息报备制度和从业认证登记备案制度，依法查处利用增材制造装备非法生产、制造管制器具等违法犯罪活动。六是发挥行业组织作用，组织开展需求对接，加强对产业发展重大问题和政策的研究，编制并发布年度产业发展报告，加强行业自律，提高行业素质，维护行业安全。

**7.《关于有序推动工业通信业企业复工复产的指导意见》**

为深入贯彻习近平总书记关于统筹推进新冠肺炎疫情防控和经济社会发展工作的重要指示精神，落实国务院联防联控机制《关于切实加强疫情科学防控有序做好企业复工复产工作的通知》要求，在确保疫情防控到位的前提下，推动非疫情防控重点地区企业复工复产，努力实现 2020 年工业通信业发展目标任务，提出指导意见。

（1）总体要求　以习近平新时代中国特色社会主义思想为指导，增强“四个意识”，坚定“四个自信”，做到“两个维护”，把党中央、国务院各项决策部署抓实抓细抓落地，统筹做好疫情防控和经济社会发展工作。坚持突出重点、统筹兼顾，分类指导、分区施策，加强产业链协调，充分运用新一代信息技术，全面支持疫情科学防控和企业复工复产。坚决杜绝疫情防控和企业复工复产工作中的形式主义、官僚主义做法，主动担当，积极作为，深入基层，服务企业，抓紧抓实抓细各项措施落实，为基层解决实际困难，切实帮助企业做好复工复产工作。

（2）全力保障医用防护物资供给　要把疫情防控物资保障作为当前工作的重中之重，重点开展医疗救治急需的呼吸机、心电监护仪等医疗设备和治疗药品的组织生产和及时供应，全面提升医用防护服、口罩等防护物资的生产保供能力，统筹协调医用物资全产业链企业同步复工复产，增强企业生产柔性，科学谋划产能，确保产品质量，强化物资保障协调机制，为打赢湖北和武汉保卫战，以及全国疫情防控全面胜利提供坚强有力的物资保障。

（3）切实帮助企业做好疫情防控工作　指导企业落实《企事业单位复工复产疫情防控措施指南》，督促落实疫情防控措施，做好通风、消毒、体温检测等防控工作，建立必备的卫生设施，加强员工健康监测，强化日常防控管理，防止发生聚集性疫情。运用大数据、人工智能等新一代信息技术，做好复工复产企业跟踪监测，对疫情防控实施零报告制度。要杜绝“填表抗疫”“作秀留痕”等形式主义做法，切实解决企业实际问题。

（4）加大中小企业扶持力度　按照《工业和信息化部关于应对新型冠状病毒肺炎疫情帮助中小企业复工复产共渡难关有关工作的通知》（工信明电〔2020〕14号）要求，指导企业用好用足现有财税、金融、社保等优惠政策。继续研究出台阶段性、有针对性的减税降费政策，帮助中小微企业渡过难关。鼓励中央企业、大型国企等龙头企业发挥表率作用，帮助中小企业开展应收账款融资，带动产业链上下游中小企业复工复产，协同开展疫情防控和生产恢复。针对中小企业现金流不足的突出问题，落实金融支持政策，帮助企业缓解融资困难。继续加大力度推动清理拖欠民营企业中小企业账款工作，缓解企业资金压力。

（5）加紧推动民生必需品生产企业复工复产　加快化肥、农膜、农机装备整机及零部件等涉农企业复工复产，做好春耕备耕物资供应，确保农业生产不误农时。推动食品、日用品等生活必需品企业复工复产，保障民生物资供给稳定。充分利用电商、信息服务等平台，促进产业链供需线上对接，鼓励开展农机等设备的在线维护。

（6）推动重点行业企业复工复产　优先支持汽车、电子、船舶、航空、电力装备、机床等产业链长、带动能力强的产业。继续支持智能光伏、锂离子电池等产业以及制造业单项冠军企业，巩固产业链竞争优势。重点支持5G、工业互联网、集成电路、工业机器人、增材制造、智能制造、新型显示、新能源汽车、节能环保等战略性新兴产业。大力提升食品包装材料、汽车零部件、核心元器件、关键电子材料等配套产业的支撑能力。

（7）推进重大项目开工复工　积极扩大国内有效需求，发挥重大项目、重点工程建设示范带动作用，加快在建和新开工项目建设进度，带动工程机械、原材料等企业复工复产及人员返岗就业。结合本地区实际，围绕民生就业、产业基础能力、未来产业竞争制高点等重点方向，启动一批投资规模大、带动能力强的重大项目和重点工程。协调解决重大外资项目复工复产遇到的问题，推动重大外资项目落地。

（8）大力促进市场消费提质扩容　支持新业态新模式，丰富 5G+、超高清视频、增强现实/虚拟现实等应用场景，推动发展远程医疗、在线教育、数字科普、在线办公、协同作业、服务机器人等，带动智能终端消费。积极稳定汽车等传统大宗消费，鼓励汽车限购地区适当增加汽车号牌配额，带动汽车及相关产品消费。加大生物医药、智能健康管理设备、高端医疗器械、医疗机器人、公共卫生智能监测检测系统等大健康产业投入力度，满足人民群众的健康需求。

（9）打通人流、物流堵点　落实分区分级精准防控策略，保障人员有序流动和物流畅通，推动产业链各环节协同复工复产。指导企业用好用足援企稳岗政策，发挥信息化手段优势，积极开展精准对接，协调打通企业员工返岗通道，提高员工返岗率。主动对接有关部门，将重点行业重点企业生产原料、零部件、产品纳入绿色物流通道，保障运输畅通。搭建跨区域人员、物资对接平台，进行精准服务，统筹解决园区、产业集群内企业人员返岗、生产物资运输等问题，推动企业抱团恢复生产。

（10）加强分类指导　对低风险地区，落实好相关防控措施，简化程序，强化服务，指导企业复工复产，全面恢复正常生产生活秩序；对中风险地区，在做好疫情防控前提下，合理安排企业复工复产，尽快有序恢复正常生产生活秩序；对高风险地区，要继续集中精力抓好疫情防控工作，根据疫情态势逐步恢复生产生活秩序。要选派优秀干部下沉一线，对重点企业跟踪服务，指导企业复工复产。

**8.《增材制造标准领航行动计划（2020—2022 年）》**

为贯彻落实党中央、国务院关于推动高质量发展、开展质量提升行动等决策部署，实施新产业标准领航工程，制定本行动计划。

（1）实施背景　增材制造(又称 3D 打印)被誉为能够引领产业变革的颠覆性技术之一，在个性化定制、复杂结构部件制备等方面具有显著优势，正在对传统制造工艺流程、工厂生产加工模式及整个制造业产业链产生重要影响。从产业看，世界工业发达国家纷纷将增材制造作为新的发展增长点，大力推动增材制造技术创新和产业化应用；我国增材制造发展迅猛，大型金属承力结构件等方面增材制造重大技术创新取得突破，增材制造在航空航天、生物医疗等领域应用取得实质性进展，中国已经成为桌面级材料挤出设备的主要出口国，涌现出一批高水平的企业和多个发展势头较好的产业集聚区。从标准看，国际标准化组织增材制造技术委员会(ISO/TC 261)、欧洲标准化组织增材制造技术委员会(CEN/TC 438)与美国材料与试验协会增材制造技术委员会(ASTM F42)达成协议，共同构建和执行同一套增材制造标准体系，制定和实施同一套技术标准；2014 年我国成为 ISO/TC 261 的成员国，2016 年成立全国增材制造标准化技术委员会（SAC/TC 562），在增材制造专用材料、工艺、设备、检测和服务等领域制定和实施了一批技术标准。但与当前全球科技创新和产业发展的迅猛态势相比，我国增材制造领域仍然存在标准缺失、国际标准跟踪转化滞后、市场主体参与国内国际标准化工作程度不高等问题，迫切需要系统谋划和全面推进增材制造标准化工作，充分发挥标准对增材制造产业发展的规制和引领作用。

（2）指导思想　坚持以习近平新时代中国特色社会主义思想为指导，全面贯彻党的十九大和十九届二中、三中、四中全会精神，按照党中央、国务院关于高质量发展的决策部署，牢固树立新发展理念，实施新产业标准领航工程，健全增材制造标准体系，强化标准研究与技术研发同步、国内标准制定与国际标准同步、标准实施与产业化同步，对标国际先进提升水平，以先进适用标准提升产业基础能力和产业链现代化水平，领航增材制造产业高质量发展。

（3）行动原则

标准引领。把研制“领航”标准作为开展领航行动的主攻方向，及时形成一批增材制造新技术、新材料、新工艺、新产品标准，优化标准布局，充分发挥标准对增材制造产业发展的引领作用。

国际融合。把推动国内国际标准相互兼容作为开展领航行动的重要任务，加快国际标准转化步伐，加大中国技术和标准转化为国际标准力度，不断提升我国对增材制造国际标准化的贡献。

协同发展。把推动形成科技、标准化和产业协同发展的工作机制作为开展领航行动的关键点，加强政产学研用统筹，积极推动标准研制融入科技创新全过程，强化增材制造标准化与产业化衔接，形成工作合力。

注重实施。把强化标准应用、发挥标准化效益作为开展领航行动的落脚点，及时开展标准宣贯和标准实施效果评估，针对发现的问题及时完善更新标准，在应用中体现增材制造标准的价值。

（4）行动目标　到 2022 年，立足国情、对接国际的增材制造新型标准体系基本建立。增材制造专用材料、工艺、设备、软件、测试方法、服务等领域“领航”标准数量达到 80 ～ 100 项，形成一大批具有竞争性、引领性的团体标准，标准对增材制造技术创新和产业发展的引领作用充分发挥。推动 2 ～ 3 项我国优势增材制造技术和标准制定为国际标准，增材制造国际标准转化率达到 90%，增材制造标准国际竞争力不断提升。

（5）主要行动

构建和完善增材制造标准体系。从当前增材制造技术创新和产业化需求出发，科学研判未来发展趋势，加快构建和完善我国增材制造标准体系，对标国际适用的增材制造标准化体系架构和路线图，做好基础共性、关键技术和行业应用等方面标准的顶层设计。基础共性标准主要规划制定术语和分类、环境、健康和安全等方面标准。关键技术标准重点面向制约当前产业发展的专用材料、工艺和设备、测试方法、专用软件和服务等方面核心技术，开展“领航”型标准布局。行业应用标准侧重满足航空、航天、船舶、轨道交通装备、汽车、核工业、电力装备、生物医疗、家电、模具、铸造等具体行业特殊应用标准需求。鼓励针对具体技术和产品制定具有引领性、竞争性的团体标准。鼓励运用综合标准化的理念和方法，成体系、成系列地提出和研制标准综合体。

研制一批增材制造“领航”标准。①专用材料标准。开展增材制造专用尼龙、丙烯腈－丁二烯－苯乙烯共聚物、聚乳酸、聚醚醚酮、聚苯乙烯、光敏树脂、碳纤维复合材料、铸造砂及铸造黏结剂、蜡材及陶瓷等非金属材料标准研制，制定铝合金、钛合金、钴铬合金、高温合金、不锈钢、模具钢、金属间化合物、非晶合金等金属材料及其复合材料等金属材料标准，明确专用材料的品质指标，提升性能稳定性要求。开展面向增材制造专用材料生产过程控制、回收、处理、再利用等标准研制，推动企业降低生产成本。②工艺和设备标准。制定黏结剂喷射、定向能量沉积、材料挤出、材料喷射、粉末床熔融、立体光固化等增材制造基础工艺和设备标准。研制多材料、多色流、阵列式增材制造，以及3D打印笔、复合增材制造、微纳结构增材制造、微纳尺度复合材料增材制造等新工艺和设备标准，促进科技成果推广应用。制定与增材制造工艺相配套的后处理标准，规范后处理工艺流程。③测试方法标准。制定增材制造专用材料性能、安全等测试和评价方法标准。开展增材制造成形件性能、缺陷等方面研究，制定成形件质量评价标准。围绕增材制造设备可靠性、稳定性、安全性等需求，研制增材制造设备安全和性能评价标准。通过制定和实施测试方法标准，增强用户使用增材制造技术及产品的信心，拓宽应用领域。④专用软件和服务标准。研制增材制造数据模型切片、工艺规划、成形过程控制等专用软件标准，制定产品设计、数据质量、数据转换、接口规范标准。面向增材制造在中小学、职业院校等应用需求，制定教育与培训相关标准。制定基于互联网的增材制造服务平台架构、服务模式标准，开展增材制造产品采购服务规范标准研制。⑤特色领域应用标准。面向航空、航天等领域需求，开展增材制造工艺优化、拓扑结构以及功能结构设计制造标准研制，提升关键结构和系统性能。面向生物医疗等领域需求，研制一批可植入材料、设备、工艺和软件标准，指导个性化植入产品的生产、器官/组织模拟修复和重建。面向核工业等领域需求，开展增材制造修复、高可靠性复杂结构件制造、备品备件快速成形等增材制造工艺和材料标准研制，解决关键部件加工周期长、修复成本高、功能受限于制造水平等问题。

加强增材制造国际标准化工作。开展欧洲、美国、亚太等国家和区域增材制造标准化政策跟踪研究，积极寻求开展更加务实的标准化国际合作。推动增材制造相关标准化技术委员会加强国际标准跟踪转化，同步推进国际国内标准化工作，组建与国际相对应的标准工作组，做好国际标准预研，积极推动增材制造服务、成形精度检测、加工过程在线监测等方面国际国内标准项目同步提出、立项和研制，推动国内标准中英文版同步立项、制定和出版。面向增材制造技术、产品和服务主要出口国家和地区，鼓励相关协会、学会等与国外相关方联合制定有利于贸易往来的国际通用团体标准。

创新增材制造标准制定工作机制。推动增材制造专用材料、设备、检测等产业链上下游相关标准化技术委员会工作协同，建立交叉融合项目联合提出、联合归口、联合制定的工作机制，标准制定同步考虑检测和认证需求。结合国家技术标准创新基地建设，探索建立增材制造科技创新、标准化和产业化同步的工作机制，开展增材制造典型工艺参数库、材料数据库等建设，支撑具有引领性的科研成果转化为团体标准、企业标准。

强化增材制造标准应用实施。面向主要增材制造产业集聚区，探索开展增材制造标准化试点示范工作，开展标准应用实施效果评价和反馈工作。选择有一定标准化工作基础的企业或园区，开展综合标准化试点工作，推动成体系、成系列标准的协同应用实施。针对增材制造桌面级材料挤出设备及相关专用材料、3D打印笔等市场需求大、产品更新速度快、与人们生活紧密相关的领域，开展增材制造企业标准“领跑者”工作，以“领跑者”标准引领增材制造产品质量提升。

### 4.2.3 地方政策摘要

近年来，北京、陕西、浙江、湖北、广东、黑龙江等地方政府纷纷出台促进增材制造产业发展的政策，以期抢抓机遇，占领增材制造产业高地。据中国增材制造产业联盟统计，自 2017 年以来，省级层面（含计划单列市）出台的相关产业政策中，涉及增材制造内容的有近 40 项。2017 年以来地方出台的部分产业政策见表 4-7。

表 4-7　2017 年以来地方出台的部分产业政策

| 发布地区 | 政策名称 | 发布时间 |
| --- | --- | --- |
| 北京市 | 《北京市“十三五”时期现代产业发展和重点功能区建设规划》 | 2017 年 1 月 |
| 湖北省 | 《湖北省智能制造装备“十三五”发展规划》 | 2017 年 1 月 |
| 湖南省 | 《湖南省“十三五”战略性新兴产业发展规划》 | 2017 年 1 月 |
| 山东省 | 《山东省“十三五”战略性新兴产业发展规划》 | 2017 年 3 月 |
| 江苏省 | 《省政府关于加快发展先进制造业振兴实体经济若干政策措施的意见》 | 2017 年 3 月 |
| 安徽省 | 《安徽省智能制造工程实施方案（2017—2020 年）》 | 2017 年 3 月 |
| 江苏省 | 《江苏省政府办公厅关于推进中国制造 2025 苏南城市群试点示范建设的实施意见》 | 2017 年 4 月 |
| 广东省 | 《广东省人民政府办公厅关于印发珠江西岸六市一区创建“中国制造 2025”试点示范城市群实施方案的通知》 | 2017 年 4 月 |
| 天津市 | 《关于贯彻落实“十三五”国家战略性新兴产业发展规划的实施意见》 | 2017 年 4 月 |
| 浙江省 | 《2017 年浙江省推进智能制造工作要点》 | 2017 年 5 月 |
| 江苏省 | 《江苏省“十三五”智能制造发展规划》 | 2017 年 5 月 |
| 湖北省 | 《省人民政府关于深化制造业与互联网融合发展的实施意见》 | 2017 年 5 月 |
| 黑龙江省 | 《黑龙江省增材制造（3D 打印）产业三年专项行动计划（2017—2019 年）》 | 2017 年 5 月 |
| 浙江省 | 《浙江省人民政府办公厅关于加快推进医药产业创新发展的实施意见》 | 2017 年 6 月 |
| 吉林省 | 《吉林省工业转型升级行动计划（2017—2020 年）》 | 2017 年 7 月 |
| 安徽省 | 《关于 3D 打印智能装备产业集聚基地发展若干政策规定》征求意见 | 2017 年 7 月 |
| 山东省 | 《山东省智能制造发展规划（2017—2022 年）》 | 2017 年 8 月 |
| 广东省 | 《广东省战略性新兴产业发展“十三五”规划》 | 2017 年 8 月 |
| 黑龙江省 | 《黑龙江省制造业转型升级“十三五”规划》 | 2017 年 9 月 |
| 河南省 | 《河南省装备制造业转型升级行动计划（2017—2020 年）》 | 2017 年 9 月 |
| 广东省 | 《广东省经济和信息化委关于“强力推进以制造业为重点的实体经济发展”系列提案答复的函》 | 2017 年 10 月 |
| 青岛市 | 《青岛市高技术产业“一业一策”行动计划（2017—2021 年）》 | 2017 年 10 月 |

（续）

| 发布地区 | 政策名称 | 发布时间 |
| --- | --- | --- |
| 陕西省 | 《关于促进医药产业健康发展的实施意见》 | 2017年10月 |
| 山西省 | 《关于开展山西省省级制造业创新中心创建工作的实施方案》 | 2017年11月 |
| 广州市 | 《广州市落实〈工业和信息化部 广东省人民政府合作框架协〉实施方案》 | 2017年12月 |
| 黑龙江省 | 《黑龙江省技术转移体系建设实施方案》 | 2017年12月 |
| 陕西省 | 《支持实体经济发展若干财税措施的意见》 | 2017年12月 |
| 河北省 | 《河北省战略性新兴产业发展三年行动计划》 | 2018年2月 |
| 河北省 | 《河北省加快智能制造发展行动方案》 | 2018年2月 |
| 山西省 | 《山西省打造优势产业集群2018年行动计划》 | 2018年3月 |
| 河南省 | 《河南省支持智能制造和工业互联网发展若干政策》 | 2018年4月 |
| 江苏省 | 《关于印发江苏省增材制造产业发展三年行动计划（2018—2020年）的通知》 | 2018年8月 |
| 山东省 | 《山东省装备制造业转型升级实施方案》 | 2018年12月 |

**1. 北京市**

（1）《促进北京市增材制造（3D打印）科技创新与产业培育的工作意见》 为深入实施创新驱动发展战略，全面落实《北京市关于加快培育和发展战略性新兴产业的实施意见》和《北京市“十二五”时期科技北京发展建设规划》，进一步实施北京技术创新行动计划，抢占全球高端制造技术制高点，加快培育增材制造产业，2014年3月，北京市科学技术委员会、北京市发展改革委、北京市经济和信息化委员会联合印发《促进北京市增材制造（3D打印）科技创新与产业培育的工作意见》（简称《工作意见》）。《工作意见》提出了四大重点任务：一是攻克重大关键技术，推进增材制造技术全面跻身国际先进水平；二是构建完善科技创新平台，支撑北京持续产出原创性技术；三是推动科技成果转化，促进3D打印技术应用；四是优化产业布局，推动3D打印产业集群式发展。

（2）《〈中国制造2025〉北京行动纲要》 为深入贯彻《中国制造2025》，全面落实《京津冀协同发展规划纲要》，持续推动北京市制造业转型升级，加快构建高精尖经济结构，努力建设全国科技创新中心，2015年12月，北京市政府印发《〈中国制造2025〉北京行动纲要》，将发展增材制造装备列为“智能制造系统和服务”专项（八大重点专项）的重要内容。

（3）《北京市鼓励发展的高精尖产品目录（2016年版）》 为认真贯彻落实制造强国战略，促进北京市存量产业结构优化、提质增效、创新发展，加快培育符合首都功能定位的高精尖产业，2016年5月，北京市经济和信息化委员会印发《北京市鼓励发展的高精尖产品目录（2016年版）》。该目录中将增材制造装备列入创新前沿产品类别，具体为面向航空航天大型金属复杂构件直接制造、医疗器械与健康服务、创意设计等领域的激光、离子束等高能束流直接制造，基于钛合金、高强钢、铝合金、镍合金等材料的加工工艺、制造装备，3D打印装备。

（4）《北京市“十三五”时期加强全国科技创新中心建设规划》 为深入贯彻落实党的十八大和十八届三中、四中、五中全会精神，深入学习贯彻习近平总书记系列重要讲话和对北京市工作的重要指示精神，以《北京加强全国科技创新中心建设总体方案》为指导，2016年9月，北京市政府印发《北京市“十三五”时期加强全国科技创新中心建设规划》，提出“实施数字化制造产业技术跨越工程”，强调要加强数字化增材制造等关键技术研发。

（5）《北京市“十三五”时期高技术产业发展规划》 为进一步突出高端化、服务化、集聚化、融合化、低碳化，持续优化符合首都经济特点的现代产业体系，构建“高精尖”经济结构，落实好京津冀协同发展战略，2016年11月，北京市发展改革委印发《北京市“十三五”时期高技术产业发展规划》，明确提出“发展3D打印设备的设计、研发和试制”。

（6）《北京市“十三五”时期现代产业发展和重点功能区建设规划》 2017年1月，北京市政府印发《北京市“十三五”时期现代产业发展和重点功能区建设规划》，提出要加强增材制造等智能化生产技术和智能化生产系统开发及应用，对推进增材制造等高端设备制造智能化、精细化发展提出了明确要求。

**2. 黑龙江省**

（1）《黑龙江省增材制造（3D打印）产业三年专项行动计划（2017—2019年）》 为贯彻落实黑龙江省委、省政府“向高新技术成果产业化要发展”有关部署，深入推进黑龙江省千户科技型企业三年行动计划，培育一批增材制造创新团队和优势企业，构建增材制造创新产业链，促进军民深度融合，实现重点领域突破，打造黑龙江经济发展新引擎，2017年5月，黑龙江省科技厅、工信委制定了《黑龙江省增材制造（3D打印）产业三年专项行动计划（2017—2019年）》。该行动计划指出：到2019年，在全省范围内搭建增材制造公共技术服务平台，形成比较完整的材料 - 装备 - 应用 - 服务闭环产业链；培育16支创新团队，促进前景明确的20项成果产业化，支持10家具有一定规模的高新技术企业，总产值突破20亿元，并带动近百亿元相关产业链，加快发展增材制造服务业，推动黑龙江装备制造业提档升级。

（2）《黑龙江省制造业转型升级“十三五”规划》 为全面贯彻落实省委、省政府的战略部署，抢抓新一轮老工业基地振兴重大机遇，深入落实《中国制造2025》，坚持创新驱动，建设工业强省，加快工业结构调整、转型升级和创新发展，提升制造业核心竞争力，打造黑龙江制造新优势，2017年9月，黑龙江省政府印发了《黑龙江省制造业转型升级“十三五”规划》，提出着力发展增材制造装备，瞄准钛合金、高强合金钢、高强铝合金以及非金属工程材料等方向，攻克材料制备、打印头、智能软件等瓶颈，尽快形成产业规模。

（3）《黑龙江省技术转移体系建设实施方案》 为构建技术转移体系，全面提升科技成果供给与转移转化能力，2017年12月，黑龙江省政府印发《黑龙江省技术转移体系建设实施方案》，指出要强化需求导向的科技成果供给，在增材制造等重点领域，加快突破一批关键核心技术，培育一批可产业化的高新技术成果。

**3. 浙江省**

（1）《关于加强三维打印技术攻关加快产业化的实施意见》 为加强增材制造技术攻关，加快产业化，促进浙江省制造业转型升级，2013年7月，浙江省科技厅、经信委联合发布《关于加强三维打印技术攻关加快产业化的实施意见》。该实施意见中提出，以提升浙江省三维打印产业技术水平为目标，着重对三维打印工艺、专属新型材料和三维打印设备等进行技术攻关，着力突破三维打印关键技术，大力培育三维打印产业，加快构建三维打印产业链（产业带），加强创新团队、平台及基地建设，全面提升浙江省三维打印产业整体技术水平。

（2）《杭州市关于加快推进3D打印产业发展的实施意见》 为大力发展杭州市增材制造产业，2014年1月，浙江省杭州市发布《杭州市关于加快推进3D打印产业发展的实施意见》。该意见提出，以“技术先进、应用导向、协同创新、分步实施”为发展思路，以“3D打印设备、3D打印材料、3D打印软件、3D打印服务”为重点领域，不断加强关键技术研发，突出示范应用推广，培育产业链骨干企业，促进产业链协同发展。

（3）《2017年浙江省推进智能制造工作要点》 为更好推进智能制造发展工作，2017年5月，浙江省高端装备制造业（智能制造）协调推进小组办公室印发《2017年浙江省推进智能制造工作要点》，提出在增材制造装备等领域，支持系统解决方案供应商或装备制造商搭建生产能力共享平台，创新智能制造应用模式和机制。

（4）《关于加快推进医药产业创新发展的实施意见》　为贯彻落实《国务院办公厅关于促进医药产业健康发展的指导意见》，加快推进浙江省医药产业创新发展，2017年7月，浙江省政府办公厅发布《关于加快推进医药产业创新发展的实施意见》。该意见指出，要鼓励相关企业应用增材制造等技术，提升智能制造水平。

**4. 广东省**

（1）《加快广东省3D打印技术和应用产业发展实施方案》　为贯彻落实省政府关于加快推进3D打印技术和应用产业发展的有关工作部署，2014年1月，广东省促进战略性新兴产业发展领导小组办公室发布《加快广东省3D打印技术和应用产业发展实施方案》。该方案提出，将3D打印产业列为广东省重点培育和发展的战略性新兴产业，面向广东省现代产业发展和传统产业转型升级的需求，以产品示范应用为核心，以重大项目培育为抓手，逐步提升广东省3D打印技术创新能力和产品应用水平。组织实施重点领域3D打印技术应用示范工程，完善协同创新机制和探索商业模式，带动3D打印相关应用产业快速发展；紧跟国内外先进3D打印技术和应用产业发展趋势，完善技术创新和公共服务平台体系，加强3D打印材料、工艺、装备、软件系统等关键核心技术研发。

（2）《珠江西岸六市一区创建“中国制造2025”试点示范城市群实施方案》为发挥广东省珠江西岸城市群试点示范作用，提升珠江西岸地区制造业综合实力，2017年4月，广东省政府办公厅印发《珠江西岸六市一区创建“中国制造2025”试点示范城市群实施方案》，指出要重点发展增材制造设备等关键共性技术，重点发展光固化成形、熔融沉积成形、激光选区烧结、无模铸型及材料喷射成形等工业用增材制造设备及关键核心部件。

（3）《广东省战略性新兴产业发展“十三五”规划》　2017年8月，广东省政府办公厅印发《广东省战略性新兴产业发展“十三五”规划》。该规划指出：在生物产业领域，针对临床治疗需求，推进增材制造技术等新技术的应用，继续加快组织器官修复和替代材料及植（介）入医疗器械产品创新和产业化，加速仿生医学、再生医学和组织工程技术发展；在高端装备与新材料产业领域，进一步推进增材制造装备等关键技术装备发展，积极发展金属及高分子增材制造材料等，加快突破关键技术、材料和核心部件。

（4）《广州市落实〈工业和信息化部广东省人民政府合作框架协议〉实施方案》　为落实《工业和信息化部广东省人民政府合作框架协议》，深入推进供给侧结构性改革，加快建设制造强市、网络强市，2017年12月，广州市印发《广州市落实〈工业和信息化部广东省人民政府合作框架协议〉实施方案》，提出创建省级制造业创新中心，并争创国家级制造业创新中心。

**5. 陕西省**

（1）《陕西省国民经济和社会发展第十三个五年规划纲要》　2016年5月，陕西省政府印发《陕西省国民经济和社会发展第十三个五年规划纲要》，提出培育壮大增材制造等战略性新兴产业，加快材料、数字化设计、快速成形、关键部件等技术开发应用，推进增材制造及智能制造新技术、新工艺、新装备、新产品产业化，培育增材制造全产业链，依托渭南高新区和西安高新区建设国家级增材制造示范基地。

（2）《陕西省“十三五”战略性新兴产业发展规划》　为促进陕西省战略性新兴产业跨越发展，2016年9月，陕西省发展改革委印发《陕西省“十三五”战略性新兴产业发展规划》，实施增材制造等产业创新发展工程。该规划提出以装备制造、材料制备、定制化生产为主线，构建从技术研究、装备制造、专用材料到产品加工、技术服务等环节完备的全产业链，推动增材制造在航空航天、汽车船舶、医疗器械、文化创意等领域的应用示范，打造国内领先的增材制造产业示范基地。

（3）《陕西省增材制造产业发展规划（2016—2020年）》　为落实陕西省政府印发的《关于加快推进增材制造产业发展的指导意见》，2016年10月，陕西省发展改革委印发《陕西省增材制造产业发展规划（2016—2020年）》。该规划指出，依托陕西省最具优势的增材制造核心技术链，着力打造全产业链发展模式，重点抓好增材制造技术研发、设备制造、专用材料生产、产品加工、集成服务等产业链关键环节强化增材制造技术研发，强化增材制造设备生产，强化增材制造材料制备，强化增材制造产品加工，强化增材制造集成服务。

（4）《关于促进医药产业健康发展的实施意见》　为提升陕西省医药产业核心竞争力，促进医药产业持续健康发展，2017年10月，陕西省政府印发《关于促进医药产业健康发展的实施意见》，明确提出要发挥增材制造（3D打印）产业优势，探索非标医疗器械和耗材研发生产。

（5）《陕西省人民政府办公厅关于支持实体经济发展若干财税措施的意见》

为积极应对经济下行压力，发挥财政政策引导作用，着力支持实体经济发展，实现稳中求进目标，2017 年 12 月，陕西省发布《陕西省人民政府办公厅关于支持实体经济发展若干财税措施的意见》，提出优先在增材制造等重点领域形成一批示范企业，省上给予每户 300 万～ 500 万元支持。同时，继续支持国家增材制造创新中心建设，支持科技创新和成果转化。

# 第5章

# 增材制造典型应用

## 5.1 国外增材制造典型应用

### 5.1.1 美国

**1. 军事领域**

（1）柔性电子器件和通用军械制造　美国军方已经开发出多种组件和材料来制造典型的墨盒，包括金属外壳、新型导电“墨水”、用于电子跟踪的电容器等。与使用传统技术加工的电子产品相比，增材制造电子产品的好处之一是可以更有效地利用空间，减少浪费。

（2）小比例侵入机概念验证设计　美国空军理工学院运用增材制造技术完成了小比例侵入机的概念验证设计，包括传统制造技术无法实现的复杂内部蜂窝特征。设计过程中通过拓扑优化生成了应力分布最优化的符合战略应用的结构，从而减少了结构总重量。为了增加强度，相关人员正在进行金属成分和后加工热处理方面的完善努力。

（3）导弹结构及部件轻量化研究　美国陆军设在亚拉巴马州亨茨维尔市的航空和导弹研发与工程中心（AMRDEC）正在研制相关的工具和程序以推进导弹结构及部件的拓扑优化状态。拓扑优化能在满足各项性能指标的情况下，使得构件所用材料最少，并利用增材制造技术可成形复杂结构的特点进行制造。

（4）功能梯度陶瓷复合材料增材制造　2019 年，美国陆军研究实验室与加利福尼亚大学合作，运用直写成形（DIW）技术设计开发了一种具有多材料、在线混合能力的直写成形系统，并将其与 LulzBotTaz6 商用桌面 3D 打印机集成，采用高固体负载陶瓷颗粒悬浮液，成功制备了具有层状和梯度结构的碳化硅和碳化硼复合材料。

（5）军队物流与后勤支援应用　利用增材制造技术进行逆向仿制，为老旧飞机生产已无库存的备品备件。如 B-52 轰炸机等的几十年前早已停产的某些部件。

**2. 航空航天**

（1）火箭喷嘴及喷管　美国 GE 公司作为世界领先的航空发动机公司之一，一直专注于航空发动机零部件的 SLM 技术研究，CFM 国际公司研制的 LAEP-X

发动机就使用了 GE 公司的增材制造燃油喷嘴。GE 公司采用 SLM 技术制造的燃油喷嘴不但减少了零部件的焊接装配操作，还设计了更为复杂的内部结构，提高了零部件的综合力学性能。另外，美国国家航空航天局（NASA）采用 SLM 技术制造出单向最大尺寸为 15.62cm 的火箭发动机微型喷射器（见图 5-1），相较于之前成形的由一百多个零件组成的同类喷射器，该喷射器仅由两个零件组成，制造成本减少 70% 以上，同时显著地缩短了研发周期，实验测试表明，该喷射器能够满足正常工作要求。美国轨道 ATK 公司（已被诺斯罗普－格鲁曼收购）利用增材制造技术为某款战术级固体火箭发动机制造了关键金属部件 —— 喷管，并完成固体火箭发动机以及增材制造喷管组件在 -32 ～ 62℃环境温度下的点火试验。测试结果与设计性能参数一致，验证了增材制造金属喷管的可行性。

图 5-1　增材制造新型喷嘴

（2）卫星天线　美国航天和国防微波天线制造商 Optisys 公司利用 SLM 技术制造卫星天线，与传统制造方式相比，利用 SLM 技术成形的功能集成式天线重量降低至少 95%，生产周期只需两个月，而且大大降低了生产成本。

（3）新型增材制造传感器技术　NASA 相关研究人员致力于研发新型增材制造传感器技术。该技术可以感知环境数据，同时能够进行无线数据传输，所有功能集成于大小仅为 2in×3in（1in=0.025 4m）的独立平台上，该项技术可能会引发潜在的技术革命。

（4）火箭发动机药柱　美国火箭工艺公司 RCI 利用增材制造技术生产混合火箭发动机药柱（见图 5-2），该发动机药柱不仅可以作为固体燃料，还可以充当发动机燃烧室。利用增材制造技术可以精确地制造出满足设计要求的、内部几何形状独特的管状药柱，不仅可以使混合火箭发动机加速阶段的燃烧速率得到显著提高，还攻克了传统混合火箭发动机设计过程中的振动源难题。

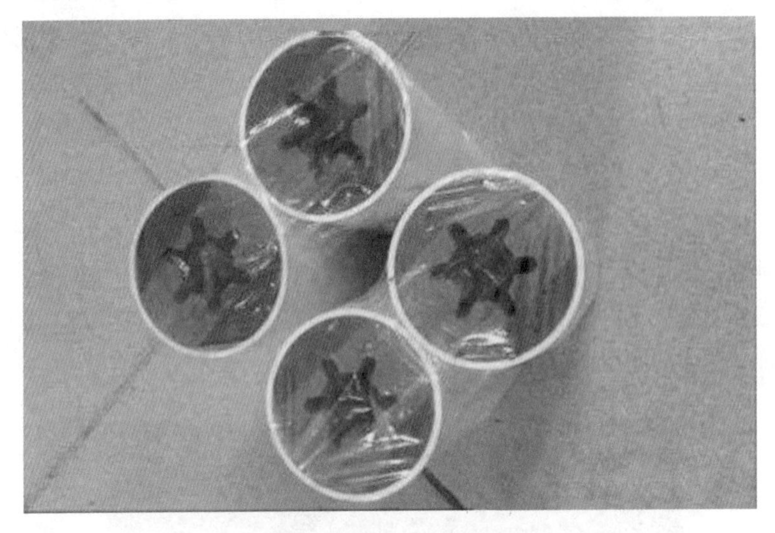

图 5-2 固体火箭发动机药柱

（5）阻燃材料 美国金属与碳纤维复合材料增材制造设备制造商 Markforged 研发了 V-0 级防火材料 Onyx FR（见图 5-3）。该材料可应用于航空航天领域，其强度能够与航空铝合金媲美，但重量减半。与传统增材制造塑料相比，Onyx FR 材料具有自熄特性，同时还具有优异的强度和表面粗糙度。

图 5-3 防火型增材制造连续碳纤维复合材料

（6）航空发动机系列应用　2019 年 7 月 12 日，美国 GE 航空集团旗下 GE9X 发动机凭借单发超过 596.8kN 的推力创造了世界新的吉尼斯纪录（见图 5-4）。GE9X 包含七大增材制造部件，共 304 个零件，首次将多材料和打印工艺投入单一航空发动机的生产中。GE9X 中七大增材制造部件分别是：燃油喷嘴、T25 传感器外壳、热交换器、粒子分离器、五级低压涡轮叶片、六级涡轮叶片、燃烧室混合器。

图 5-4　GE9X 发动机推力创造世界新的吉尼斯纪录

（7）研究飞机机翼结冰问题　2019 年 8 月，NASA 研究人员使用增材制造技术研究飞机机翼结冰问题。其主要工作流程是：首先通过激光 3D 扫描得到机翼结冰形状的高保真数据，然后将复杂的冰形状进行增材制造（见图 5-5），以更好地了解冰的形成对飞机的影响。增材制造技术的应用能够提高计算机模拟工具的有效性，有助于预测结冰，生产出更安全、更节省燃料的飞机。

图 5-5　增材制造出的复杂冰形状

**3. 生物医疗**

（1）心脏组织　2019 年 8 月 2 日，美国研究人员在 Science 杂志上发表论文，通过“悬浮水凝胶自由形式可逆嵌入”（FRESH）技术，以胶原蛋白为原材料成功增材制造出可正常工作的心脏“零件”（见图 5-6）。FRESH 可以让胶原蛋白在凝胶支撑槽中逐层叠加，然后通过从室温到体温的加热，把支撑槽融化，从而得到一个完好结构。结构精细度可达 20μm，可嵌入活体细胞和毛细血管。借助这一方法，可设计打印从毛细血管到整个器官的各种尺度的人类心脏组件。

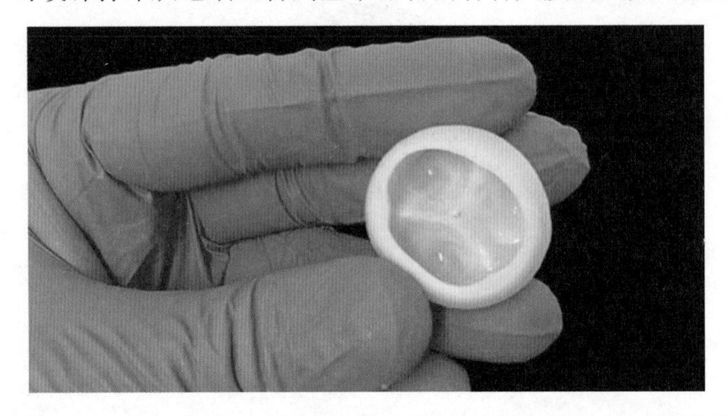

图 5-6　用胶原蛋白为原材料成功增材制造出的心脏“零件”

资料来源：国防时报排头兵。

（2）骨科应用　2014 年，美国匹兹堡大学 Rocky S. Tuan 研究团队发现了一种使用增材制造技术重建人类软骨的新方法。这种方法可以根据需要逐层重建病人任何形状的软骨层，从而为彻底治愈关节炎带来了希望。2015 年，匹兹堡大学工程学教授 Prashant 和其团队开发出了一种由镁铁合金制成的替代型新材料，这种材料可以利用增材制造技术，根据具体伤情制成所需任意形态的连接结构，帮助修复断裂的骨骼结构，并且能够自动溶解，在骨骼完全愈合后消失。这意味着严重的骨折可以被更有效地处理，而无须后续手术以除去目前使用的金属板。

（3）带微血管网的皮肤　2020 年 2 月，美国耶鲁大学医学院 Tania Baltazar 等人所在的课题组增材制造出包含微血管网的皮肤，该微血管网与人体皮肤的微血管网非常相似。该技术朝着制造有效的人体皮肤替代物的目标更进了一步，未来有望用于皮肤烧伤病人的治疗。该课题组主要采用增材制造技术与干细胞培养技术相结合的方法制造包含微血管网的皮肤。课题组将胎盘周细胞引入皮肤增材制造当中，将胎盘周细胞、成纤维细胞、血管内皮细胞混合在胶原溶液中作为真皮层墨水，采用挤出打印的方式先打印数层真皮层墨水，然后采用细胞分化液诱导胎盘周细胞分化，之后在真皮层上面打印角质细胞悬液，通过培养来构建表皮层。皮肤打印方法流程图如图 5-7 所示。经过 30 天的培养诱导干细胞分化，可以构建包含微血管网的皮肤，并可以观察到打印的皮肤包含双层结构，皮肤中丝聚合蛋白、细胞角蛋白 14、Ⅳ型胶原和细胞角蛋白 10 的分布均与人体天然皮肤相似。打印皮肤出现复杂的微血管网络，如图 5-8 所示。

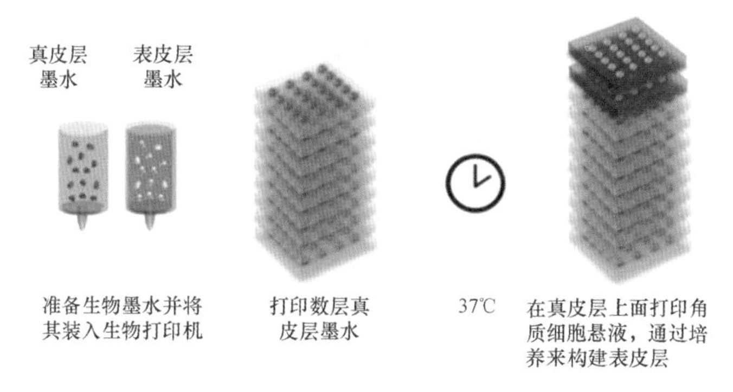


图 5-7　皮肤打印方法流程图

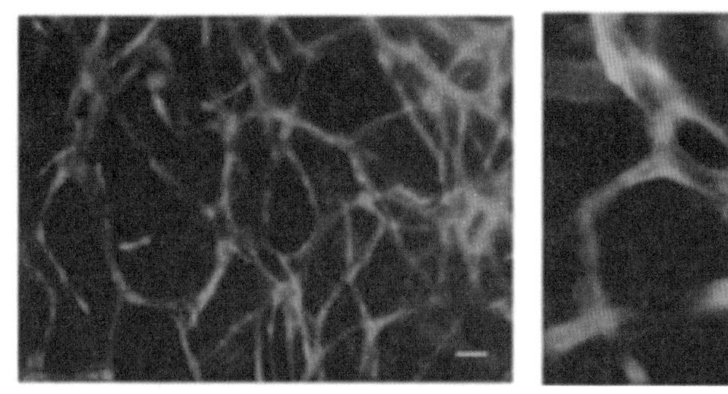
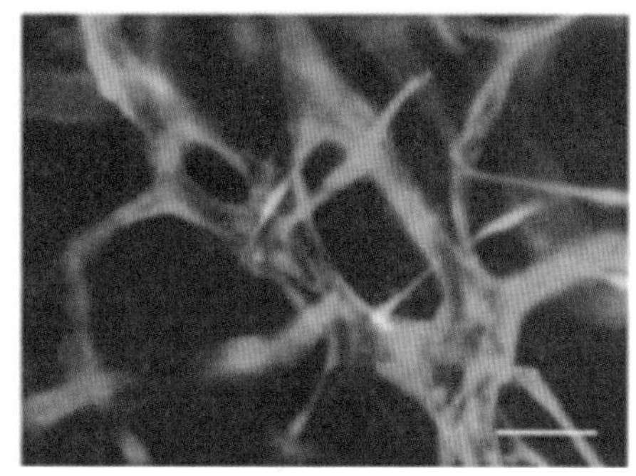

图 5-8　打印皮肤出现复杂的微血管网络

（4）先天性心脏病治疗　在美国曾经有一位五岁小女孩患有双主动脉弓的心脏畸形先天性心脏病，病情使她的气管和食道外的血管环全都纠缠在一起，从而影响她正常的呼吸。佛罗里达州 Nicklaus 儿童医院小儿心脏血管外科主任将增材制造器官模型技术引入医疗手术评估作业中，直接依据 CT 扫描影像数据，通过 Stratasys 公司光固化增材制造解决方案，精准制造出心脏 3D 立体模型（见图 5-9）。

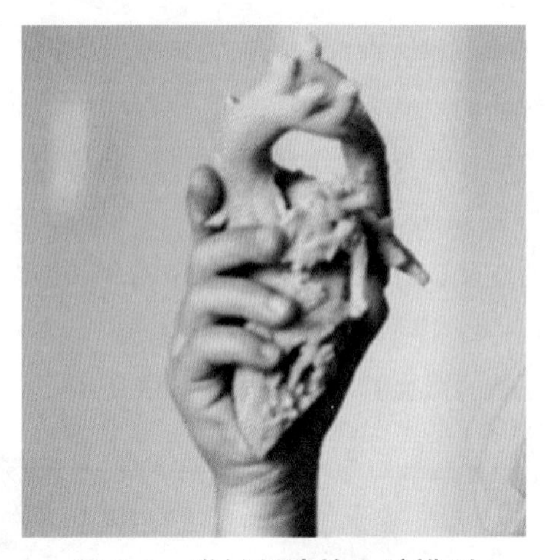

图 5-9　增材制造的心脏模型

资料来源：Stratasys 案例研究。

（5）神经导管支架　美国德克萨斯大学埃尔帕索分校 Arcaute 等人以聚乙二醇－二丙烯酸（PEG-da）为原料，采用立体印刷技术制备出多腔结构水凝胶神经导管支架，经冻干/肿胀后，支架材料能够很好地保持初始形状，适合于体内移植。

（6）金属过滤器　美国匹兹堡大学与 ExOne 公司合作开发可重复使用的金属过滤器，该过滤器可装入塑料防毒面具盒中。ExOne 公司所使用的黏合剂喷射增材制造工艺可用于生产具有特定孔隙率的金属零件，该零件可有效过滤掉污染物，同时保持空气畅通。利用其技术，该公司开发了以铜和 316L 不锈钢两种金属为原料的可重复使用的多孔金属过滤器。增材制造的金属过滤器如图 5-10 所示。

图 5-10　增材制造的金属过滤器

资料来源：ExOne。

### 5.1.2 德国

（1）自行车增材制造 2020 年，德国自行车制造公司 Urwahn Engineering 宣布了针对自行车制造的创新技术，借助电子打印和增材制造技术推出 Platzhirsch 产品，希望实现“刺激市场”的目标。Urwahn 团队设计的 Platzhirsch 具有强大的动力，并具有三种骑行模式。Platzhirsch 自行车如图 5-11 所示。

**图 5-11 Platzhirsch 自行车**

资料来源：南极熊官网。

（2）火车零部件打印及维护 德国联邦铁路公司已将增材制造集成应用到维护网络中，目前已生产近 1 000 个火车备用零部件，包括衣服钩、连接盒、散热器风扇叶片、防尘盖、摇杆等，解决了旧车难以找到配件的难题。

（3）航空航天用喷嘴 德国 EOS 公司利用 SLM 设备成功打印出航空航天用喷嘴头，减重 25%，成功实现一体化制造。

（4）航空发动机管道镜内窥镜套筒及多联体导向叶片 德国 MTU 公司利用 SLM 技术制备 PW 11006-JM 航空发动机镍基合金管道镜内窥镜套筒及多联体导向叶片。

（5）增材制造运动鞋 2017 年，德国阿迪达斯公司宣布推出一系列名为 Futurecraft 4D 的增材制造鞋，并通过 Carbon 数字光处理技术完成运动鞋的生产。增材制造的鞋底夹层如图 5-12 所示。

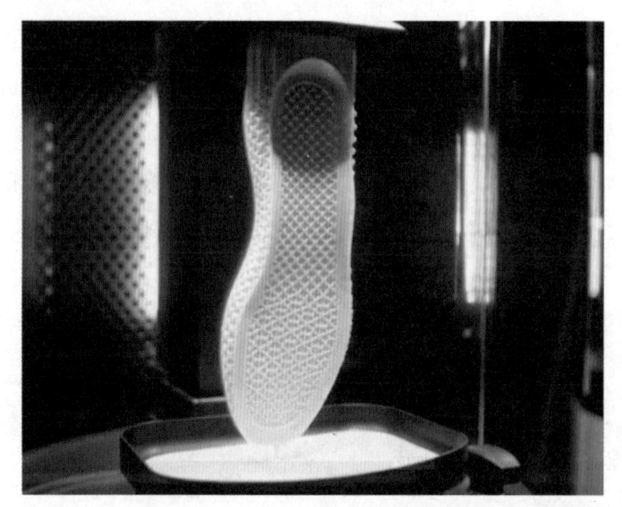

图 5-12　增材制造的鞋底夹层

（6）增材制造口罩　新冠肺炎疫情期间，德国著名的大众汽车集团开始使用增材制造技术生产口罩（见图 5-13），用于抗击疫情。

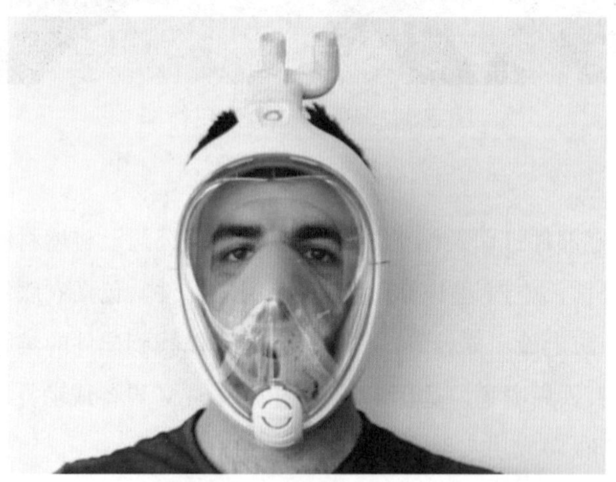

图 5-13　增材制造口罩

（7）微重力增材制造　德国联邦材料研究与测试部（BAM）首次在零重力的条件下成功打印金属工具（见图 5-14）。微重力增材制造在降低成本方面的效果是显而易见的，因为航天器任何部件重量的增加都意味着要耗费更多的燃料。

（8）汽车领域　2018 年，布加迪 Chiron 采用增材制造技术制造的一款制动卡钳可以提供强大的制动力，从而确保重达 1 995kg 的高性能汽车可以在极短的时间内以 420km/h 的最高时速制动。德国巴斯夫公司成功研发了一款增材制造发动机支架，该款发动机支架使用的是聚酞胺系列材料 UItras int®PA6 MF，该材料具有很好的刚性，能在高温打印机上表现出优异的打印性能。奔驰使用 SLM 技术推出了首款由金属制成的增材制造部件（铝硅材料）。

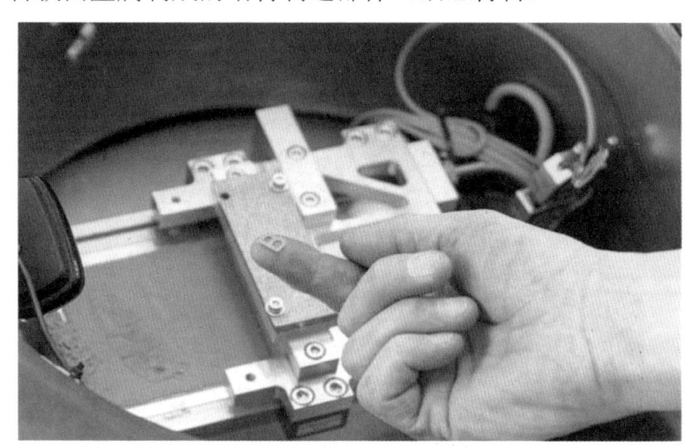

图 5-14　零重力下打印的金属工具

资料来源：德国联邦材料研究与测试部。

（9）民用航空器液压阀制造　液压阀的传统制造过程是锻造、机加工、修整、钻孔和组装。该过程耗时长且工序复杂，很难有优化空间。经过专业人士和企业的验证，德国全球领先的航空工业供应商利勃海尔公司与 EOS 公司合作，利用 SLM 技术成形了液压阀（见图 5-15）。

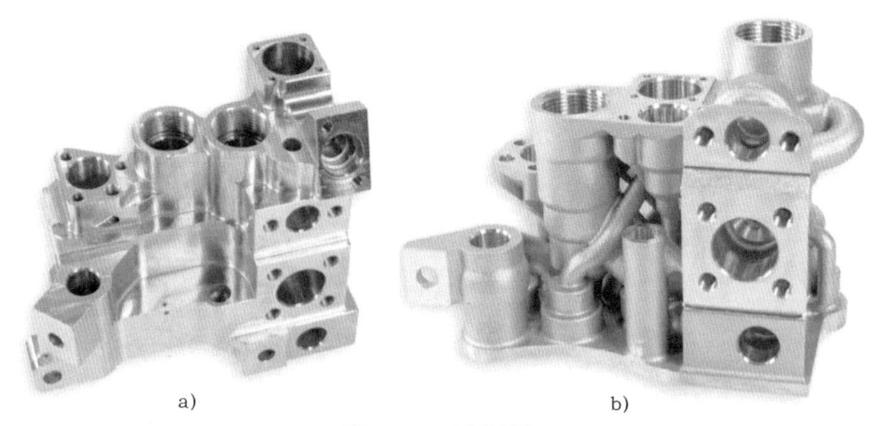

a)　　b)

图 5-15　液压阀

a）传统技术成形　b）SLM 技术成形

资料来源：利勃海尔。

### 5.1.3 日本

（1）增减材一体制造　2020 年的 2 月 26 日，第 2 届日本国际增材制造及 3D 打印展（AM Japan）在千叶幕张国际会议中心举行，日本松浦（Matsuura）公司现场展出了增减材复合一体机 LUMEX Avance-25（见图 5-16）。该机器最大的特点是在同一台设备上同时实现增材制造和 CNC 机加工，从而可以直接制造出表面精度高的最终零部件。目前该机主要应用在金属模具的制造等领域。

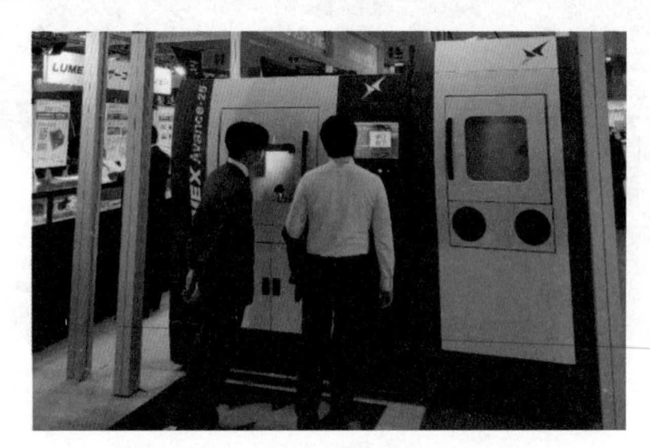

**图 5-16　松浦 LUMEX Avance-25**

资料来源：3D Systems。

（2）耳机　日本 Final Audio Design 公司与日本 NTT 研究所合作，共同设计和制造出全球首款量产的增材制造钛耳机——Final Audio Design LAB 01（见图 5-17）。钛合金激光选区熔化后一般都灰暗粗糙，但该产品经过抛光后具有了金属光泽。由于采用增材制造成形的钛耳机是一体化成形，不需要多道工序，从而减少了不需要的振动，因而使得音乐临场感的特性得以保留。

**图 5-17　"Final Audio Design LAB 01"耳机**

（3）血管等复杂组织　日本多家科研机构在研发使用增材制造技术生产血管等复杂组织。佐贺大学将人体诱导多功纯干细胞（iPS细胞）培育出的细胞群打印成管状结构，制成血管；京都大学利用增材制造技术制成包裹着神经的筒状组织，并将其移植到实验鼠身上，实现了神经的再生。

（4）牙齿托架　日本东京医科大学Matsu以聚（L-乳酸）/羟基磷灰石（PLLA/HA）为原料，通过增材制造技术制备出可吸收的多孔托架，并将其与辅助植牙材料一起用于下颈骨肿瘤切除后重建下颈骨。

（5）增材制造高跟鞋　2019年3月，日本设计实验室Digital Artisan与化学公司JSR公司以及精密铸造零件制造商Castem公司合作，使用增材制造技术制造出一双高跟鞋（见图5-18）。该技术最大的优势是根据使用者的重量和施加力的方向定制每对Formless高跟鞋适当的形状。

图5-18　增材制造高跟鞋

（6）建筑领域的应用　日本建筑公司Obayashi首次在日本运用增材制造技术打印曲线桥，曲线桥采用的打印材料（“墨水”）和普通建筑用混凝土材料一致，建筑增材制造的优势在于不需要结构支撑，可大大提高效率和降低成本。2018年，日本首都东京平等院寺庙急需修复，全球知名的打印成像公司Agfa借助喷墨增材制造技术在凹凸不平的门面上进行图案绘制，最终成功修复寺庙门（见图5-19）。

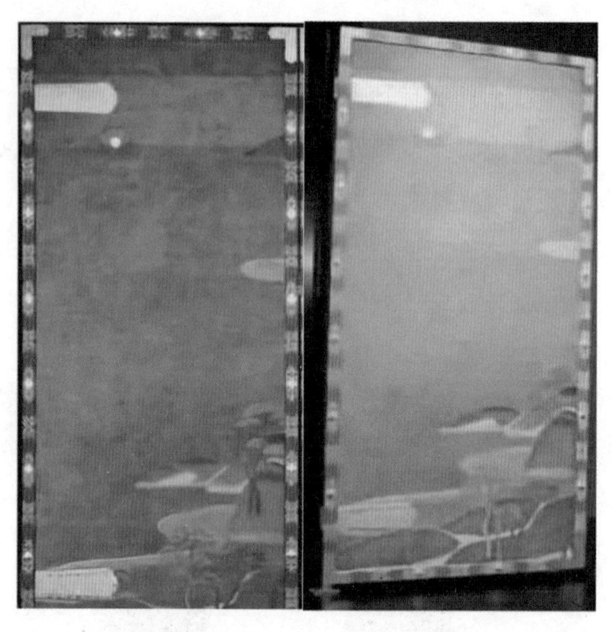

图 5-19　增材制造修复寺庙门（左：修复前，右：修复后）

（7）食物增材制造　2018 年，日本某公司推出一台传送与打印一体的美食 3D 打印机，可以打印甜甜圈、三明治、蛋包饭、寿司（见图 5-20）等食物；2020 年，日本东京某企业依据天气状况增材制造和果子[1]（见图 5-21），将天气数据转化为吃得到的美食。

图 5-20　增材制造出的寿司

[1] 和果子是一种日式点心。

图 5-21 增材制造出的和果子

### 5.1.4 其他国家和地区

（1）增材制造导电水凝胶 由于水凝胶具有理想的细胞外基质（ECM）、单元支持、生物相容性、高吸水率等优点，使得水凝胶的研发显得尤为重要。丹麦奥尔胡斯大学工程系 Shweta 研发了应用于医疗领域的增材制造导电水凝胶。该水凝胶在传感器技术、药物输送系统、组织工程中应用潜力巨大。

（2）太空生物增材制造技术 2019 年 12 月，瑞典 Cellink 宣布与太空增材制造公司 Made In Space 进行战略合作，目的是为国际空间站（ISS）和未来非国际平台寻找生物增材制造的发展机会，项目成果对药物筛选和癌症研究具有重要影响。

（3）以色列增材制造完成全球首个人体组织完整心脏 2019 年 4 月，以色列特拉维夫大学分子微生物和生物技术学系 Tal Dvir 教授使用人体组织增材制造全球首个完整心脏。研究团队首先从人体提取细胞组织，对其进行编程，使之成为干细胞，再将其转化为心肌细胞和内皮细胞，而提取的非细胞组织则转变为一种“个人特有的凝胶”充当打印墨水。该研究成果被称为“首次”和“重大医学突破”，提高了人类心脏移植的可能性，标志着生物增材制造技术走向活体制造。

（4）Nano Dimension 公司推出增材制造物联网信号收发器 2019 年 5 月，以色列增材制造设备制造商 Nano Dimension 公司宣布，将在智能家居和产品中使用增材制造通信设备。据了解，这是第一个完全使用增材制造技术制造的物联网设备，整个原型打印、测试和组装仅耗时 18h，制造效率较传统方法提升了近 90%。

（5）欧洲研究团队采用电弧增材制造工艺成功制造空间探索钛压力容器　2019 年 3 月，泰雷兹阿莱尼亚宇航公司、克兰菲尔德大学和 Glenalmond Technologies 公司组成的研发团队，采用线 + 弧沉积成功制造第一个全尺寸钛压力容器原型（见图 5-22），该容器原型将用于未来的载人航天探索任务。该压力容器高约 1m、质量约 8.5kg，由钛合金（Ti-6Al-4V）制成，经过检查，研发团队认为该容器达到了火箭驱动技术和质量要求。

图 5-22　全尺寸钛压力容器原型

（6）军用飞机元器件维修　2019 年 1 月，RUAG 澳大利亚公司开展一项为期两年的项目，旨在研究激光金属沉积（LMD）技术在元器件维修与制造方面的应用，主要聚焦于现有军用飞机平台和其相关系统领域。LMD 技术可以缩短备件等待时间，从而缩短维修停机时间，并大幅提高飞机的可用性和战备完好性。

（7）多向晶格 + 增材制造制备全新人造超材料　2019 年 1 月 16 日，英国 *Nature* 杂志发表帝国理工学院科学家的一项材料学研究最新成果：一种全新人造超材料 —— 强度提高但质量依旧较轻，这种材料利用多向晶格并结合增材制造技术制备而成。研究团队模拟多晶材料，设计了具有粒状结构的新型晶格状超材料，使内部晶格的不同区域具有不同的取向。研究发现，粒状超材料发生形变时比传统超材料更坚固、更耐损。

## 5.2 我国增材制造典型应用

### 5.2.1 重点制造业领域

**1. 航空领域**

陕西聚高增材智造科技发展有限公司（简称聚高）采用自主研发的大尺寸一体成形 PEEK 熔融沉积成形（FDM）技术制造蜂窝雷达面罩（见图 5-23），减轻重量的同时增大了透波率，能更好地满足使用需求，相较传统制造方式的无法整体成形，聚高的大尺寸 PEEK 打印工艺大大节省了成本和时间。此外，PEEK 材料优异的力学性能、尺寸稳定性以及耐辐射能力，保证模型的耐久性和透波性，有效延长了材料的使用寿命。

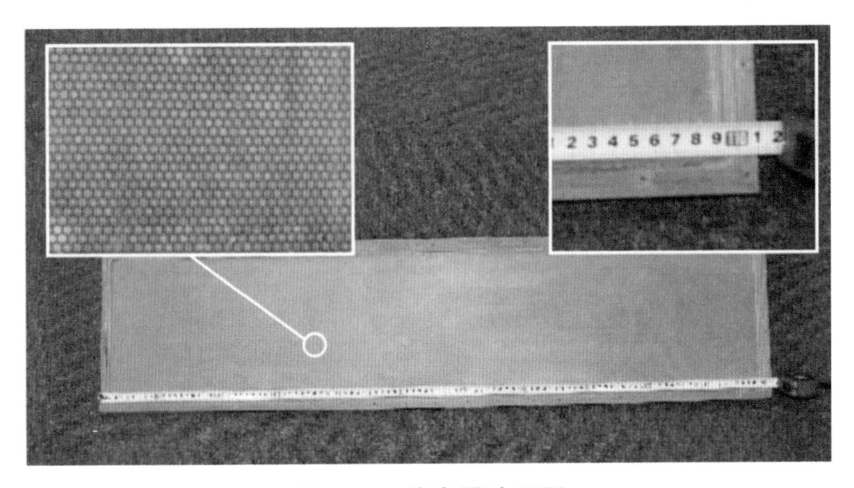

图 5-23 蜂窝雷达面罩

成都雍熙聚材科技有限公司采用激光选区烧化（SLM）技术生产 Ti 6Al 4V 材质某原型零件（见图 5-24），生产周期约 10 天，费用约 8 万元，使得用户可以快速得到符合新设计理念的零件，保证了用户的项目开发节点。与传统铸造生产方式相比，增材制造技术在原型零件获取效率上提高约 78%，单件费用降低约 47%，零件力学性能与实际使用效果优于铸造，但批量制造的成本仍高于铸造。

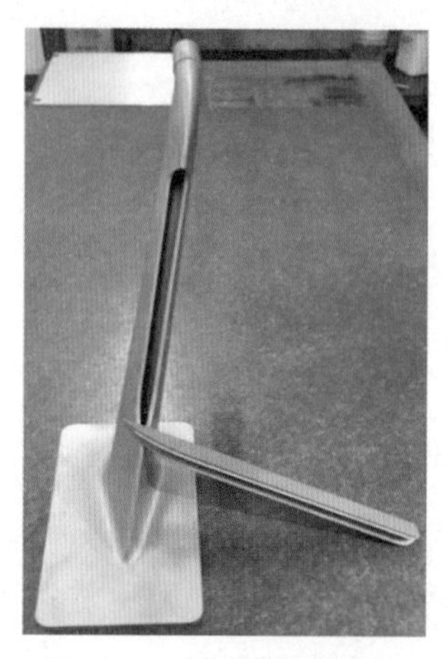

图 5-24　某原型零件

**2. 航天领域**

鑫精合激光科技发展(北京)有限公司通过激光选区熔化（SLM）技术进行轻量化设计，制造出了高强度铝合金（AlSi10Mg）薄壁点阵夹层结构相变储能装置（见图 5-25），满足了新一代航天储能装备对相变储能装置结构提出的更高设计及制造需求。相较于传统制造工艺，SLM 技术大幅缩短了产品制造周期，由原来的 3 个月缩短到 1 个月，大幅提高材料利用率，同时实现减重 1/3，推动了航天装备的发展和应用。

图 5-25　增材制造点阵夹层结构新型装置

航天科工集团增材制造技术创新中心通过小型精密结构件轻量化设计 - 制造 - 检测 - 评价整体解决方案，开展翼舵结构产品（见图 5-26）的轻量化设计及增材制造。该方式的优点如下：一是根据承载要求对骨架结构进行拓扑优化，可在两倍使用载荷条件下实现体积缩比 60%；在同时满足设计及工艺性前提下，实现 0.8mm 薄壁蒙皮一体化制造；具备胞元结构数据库，根据需求优选出适宜的点阵结构进行内腔填充，最大可实现内腔体积缩比 80%；对点阵胞元结构开展数据轻量化，实现单胞元数据量减小 70%；根据点阵节点与骨架位置关系，合理设置排粉孔的孔型及位置，可将多余物清理效率提高 50%。二是根据设备属性及产品结构特点，合理设置摆放角度和位置；结合多种支撑结构，预留反变形量；控制裂纹形成与扩展；实现成形过程稳定一致。三是依托全流程规范控制体系文件，实现产品理化性能、无损评价、多余物检验的全面评测与表征。

图 5-26　翼舵结构产品

**3. 船舶领域**

武汉天昱智能制造有限公司通过多轴联动电弧熔积增材制造技术成形泵喷推进器（见图 5-27），解决了传统制造泵喷推进器制造周期长、材料利用率低、制造难度大的瓶颈难题，使整体性能更加优异。相对于铸造、锻造等传统制造方式，生产周期由两个月缩短为 100h，材料利用率提高至 72.7%。相较于普通平面切片电弧增材制造，实现了无支撑、一体化制造泵喷推进器等复杂零部件。

**4. 核工业领域**

中广核核电运营有限公司应用的制冷机端盖以 EAM235 合金为原材料，采用电熔增材制造技术制造。该制冷机端盖经过检验测试，各项技术指标均符合行业标准及系统工况要求，并顺利通过密封面平面度检查、蓝油试验、现场试装及设备运行再鉴定，于 2018 年 2 月应用于现场。2019 年 2 月电站检修时，制冷机端盖密封圈内无锈蚀，相比传统制造部件，其使用效果更好，并可继续回装使用。与传统制造方式相比，电熔增材制造技术的应用缩短了制冷机端盖的制造周期，解决了电站运维部分备件缺乏的问题。

图 5-27　泵喷推进器

**5. 汽车领域**

先临三维科技股份有限公司选用激光选区熔化（SLM）技术一体化设计并制造了赛车铝合金散热器，在经过热处理、喷砂等后处理工艺后，交付哈尔滨工业大学方程式赛车队并成功应用。增材制造技术的应用简化了工艺流程，缩短了加工时长，提升了冷却质量，解决了传统工艺的多部件焊接易产生冷却液泄漏等问题，同时节省了传统开模、焊接等工艺所需的时间、人工及耗材成本。在安装新冷凝器后，赛车散热性能进步明显，相较于先前使用旧设计时的散热器温度，2018 赛季新设计散热器的温度降低约 10℃。赛车散热器随形水路与传统水路如图 5-28 所示。

图 5-28　赛车散热器随形水路（左）与传统水路（右）透视图

安徽哈特三维科技有限公司根据刹车油壶模具造型和胶位分布，设计优化随型水管及模具壁厚，提高水路的冷却效果。利用激光选区烧结（SLS）技术成形随形水冷模具后，加硬和抛光后即可使用。增材制造技术的应用让复杂结构的随形冷却流道从设计变为现实，使得产品制造周期从 41s 降低到 29s，效率提高 30%；模具平均温度从 65℃降到 24℃，脱模后产品质量明显提高；节省客户成本的同时，帮助客户在较短周期内完成模具改良。打印的模具毛坯和模具制品如图 5-29 所示。

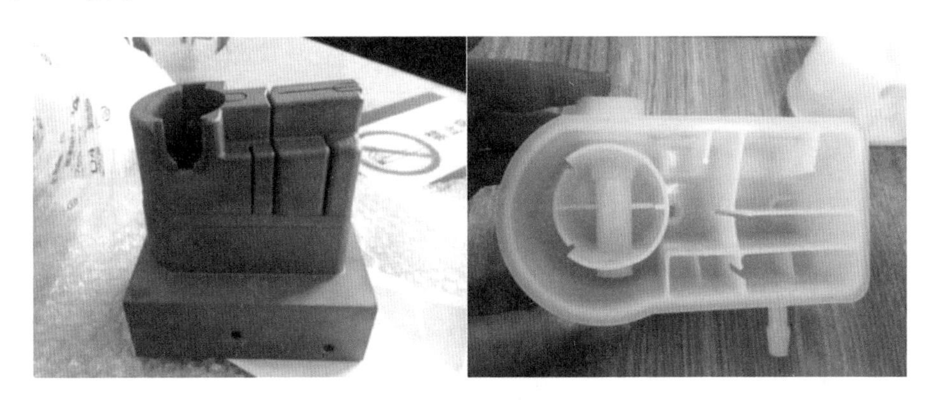

图 5-29　打印的模具毛坯和模具制品

苏州中瑞智创三维科技股份有限公司采用大幅面超高速光固化（SLA）增材制造设备，实现汽车前保险杠覆盖件原型一体化设计制造（见图 5-30），大幅提高了新产品开发效率和质量。设备最大成形尺寸达到 1 600 mm×800 mm×500mm，采用双激光器双振镜扫描，制作成本降低 40%，制作周期缩短 50%。

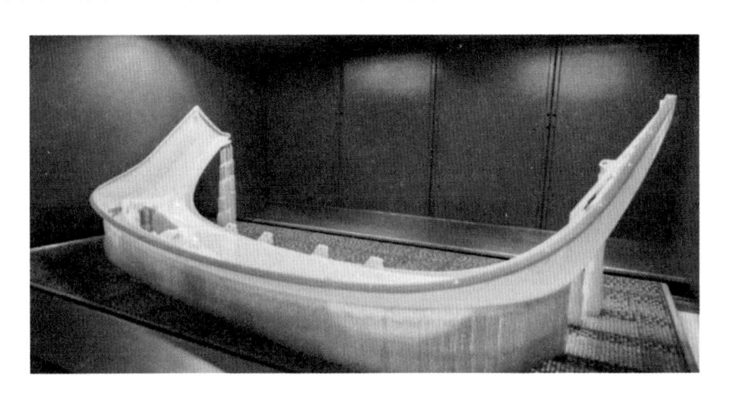

图 5-30　汽车前保险杠覆盖件原型一体化设计制造

**6. 家电领域**

四川长虹电器股份有限公司为满足某定制变频空调器市场需求，缩短上市周期并降低研发成本，采用增材制造技术完成空调部件变频控制盒的设计、试制及小批量制造。轻量化、一体化设计了空调变频控制盒结构，利用光固化成形（SLA）技术完成制造，从结构设计到原型样件研制用时不到一周，相较传统方法所用时间缩短 80%，大幅缩短零件研发周期，产品装机通过机强试验并完成 100 台小批量生产。采用增材制造技术小批量加工变频控制盒可节约研发成本 20 万元/项，产品原型试制、小批量制造按 50 项计，可以为企业节省研发费用近 1 000 万元 / 年。增材制造空调变频控制盒及装配图如图 5-31 所示。

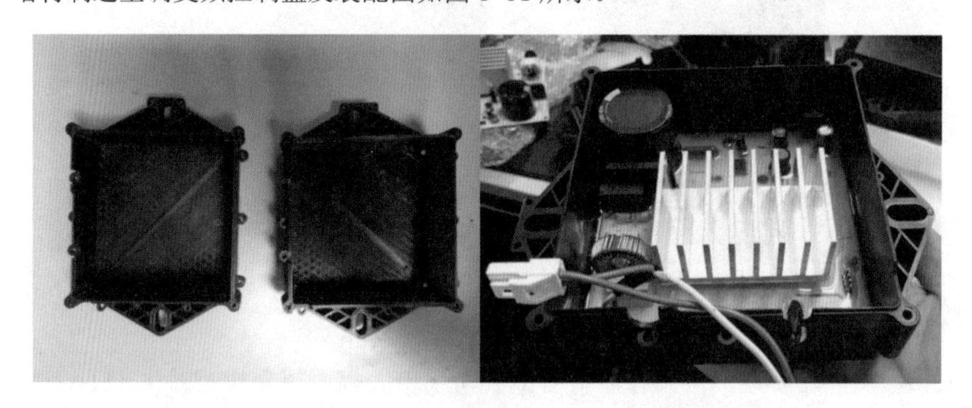

图 5-31 增材制造空调变频控制盒（左）及装配图（右）

**7. 模具领域**

共享智能铸造产业创新中心有限公司通过研究试验、批量化验证多种增材制造组合模具的适用性，先后制作了 60 余套模具（30 余 t），用于翻砂铸造，使用次数最多的模具已铸造 200 余套产品且仍在使用。多种增材制造组合模具技术涵盖 3DP、FDM、SLA 等工艺，实现了多组合模具设计、制造及使用。某工业蜗壳产品应用该工艺，不同部位采用不同的工艺方法及材料：蜗壳主体结构采用 3DP 技术，材料为人造砂；底板为传统钢木模板；浇冒口、较规则活块采用木模；吊耳等异形活块采用 SLA 技术，材料为光敏树脂；受力较大的关键部位活块采用 FDM 技术，材料为聚乳酸。其中，3DP 技术生产的模具占总体模具的 80% 左右。某工业蜗壳产品实物图和组合模具的铸件成品如图 5-32 所示。

图 5-32　某工业蜗壳产品实物图和组合模具的铸件成品

鑫精合激光科技发展（北京）有限公司用 SLM 技术制造金刚石磨粒均布模具（见图 5-33），用于金刚石锯片刀头磨粒均匀排布，有效解决了金刚石刀头切割力不均匀、切割效率低等问题。同时增材制造技术的应用也有效缩短了模具开发周期，解决了硬质合金刀头加工长深微孔的制造难题，缩短了制造流程。增材制造金刚石均布模具已成功应用于金刚石刀头锯片的产品制作上，使用效果良好，在各类特种模具及相关领域均具有广阔的应用前景。

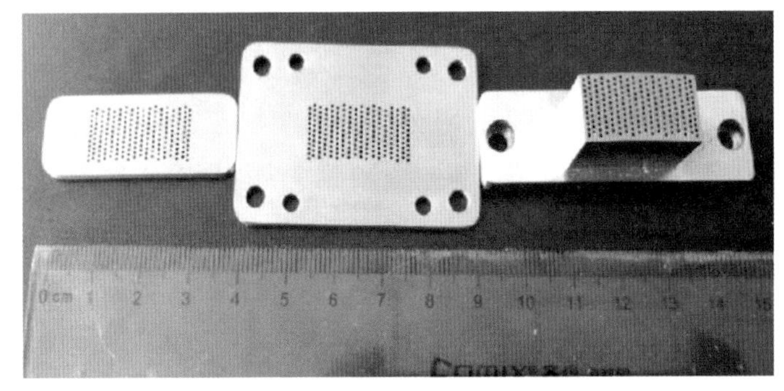

图 5-33　金刚石磨粒均布模具

上海酷鹰机器人科技有限公司（简称酷鹰机器人）是国内首家真正实现应用高分子材料进行超大型工业模具领域增材制造的企业，该公司的大型复合材料模具增材制造解决方案，融合数字化设计、控制系统、材料研发、增材制造、智能装备研发等多种工艺，提供全流程一站式服务，可快速实现模具的生产制作，并大幅降低制造成本。目前，酷鹰机器人已推出常温、中高温成形模具，可制造包括手糊成形工艺、真空袋成形工艺、热压罐成形工艺及模压成形工艺所使用的模具，以满足不同场景使用需求，是大尺寸工件成形的理想解决方案。

该公司自主研制的大型五轴增减材一体机（BGAM，见图 5-34）是集成增材制造与减材加工的工业级大型龙门打印机，具有双龙门结构，可以同时进行增材制造和五轴加工，适用于采用增强热塑性材料制造大型至超大型零部件、模具、模型和工业工具等。

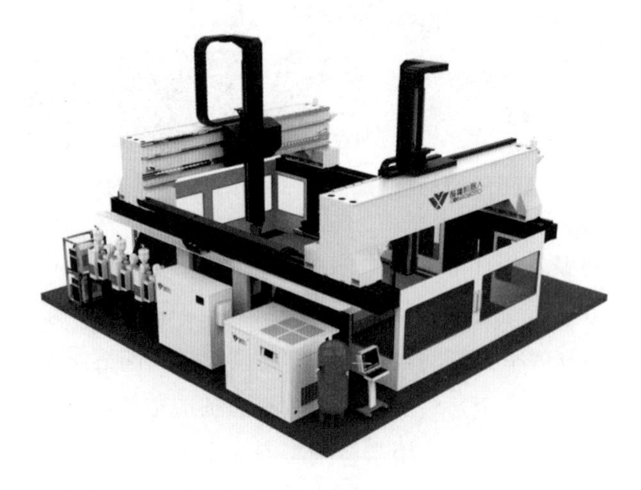

图 5-34 大型五轴增减材一体机（BGAM）

**8. 铸造领域**

共享智能铸造产业创新中心有限公司采用 3DP 工艺将铸造所用的砂型直接打印成形，传统铸造的模具制造、造型、制芯、合型四个工序全部由增材制造一个工序代替。传统“翻砂”车间变为空调工厂，铸件生产由复杂变简单，实现“五无”，即无吊车、无模型、无重体力工作、无废砂及粉尘排放、无温差。某发动机气缸盖铸件的内部型腔结构十分复杂，如果采用传统模具造型的铸造模式，就需做 30 余个砂芯来组成呈不规则三维曲面的腔体结构，模具制作困难且精度低。采用增材制造工艺替代传统铸造方式生产该铸件，可实现 30 余个砂芯的一体化制造成形，废品率从 50% 降低到 2%，铸件尺寸公差从 1mm 提高到 0.5mm。

北京机科国创轻量化科学研究院有限公司采用复杂铸件无模复合成形制造方法开发涡轮增压器壳体（见图 5-35），为玉柴集团解决了涡轮增压器壳体开发周期长、成本高、精度低的问题。无模铸造技术是利用无模铸造装备对砂型直接成形的一种新工艺，与传统铸造技术相比，不需要模具，可采用减材/增材工艺直接制造复杂砂型，获得高精度铸件。该技术数字化程度高，砂型表面质量好，工艺准备周期短、效率高，在新产品开发和小批量产品试制阶段具有极大的成本和效率优势。采用复杂铸件无模复合成形工艺生产涡轮增压器壳体，设计制造周期仅为5天，费用5000元，与传统工艺相比可缩短设计制造周期90%，节约成本75%。此外，由于无须制造传统的金属模具或木模，节省了能源与材料消耗，因而实现了绿色制造。

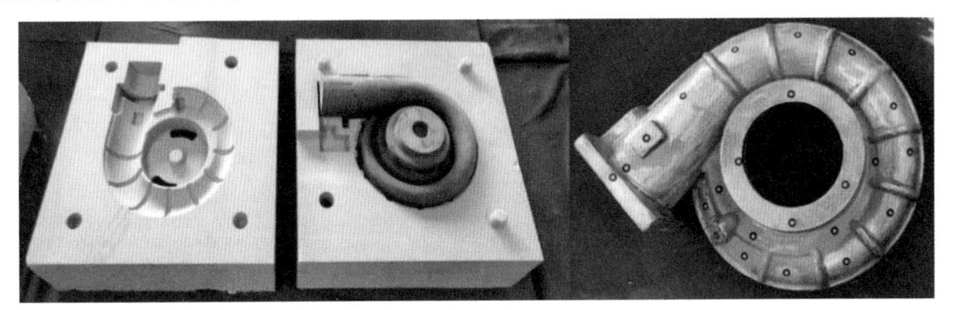

图 5-35 涡轮增压器壳体

**9. 其他领域**

先临三维科技股份有限公司的定制数字化设计服务方案，可根据扫描所获取的脚部数据设计鞋楦和鞋底，利用激光选区烧结（SLS）技术制造贴合消费者脚型的个性化定制鞋，已经使用鞋底增材制造设备为匹克等品牌制造鞋底5 000余双。鞋底三维模型与产品如图5-36所示。

图 5-36 鞋底三维模型与产品

塑成科技（北京）有限责任公司（简称塑成）与北京必迈体育用品有限公司合作，运用塑成数字光子制造技术生产运动鞋Pace X中底（见图5-37），基本无须支撑设计，不仅节省了原材料成本，大大减少了人工后处理步骤，同时也释放并提升了跑鞋性能所需的设计自由度。此外，塑成开发出新的弹性体材料，使中底耐候性、韧性、高回弹性能优异。

图 5-37　运动鞋 Pace X 中底

武汉天昱智能制造有限公司与中建钢构武汉有限公司合作，开展多管相贯节点管桁架结构零件（见图 5-38）的一体化增材制造项目。管相贯节点的增材制造集成了自动化控制技术，实现了钢结构节点的整体直接成形，生产效率和材料利用率均大幅提高，钢结构原材料成本降低 90%。此外，增材制造技术可优化结构设计，提高结构的稳定性和可靠性，减重效果明显。

图 5-38　多管相贯节点管桁架结构零件

### 5.2.2　生物医疗领域

**1. 矫形器械**

上海交通大学医学院附属第九人民医院骨科戴尅戎院士、王金武教授领衔的第二类医疗器械定制式增材制造膝关节矫形器（见图 5-39）于 2019 年 1 月 16 日获批上市。这是上海市医疗器械注册人制度实施以来，首个由科研机构申请到的医工结合类医疗器械注册证。该产品针对膝骨关节炎，不同于传统使用石膏取模的方式，而是结合患者下肢 CT 数据，通过计算机精准设计，部分或全部利用增材制造工艺制作完成。患者适配精准调整后，佩戴矫形器拍摄 X 光片，可做到精准矫正与治疗，增大单髁间隙，减小负荷，从而减轻疼痛，增强膝关节稳定性。并且该产品综合了三（四）点力式原理和整体免荷式矫形原理的特点，在整体免荷式矫形原理的基础上提出了改进的单侧减荷式矫形原理。

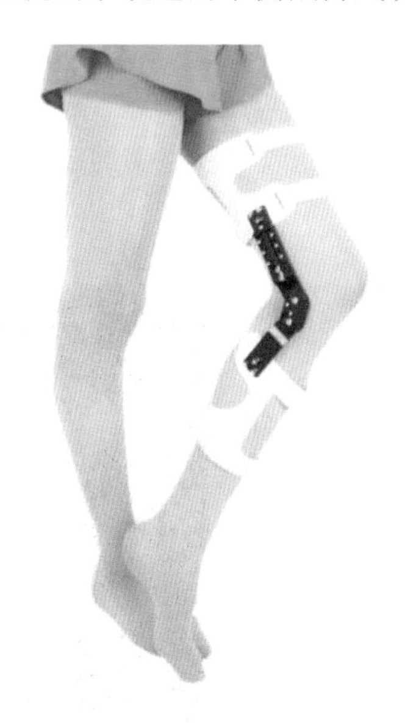

图 5-39　定制式增材制造膝关节矫形器

湖北恒维通智能科技有限公司通过激光非接触式扫描快速获取精准身体数据，设计并优化矫形器三维模型，利用增材制造技术成形结构镂空、轻便美观的定制式增材制造智能矫形器（见图 5-40）。相较于传统的石膏板以及其他矫正器，量身定制的智能矫形器可以完美贴合身形，并且防水、舒适，方便护理伤口。在智能矫形器上装有穿戴式传感器，可实时捕获生理数据并同步至医生手机客户端。

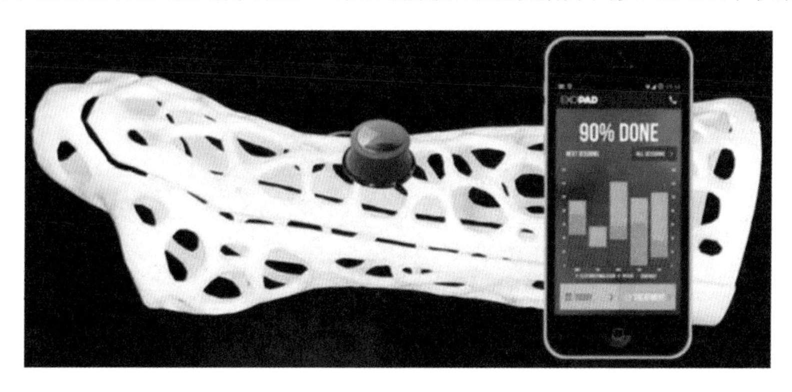


图 5-40　定制式增材制造智能矫形器

先临三维科技股份有限公司与医院合作，为脊椎侧弯患者提供定制化增材制造矫形器（见图 5-41），根据健康背部的模型数据设计出与患者背部吻合的矫形器形态数据模型，通过激光选区烧结（SLS）技术制造矫形器，经患者试戴并修改，结合体操训练和心理干预，经过多个疗程的治疗最终达到矫形目的。相较于传统工艺，三维扫描建模技术使效率提升 10 倍以上，每天可为数百位病患进行矫形器建模，大幅缩减治疗时间和人工成本。模型尺寸公差控制在 0.3mm 以内，设计时可以根据病患部位在适当位置给予足够的支撑强度，制成的护具随形度好、贴合度高，矫形效果良好。

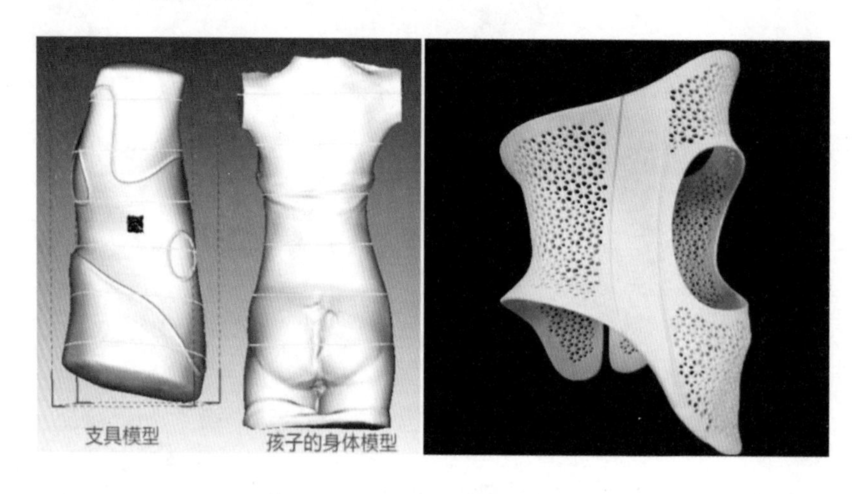


图 5-41　定制化增材制造矫形器

易生（eSUN）瞄准矫形鞋垫行业痛点，利用在增材制造材料与设备方面的多年经验，专门研发了矫形鞋垫（见图 5-42）生产的增材制造材料和 3D 打印机，并创建了国内首个 iSUN3D 医疗鞋垫增材制造系统。iSUN3D 医疗鞋垫增材制造系统，在很大程度上解决了同类系统的效率、产能、质量、成本等问题。

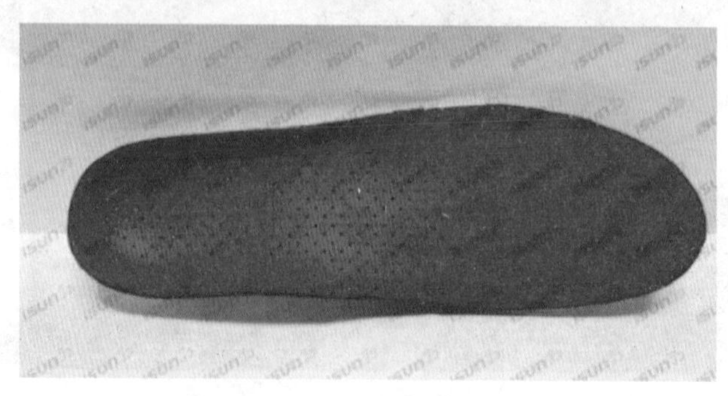

图 5-42　矫形鞋垫

**2. 齿科领域**

成都天齐增材智造有限责任公司的定制式义齿增材制造，避免了传统制造工艺存在的品质难控和远期安全隐患高等问题，实现了高精度成形，患者在安装增材制造修复体后可获得更高的密合性，且其生物相容性高，金属离子析出大幅减少，降低了并发症发生率。定制式义齿增材制造制作流程如图 5-43 所示。

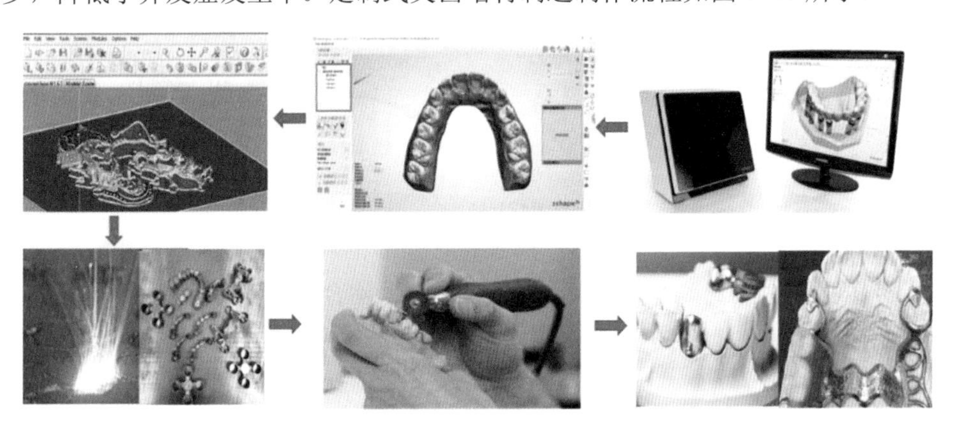

图 5-43 定制式义齿增材制造制作流程

中南大学湘雅口腔医学院黄俊辉教授团队联合湖南紫百合义齿科技有限公司、湖南株洲普林特增材制造有限公司开展增材制造钽铌合金牙种植体研究，完成了 E-3D 数字医疗建模与 3D 打印软件设计、钽铌合金材料性能及激光熔融钽铌合金牙种植体制备关键技术的研究，分析了钽铌合金牙种植体在体外细胞生物相容性与动物体内相容性和生物力学。金属钽具有与人骨组织相匹配的弹性模量和生物相容性，在强酸性环境中钽还具有优异的耐腐蚀性能，是一种性能优异的永久性植入材料。

**3. 骨科领域**

广州迈普再生医学科技股份有限公司自主开发莱普 TM 生物 3D 打印机，西京医院利用该设备选用自体来源细胞和骨，制备出与缺损部位精准匹配、具有生物活性且高度仿生的自体颅颌面骨植入物（见图 5-44）。生物增材制造具有设计灵活、个性化及按需定制等特点，能够基于影像数据，制备出与缺损部位精准匹配的植入物修复体，并通过优化工艺条件，对支架的微观结构如孔隙率、孔径大小等进行调控设计，来控制支架的力学性能和成骨性能。

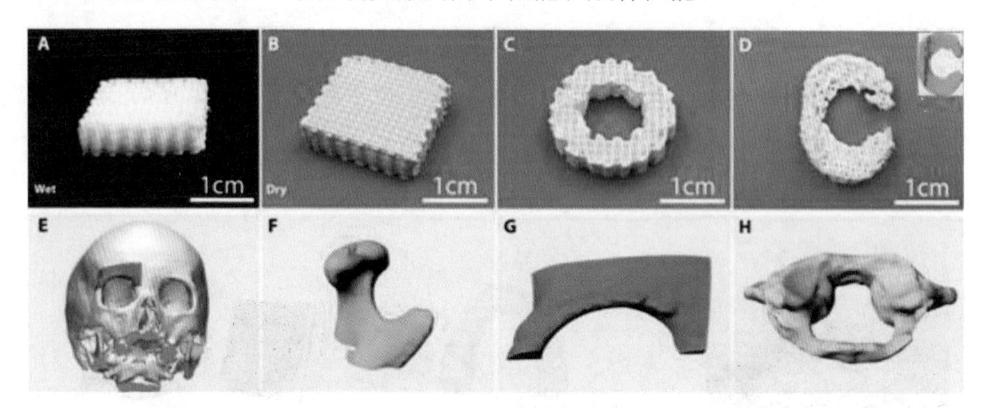


图 5-44 自体颅颌面骨植入物

西安赛隆金属材料有限责任公司与西南医院合作，利用电子束选区熔化（EBSM）技术设计制作了多孔钽骨科植入物，并成功应用于胫骨膝关节翻修手术（见图 5-45）。目前，该公司生产的个性化钽金属髋关节垫片、腓骨、髌骨、胫骨平台等骨科植入体已成功完成临床手术 11 例。

图 5-45 应用于胫骨膝关节翻修手术的多孔钽骨科植入物

西安点云生物科技有限公司根据患者骨缺损形状尺寸建立三维数字模型，采用增材制造技术制作出具有生物安全性的钙磷生物陶瓷复合材料，打印出与患者股骨髁部骨缺损形状相符的多孔生物陶瓷人工骨，并复合患者自身骨髓细胞，植入骨缺损部位成功修复长达 5cm 的股骨髁部骨缺损。术后连续观察 6 个月，植入部位无感染发生，骨缺损修复良好，患者可负重行走。临床试验的成功推动了增材制造技术在创伤骨科领域的应用。增材制造可再生人工骨四肢修复大段骨缺损临床手术情况如图 5-46 所示。

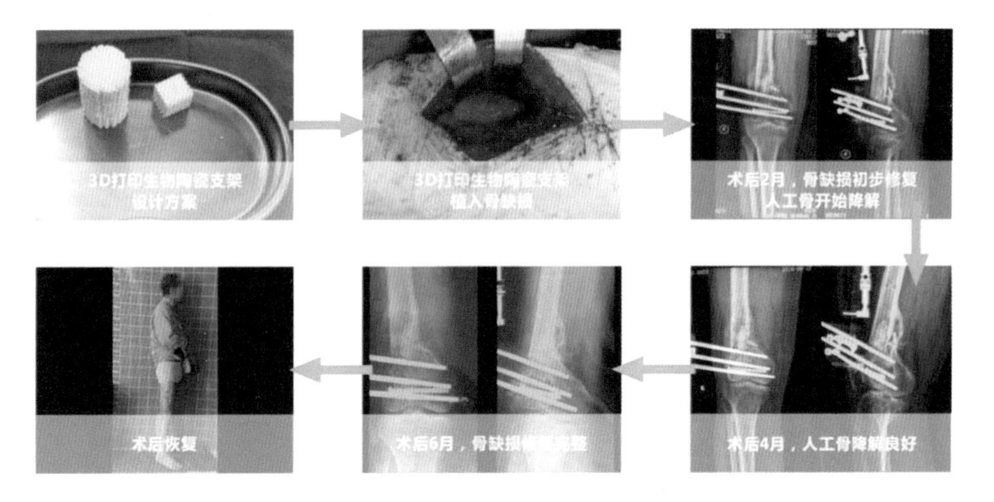


图 5-46　增材制造可再生人工骨四肢修复大段骨缺损临床手术情况

**4. 血管支架领域**

北京阿迈特医疗器械有限公司采用 3D 四轴打印技术研制的全降解血管支架，目前已完成临床前所有验证工作，确定了全降解血管支架的结构设计和制备工艺。动物实验结果也显示阿迈特全降解支架在长期抑制再狭窄方面可能更有优势，其有效性有待于在临床试验中进一步验证。经大量体外测试及动物实验结果显示，该全降解血管支架具有良好的物理、化学、机械、生物、安全性能，已正式启动人体试验。当前全降解聚合物支架基本采用激光切割金属支架的方法制备，关键技术基本上被美国雅培专利覆盖。增材制造技术与传统激光切割法相比，具有以下优势：一是支架成形快速，从原材料到支架成形只需 1～5min；二是材料利用率高，可以用连续方式进行支架加工；三是支架的力学性能优异。因此，该技术可完全替代现有的激光切割支架制造技术。全降解冠脉血管支架和外周血管支架如图 5-47 所示。

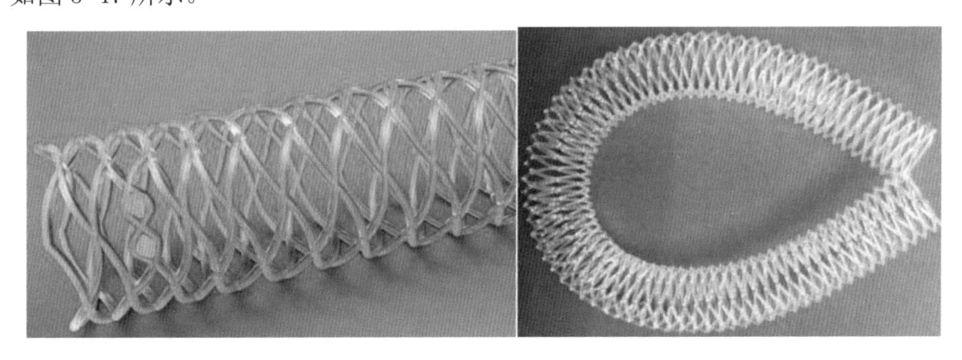

图 5-47　全降解冠脉血管支架（左）和外周血管支架（右）

**5. 生物医疗**

上普博源（北京）生物科技有限公司通过生物 3D 悬浮打印（见图 5-48）技术，面向医疗机构及科研院所，着重解决再生医学、仿生构建、组织工程等领域的部分问题。相较于传统组织工程方式，生物增材制造技术摆脱了传统二维培养对组织性能和复杂结构的限制。与普通增材制造技术相比，生物 3D 悬浮打印技术在构建仿生结构方面优势明显，该技术可以帮助科研用户快速高效地构建各种预设计的复杂结构，加速新生物材料的应用，提高研究成果转化效率。

图 5-48　生物 3D 悬浮打印

### 5.2.3　文化创意领域

上海极臻三维设计有限公司设计制作的增材制造系列印章参加了“印记中国 1949—2019 庆祝中华人民共和国成立 70 周年大众篆刻作品展”。设计团队以“东方红一号”“百万次集成电路”“数控卫星通信”和“嫦娥一号”等新中国成立 70 周年来我国重大科技突破事件为设计思路，选用钛合金、钴铬合金、光敏树脂、彩色石膏、高温陶瓷等 12 种材质，采用激光选区烧结（SLS）、立体光固化成形（SLA）、微纳增材制造工艺等增材制造技术制作而成。

共享智能铸造产业创新中心有限公司结合三维立体打印（3DP）技术高效、低成本、高精度及砂质厚重感的特点，通过后处理获得表面强度高、防水耐腐蚀的雕塑产品，实现了大型雕塑的产业化推广应用。在表现效果方面，结合工艺美术仿古做旧技术研发出五种颜色，丰富了三维立体打印（3DP）雕塑的表面处理方案，增强了三维立体打印（3DP）雕塑的表现力，各类应用案例展示如图 5-49 所示。

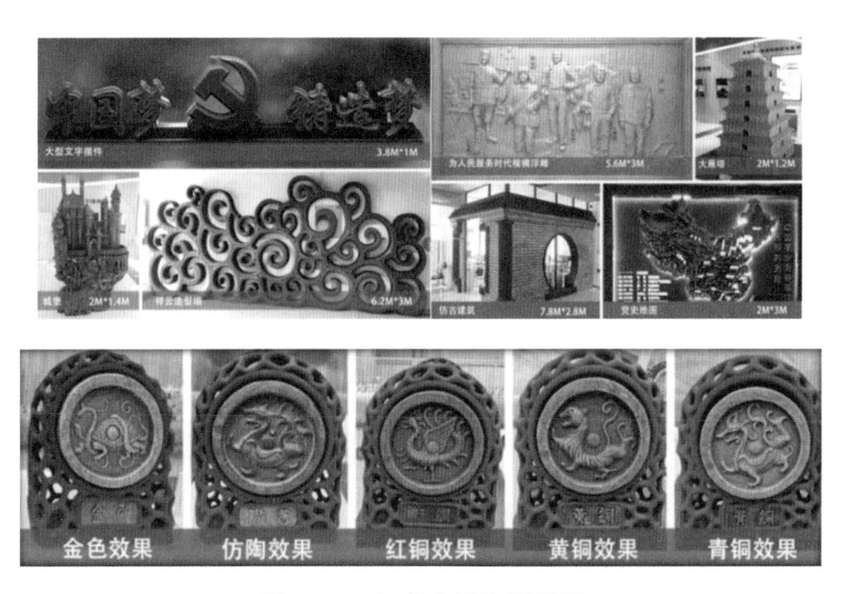


图 5-49 各类应用案例展示

先临三维科技股份有限公司云打印技术团队通过研发设计，采用浙江亚通焊材有限公司自主开发的 CuSn10 合金粉末制造的龙凤笔套装（见图 5-50）。该套装融合了我国传统文化元素、镂空线条与人体工学，而且 CuSn10 合金粉末材料具有优异的表面质量及细节表现，堪称科技与艺术的完美体现。与传统生产工艺相比，增材制造技术的应用使成本降低 50%，加工周期缩短 70%，同时实现了个性化设计。

图 5-50 CuSn10 合金粉末制造的龙凤笔套装

北京隆源自动成型系统有限公司利用增材制造技术完成“未来科学”奖杯（见图 5-51）的设计与制造，是文化创意领域的一次创新应用。该奖杯内部采用镂空结构设计，外部实现不同部位阶梯及凹凸结构设计。杯身上具有科技感的数字或字母，代表着增材制造技术与信息化社会的完美融合，针对不同奖项而拟定的中文，寓意着该奖项的特定含义。与传统生产工艺相比，增材制造具有以下优势：一是无须开模，可以缩短生产周期，降低制作成本；二是设计自由，能够实现复杂结构成形；三是可以实现个性化定制，充分将设计 - 制造 - 文化创意三者完美融合。

图 5-51　“未来科学”奖杯（铝合金材质）

### 5.2.4　创新教育领域

山东三迪时空集团有限公司通过立体光固化成形工艺，将某航空发动机以 3:1 比例打印出航空发动机教学模具，性价比高，并具有一定的耐久性、精确性。该教学模具能够逼真展现航空发动机的结构特点和功能，其中包含航空发动机公共模块，并能模拟航空发动机工作过程，增强了教学效果，有助于操作及维修人员对设备的理解，更好地让学生将理论知识转化成表象知识。

安徽群领东方三维技术有限公司使用增材制造创新教具模型并引入课堂，学生通过拆解机床模型能够更好地掌握机床内部结构。增材制造创新教具模型的引入增强了教学直观性和趣味性，提高了课堂教学效率。该案例已经在芜湖机械工程学校实际应用，给学生学习车工课程提供了极大帮助，为学校专业建设和课程改革提供了有力支撑。

# 第 6 章

# 增材制造标准发展

增材制造凭借其在个性化定制、复杂结构部件制备等方面的显著优势，正在对传统制造工艺流程、工厂生产加工模式及整个制造业产业链产生重要影响。标准对于增材制造技术创新和产业化发展具有关键的规制和引领作用，国内外高度重视增材制造标准化发展，将增材制造标准化工作放在更加突出的位置。

## 6.1 国内外增材制造标准化现状

### 6.1.1 增材制造国际标准化现状

以标准引领增材制造产业发展已成为国际共识。当前，国际社会高度重视增材制造标准化工作，且呈现出“高度统一”的特点。美国材料与试验协会（ASTM）F42 与国际标准化组织 ISO/TC 261 两个增材制造标准化组织密切合作，联合制定并发布标准 27 项、在研标准 51 项（见表 6-1）。同时，两个组织通过签署增材制造标准化协议，形成了全球共用一套增材制造标准体系、共同制定和实施同一套增材制造技术标准的标准化发展模式。随后，成立于 2015 年的欧洲标准组织 CEN/TC 438 也加入其中。不仅如此，2018 年 6 月，美国国家增材制造创新机构（America Make）与美国国家标准与技术研究院（ANSI）推出了 2.0 版本的增材制造标准化路线图，概述了增材制造标准化的现状，并强调了目前 90 多个标准空缺，提出增材制造重点标准建议，结合已制定标准形成增材制造标准体系表。为了在新一轮产业竞争中下好“先手棋”，全球主要工业发达国家纷纷发力增材制造标准化，力图通过标准引领全球增材制造发展，抢占制高点、争夺话语权。

表 6-1 ISO/TC 261 及 ASTM F42 已发布和在研标准

| 序号 | 标准号 / 计划号 | 标准名称 | 中文名称 |
|---|---|---|---|
| 已发布标准 | | | |
| 1 | ISO 27547-1:2010 | Plastics— Preparation of test specimens of thermoplastic materials using mouldless technologies — Part 1: General principles, and laser sintering of test specimens | 塑料用无模技术制备热塑性材料试样 第 1 部分：通则和试样的激光烧结 |
| 2 | ISO/ASTM 52921:2013 | Standard terminology for additive manufacturing — Coordinate systems and test methodologies | 增材制造 术语 坐标系和测试方法 |

（续）

| 序号 | 标准号 / 计划号 | 标准名称 | 中文名称 |
|---|---|---|---|
| 3 | ISO 17296-3:2014 | Additive manufacturing—General principles—Part 3: Main characteristics and corresponding test methods | 增材制造　通则　第 3 部分：主要特性和测试方法 |
| 4 | ISO 17296-4:2014 | Additive manufacturing—General principles—Part 4: Overview of data processing | 增材制造　通则　第 4 部分：数据处理 |
| 5 | ISO 17296-2:2015 | Additive manufacturing—General principles— Part 2: Overview of process categories and feedstock | 增材制造　通则　第 2 部分：工艺分类及原材料 |
| 6 | ISO/ASTM 52900:2015 | Additive manufacturing—General principles—Terminology | 增材制造　通则　术语 |
| 7 | ISO/ASTM 52915:2016 | Specification for additive manufacturing file format (AMF) Version 1.2 | 增材制造文件格式（AMF）版本 1.2 |
| 8 | ISO/ASTM 52901:2017 | Additive manufacturing—General principles—Requirements for purchased AM parts | 增材制造　通则　增材制造零件采购要求 |
| 9 | ISO/ASTM 52910:2018 | Additive manufacturing—Design—Requirements, guidelines and recommendations | 增材制造　设计　要求、指南和建议 |
| 10 | ISO/ASTM 52902:2019 | Additive manufacturing—Test artifacts—Geometric capability assessment of additive manufacturing systems | 增材制造　测试样件　增材制造系统的几何能力评估 |
| 11 | ISO/ASTM 52904:2019 | Additive manufacturing—Process characteristics and performance—Practice for metal powder bed fusion process to meet critical applications | 增材制造　工艺特性和性能　满足关键应用的金属材料粉末床熔融工艺规范 |
| 12 | ISO/ASTM 52911-1:2019 | Additive manufacturing—Design—Part 1: Laser-based powder bed fusion of metals | 增材制造 设计 第 1 部分：金属材料激光粉末床熔融 |
| 13 | ASTM F2971-13 | Standard practice for reporting data for test specimens prepared by additive manufacturing | 增材制造用测试样品报告 |
| 14 | ASTM F3122-14 | Standard guide for evaluating mechanical properties of metal materials made via additive manufacturing processes | 面向增材制造工艺的金属材料机械性能评估指南 |
| 15 | ASTM F2924-14 | Standard specification for additive manufacturing titanium-6 aluminum-4 vanadium with powder bed fusion | 增材制造粉末床熔融用 Ti-6Al-4V |

（续）

| 序号 | 标准号 / 计划号 | 标准名称 | 中文名称 |
|---|---|---|---|
| 16 | ASTM F3001-14 | Standard specification for additive manufacturing titanium-6 aluminum-4 vanadium ELI (Extra Low Interstitial) with powder bed fusion | 增材制造粉末床熔融用超低间隙 Ti-6Al-4V |
| 17 | ASTM F3049-14 | Standard guide for characterizing properties of metal powders used for additive manufacturing processes | 增材制造金属粉末性能表征方法 |
| 18 | ASTM F3055-14a | Standard specification for additive manufacturing nickel alloy (UNS N07718) with powder bed fusion | 增材制造粉末床熔融用 UNS N07718 镍合金粉末 |
| 19 | ASTM F3056-14e1 | Standard specification for additive manufacturing nickel alloy (UNS N06625) with powder bed fusion | 增材制造粉末床熔融用 UNS N06625 镍合金粉末 |
| 20 | ASTM F3091/F3091M-14 | Standard specification for powder bed fusion of plastic materials | 塑料材料粉末床熔融工艺规范 |
| 21 | ASTM F3184-16 | Standard specification for additive manufacturing stainless steel alloy (UNS S31603) with powder bed fusion | 增材制造粉末床熔融用 UNS S31603 不锈钢粉末 |
| 22 | ASTM F3187-16 | Standard guide for directed energy deposition of metals | 金属材料定向能量沉积工艺规范 |
| 23 | ASTM F3213-17 | Standard for additive manufacturing — finished part properties — standard specification for cobalt-28 chromium-6 molybdenum via powder bed fusion | 增材制造　成形件性能　粉末床熔融制备的钴 28 铬 6 钼 |
| 24 | ASTM F3301-18a | Standard for additive manufacturing — post processing methods — standard specification for thermal post-processing metal parts made via powder bed fusion | 增材制造　后处理方法　粉末床熔融金属制件热处理 |
| 25 | ASTM F3302-18 | Standard for additive manufacturing — finished part properties — standard specification for titanium alloys via powder bed fusion | 增材制造　成形件性能 粉末床熔融钛合金 |
| 26 | ASTM F3303-18 | Standard for additive manufacturing — process characteristics and performance: practice for metal powder bed fusion process to meet critical applications | 增材制造　工艺特性和性能　满足关键应用的金属材料粉末床熔融工艺规范 |

（续）

| 序号 | 标准号 / 计划号 | 标准名称 | 中文名称 |
| --- | --- | --- | --- |
| 27 | ASTM F3318-18 | Standard for additive manufacturing — Finished part properties — Specification for AlSi10Mg with powder bed fusion — Laser beam | 增材制造　成形件性能　粉末床熔融 AlSi10Mg 激光 |
| 在研标准 | | | |
| 1 | ISO/ASTM DIS 52900 | Additive manufacturing — General principles — Terminology | 增材制造　通则　术语 |
| 2 | ISO/ASTM FDIS 52903-1 | Additive manufacturing — Standard specification for material extrusion based additive manufacturing of plastic materials - Part 1: Feedstock materials | 增材制造　塑料材料挤出成形　第 1 部分：原材料 |
| 3 | ISO/ASTM DIS 52903-2 | Additive manufacturing — Standard specification for material extrusion based additive manufacturing of plastic materials — Part 2: Process — Equipment | 增材制造　塑料材料挤出成形　第 2 部分：工艺和设备 |
| 4 | ISO/ASTM CD 52903-3 | Additive manufacturing — Standard specification for material extrusion based additive manufacturing of plastic materials — Part 3: Final parts | 增材制造　塑料材料挤出成形　第 3 部分：最终零件 |
| 5 | ISO/ASTM DTR 52905 | Additive manufacturing — General principles— Non-destructive testing of additive manufactured products | 增材制造　通则　增材制造产品无损检测方法 |
| 6 | ISO/ASTM CD TR 52906 | Additive manufacturing — Non-destructive testing and evaluation — Standard guideline for intentionally seeding flaws in additively manufactured (AM) parts | 增材制造　无损检测和评估 增材制造零件预埋缺陷 |
| 7 | ISO/ASTM 52907 | Additive manufacturing — Technical specifications on metal powders | 增材制造　金属粉末技术规范 |
| 8 | ISO/ASTM AWI 52908 | Additive manufacturing — Post-processing methods — Standard specification for quality assurance and post processing of powder bed fusion metallic parts | 增材制造　后处理方法　粉末床熔融金属零件的质量保证和后处理规范 |
| 9 | ISO/ASTM AWI 52909 | Additive manufacturing — Finished part properties — Orientation and location dependence of mechanical properties for metal powder bed fusion | 增材制造　成形件性能　金属粉末床熔融力学性能的取向和位置依赖性 |

（续）

| 序号 | 标准号 / 计划号 | 标准名称 | 中文名称 |
|---|---|---|---|
| 10 | ISO/ASTM FDIS 52911-2 | Additive manufacturing — Technical design guideline for powder bed fusion — Part 2: Laser-based powder bed fusion of polymers | 增材制造　粉末床熔融设计　第 2 部分：聚合物的激光粉末床熔融 |
| 11 | ISO/ASTM DTR 52912 | Additive manufacturing — Design — Functionally graded additive manufacturing | 增材制造　设计　功能梯度增材制造 |
| 12 | ISO/ASTM DIS 52915 | Specification for additive manufacturing file format (AMF) Version 1.2 | 增材制造文件格式（AMF）版本 1.2 规范 |
| 13 | ISO/ASTM WD 52916 | Additive manufacturing — Data formats — Standard specification for optimized medical image data | 增材制造　数据格式优化医学图像数据规范 |
| 14 | ISO/ASTM CD TR 52918 | Additive manufacturing — Data formats — File format support，ecosystem and evolutions | 增材制造　数据格式文件格式支持、生态系统和演化 |
| 15 | ISO/ASTM DIS 52921 | Standard terminology for additive manufacturing — Coordinate systems and test methodologies | 增材制造术语　坐标系和测试方法 |
| 16 | ISO/ASTM CD 52924 | Additive manufacturing — Qualification principles — Quality grades for additive manufacturing of polymer parts | 增材制造　鉴定原则增材制造高分子零件质量等级评定 |
| 17 | ISO/ASTM WD 52925 | Additive manufacturing — Qualification principles — Qualification of polymer materials for powder bed fusion using a laser | 增材制造　鉴定原则激光粉末床熔融用高分子材料的鉴定 |
| 18 | ISO/ASTM AWI 52931 | Additive manufacturing — Environmental health and safety — Standard guideline for use of metallic materials | 增材制造　环境健康和安全　金属材料使用指南 |
| 19 | ISO/ASTM WD 52932 | Additive manufacturing — Environmental health and safety — Standard test method for determination of particle emission rates from desktop 3D printers using material extrusion | 增材制造　环境健康和安全　材料挤出成形 3D 打印机颗粒排放率测试方法 |
| 20 | ISO/ASTM DIS 52941 | Additive manufacturing — System performance and reliability — Standard test method for acceptance of powder-bed fusion machines for metallic materials for aerospace application | 增材制造　系统性能和可靠性　航空航天用金属材料粉末床熔融设备验收方法 |

（续）

| 序号 | 标准号／计划号 | 标准名称 | 中文名称 |
|---|---|---|---|
| 21 | ISO/ASTM DIS 52942 | Additive manufacturing — Qualification principles — Qualifying machine operators of metal powder bed fusion machines and equipment used in aerospace applications | 增材制造　鉴定原则　航空航天用金属材料粉末床熔融设备及其合格操作员 |
| 22 | ISO/ASTM DIS 52950 | Additive manufacturing — General principles — Overview of data processing | 增材制造　通则　数据处理 |
| 23 | WK49229 | Orientation and location dependence mechanical properties for metal additive manufacturing | 金属增材制造力学性能的取向和位置依赖性 |
| 24 | WK55610 | The characterization of powder flow properties for additive manufacturing applications | 增材制造用金属粉末性能表征方法 |
| 25 | WK60941 | Additive manufacturing — General principles — effective compressive properties for ordered cellular additively manufactured (AM) materials | 增材制造　通则　多孔材料增材制造的有效压缩性能 |
| 26 | WK60942 | Additive manufacturing — general principles — effective shear properties for ordered cellular additively manufactured (AM) materials | 增材制造　通则　多孔材料增材制造的有效剪切性能 |
| 27 | WK60943 | Additive manufacturing — general principles — effective tensile properties for ordered cellular additively manufactured (AM) materials | 增材制造　通则　多孔材料增材制造的有效拉伸性能 |
| 28 | WK56649 | Standard practice/guide for intentionally seeding flaws in additively manufactured (AM) parts | 增材制造　无损检测和评估　增材制造零件预埋缺陷 |
| 29 | WK66029 | Mechanical testing of polymer additively manufactured materials | 增材制造用高分子材料的力学性能 |
| 30 | WK66030 | Quality assessment of metal powder feedstock characterization data for additive manufacturing | 增材制造用金属粉末特性的质量评估 |
| 31 | WK66682 | Evaluating post-processing and characterization techniques for AM part surfaces | 增材制造零件表面后处理和性能评价 |
| 32 | WK67454 | Additive manufacturing — Feedstock materials — Methods to characterize metallic powders | 增材制造　原材料　金属粉末性能表征方法 |
| 33 | WK69371 | Standard practice for generating mechanical performance debits | 增材制造机械性能评价 |
| 34 | WK48549 | AMF support for solid modeling: Voxel information, constructive solid geometry representations and solid texturing | AMF文件对实体建模的支持：体素信息、构造实体几何表示和实体纹理 |

（续）

| 序号 | 标准号 / 计划号 | 标准名称 | 中文名称 |
|---|---|---|---|
| 35 | WK62867 | Additive manufacturing — General principles — Guide for design for material extrusion processes | 增材制造　通则　材料挤出成形设计 |
| 36 | WK62946 | Additive manufacturing — General principles — Guide for design for directed energy deposition processes | 增材制造　通则　定向能量沉积设计 |
| 37 | WK64190 | Additive manufacturing design — Decision guide | 增材制造设计　决策指南 |
| 38 | WK65929 | Additive manufacturing — Finished part properties and post processing — Additively manufactured spaceflight hardware by laser beam powder bed fusion in metals | 增材制造　成形件特性和后处理　金属材料激光粉末床熔融制造的航天用金属件 |
| 39 | WK58219 | Additive manufacturing — Feedstock materials — Creating feedstock specifications for metal powder bed fusion | 增材制造　原材料　粉末床熔融用原材料 |
| 40 | WK58220 | Additive manufacturing — Process characteristics and performance — Standard guidance for specifying gases and nitrogen generators used with metal powder bed fusion machines | 增材制造　工艺特性和性能　金属材料粉末床熔融设备用气体和制氮机 |
| 41 | WK65937 | Additive manufacturing — Space application — Flight hardware made by laser beam powder bed fusion process | 增材制造　航空应用　激光粉末床熔融飞行件 |
| 42 | WK62190 | Additive manufacturing feedstock materials technical specifications on metal powder | 增材制造用金属粉末 |
| 43 | WK62923 | Standard for additive manufacturing finished part properties standard specification for precipitation hardening stainless steels via powder bed fusion | 增材制造不锈钢粉末床熔融成形件特性 |
| 44 | WK65420 | Additive manufacturing qualification principles for equipment - Standard guidelines laser powder bed fusion (L-PBF) for metal | 增材制造鉴定原则　金属材料激光粉末床熔融 |
| 45 | WK66473 | Additive manufacturing environment, health, and safety test method for determination of particle and chemical emission rates from desktop 3D printer material extrusion | 增材制造环境健康和安全　材料挤出成形 3D 打印机颗粒排放率测试方法 |

（续）

| 序号 | 标准号/计划号 | 标准名称 | 中文名称 |
|---|---|---|---|
| 46 | WK68190 | Additive manufacturing — Qualification principles — Qualifying machine operators of metal powder bed fusion machines and equipment used in aerospace applications | 增材制造　评定原则　航空航天用金属粉末床熔融设备及其合格操作员 |
| 47 | WK67484 | Additive manufacturing — System performance and reliability — Standard test method for acceptance of powder-bed fusion machines for metallic materials for aerospace application | 增材制造　系统性能和可靠性　航空航天金属材料用粉末床熔融机验收的标准测试方法 |
| 48 | WK66637 | Additive manufacturing — Finished part properties — Specification for 4340 steel via laser beam powder bed fusion for transportation and heavy equipment industries | 增材制造　成形件特性　运输和重型设备行业激光粉末床熔融用4340钢 |
| 49 | WK67461 | Additive manufacturing — Finished part properties — Specification for titanium alloys via laser beam powder bed fusion for aerospace applications | 增材制造　成形件特性　航空航天激光粉末床熔融用钛合金 |
| 50 | WK67583 | Additive manufacturing — Feedstock materials — Powder reuse schema in powder bed fusion processes for medical applications | 增材制造　原材料　医疗应用粉末床熔融工艺的粉末重复使用 |

### 6.1.2 增材制造国内标准化现状

我国增材制造标准化工作起步较晚，与发达国家相比，总体水平存在一定差距。但国家政府以及我国相关标准化主管部门非常重视，通过加强标准化工作，引导增材制造（3D打印）健康发展。一方面，发布实施多项标准化政策规划，明确提出要开展增材制造标准化工作；另一方面，推动我国成为ISO/TC 261的P成员国（Participating Countries），成立全国增材制造标准化技术委员会（SAC/TC 562）以及测试方法分技术委员会和多个工作组，全面统筹推进增材制造领域国际、国内标准化工作，多个已有材料、检测、设备相关专业标准化技术委员会也开始关注增材制造标准化工作。目前，我国已经立项1项国际标准，发布了20余项国家标准（见表6-2），还有多项国家标准、行业标准以及团体标准正在加紧制定（见表6-3），这些标准发挥着引领和规范新兴行业发展的作用，指导当前和未来一段时间内的增材制造标准化工作。

表 6-2 我国增材制造国家标准发布情况

| 序号 | 标准号 | 标准名称 |
| --- | --- | --- |
| 1 | GB/T 14896.7—2015 | 特种加工机床 术语 第 7 部分：增材制造机床 |
| 2 | GB/T 20317—2006 | 熔融沉积快速成形机床 精度检验 |
| 3 | GB/T 20318—2006 | 熔融沉积快速成形机床 参数 |
| 4 | GB 20775—2006 | 熔融沉积快速成形机床 安全防护技术要求 |
| 5 | GB 25493—2010 | 以激光为加工能量的快速成形机床 安全防护技术要求 |
| 6 | GB/T 25632—2010 | 快速成形软件数据接口 |
| 7 | GB 26503—2011 | 快速成形机床 安全防护技术要求 |
| 8 | GB/T 34486—2017 | 激光成型用钛及钛合金粉 |
| 9 | GB/T 34508—2017 | 粉床电子束增材制造 TC4 合金材料 |
| 10 | GB/T 35351—2017 | 增材制造 术语 |
| 11 | GB/T 35352—2017 | 增材制造 文件格式 |
| 12 | GB/T 35021—2018 | 增材制造 工艺分类及原材料 |
| 13 | GB/T 35022—2018 | 增材制造 主要特性和测试方法 零件和粉末原材料 |
| 14 | GB/T 37698—2019 | 增材制造 设计 要求、指南和建议 |
| 15 | GB/T 37463—2019 | 增材制造 塑料材料粉末床熔融工艺规范 |
| 16 | GB/T 37461—2019 | 增材制造 云服务平台模式规范 |
| 17 | GB/T 37643—2019 | 熔融沉积成型用聚乳酸（PLA）线材 |
| 18 | GB/T 39247—2020 | 增材制造 金属制件热处理工艺规范 |
| 19 | GB/T 39251—2020 | 增材制造 金属粉末性能表征方法 |
| 20 | GB/T 39252—2020 | 增材制造 金属材料粉末床熔融工艺规范 |
| 21 | GB/T 39253—2020 | 增材制造 金属材料定向能量沉积工艺规范 |
| 22 | GB/T 39254—2020 | 增材制造 金属制件机械性能评价通则 |
| 23 | GB/T 39328—2020 | 增材制造 塑料材料挤出成形工艺规范 |
| 24 | GB/T 39329—2020 | 增材制造 测试方法 标准测试件及其精度检验 |
| 25 | GB/T 39331—2020 | 增材制造 数据处理通则 |

表 6-3　我国增材制造国家标准在研情况

| 序号 | 计划号 | 标准名称 |
| --- | --- | --- |
| 1 | 20184169-T-604 | 增材制造材料粉末床熔融用尼龙 12 及其复合粉末 |
| 2 | 20181935-T-604 | 增材制造技术云服务平台参考体系 |
| 3 | 20182017-T-610 | 增材制造用球形钴铬合金粉 |
| 4 | 20182015-T-610 | 增材制造用钽及钽合金粉 |
| 5 | 20182016-T-610 | 增材制造用铌及铌合金粉 |
| 6 | 20182019-T-610 | 增材制造用钼及钼合金粉 |
| 7 | 20182013-T-610 | 增材制造制粉用钛及钛合金棒材 |
| 8 | 20182022-T-610 | 增材制造用硼化钛颗粒增强铝合金粉 |
| 9 | 20192050-T-610 | 增材制造用钨及钨合金粉 |
| 10 | 20192051-T-610 | 粉末床熔融增材制造镍基合金 |

## 6.2　我国增材制造标准现状

党的十八大以来，党中央、国务院把标准化工作摆在经济社会发展全局来统筹推进，并纳入国家基础性制度建设范畴，上升到国家战略层面。随着我国增材制造技术的快速发展，我国也将增材制造标准化工作放在更加突出的位置，国家政策频发，助力增材制造标准化飞速发展。《中国制造 2025》将增材制造作为发展重点；《“十三五”国家科技创新规划》将增材制造列为引领产业变革的颠覆性技术；《“十三五”国家战略性新兴产业发展规划》将增材制造作为重要的战略性新兴产业加以支持，提出要打造增材制造产业链，还相继发布实施《国家增材制造产业发展推进计划（2015—2016 年）》《增材制造产业发展行动计划（2017—2020 年）》，明确提出要开展增材制造标准化工作，推动增材制造发展。可以说，党和国家对增材制造的重视程度和支持力度前所未有。2019 年我国增材制造标准化工作取得不错成绩。

### 6.2.1　标准体系不断完善

（1）八项国家标准正式发布　2020 年，新发布《增材制造　金属制件热处理工艺规范》《增材制造　金属粉末性能表征方法》《增材制造　金属材料粉末床熔融工艺规范》《增材制造　金属材料定向能量沉积工艺规范》《增材制造　金属制件机械性能评价通则》《增材制造　塑料材料挤出成形工艺规范》《增材制造　测试方法　标准测试件精度检验》《增材制造　数据处理通则》八项国家标准，进一步完善了增材制造标准体系，对促进我国增材制造规范化发展具有重要意义。

（2）国际标准化工作取得实质性进展　我国首次提出的国际标准提案《信息技术　3D打印和扫描增材制造服务平台（AMSP）架构》（ISO/IEC WD 23510）于2018年8月成功立项，目前该标准已进入工作组草案（WD）阶段。该国际标准提案主要包括范围、规范性引用文件、术语和定义、平台架构及要求、典型服务模式等几方面内容，将为新建立增材制造服务平台或对已有增材制造服务平台进行改进提供技术指导和依据。同时，我国新提出的一项关于增材制造成形精度检测的国际标准，于2019年9月在法国ISO/TC 261第14次国际年会中进行了第四次汇报讨论，得到了各国专家的认可。

### 6.2.2　增材制造标准化工作不断优化

**1. 标准领航行动计划**

为贯彻落实中央关于推动高质量发展、开展质量提升行动等重大部署中关于实施新产业标准领航工程的要求，按照《增材制造产业发展行动计划（2017—2020年）》关于建立健全增材制造标准体系的工作安排，2018年，工业和信息化部、原质检总局（国家标准委）委托全国增材制造标准化技术委员会起草《增材制造标准领航行动计划（2019—2022年）》，技术委员会分别在苏州和西安等地召开专家研讨会，邀请中国工程院卢秉恒院士等近百名专家研究标准需求，征求意见建议，并且市场监管总局标准技术司、工业和信息化部科技司及装备司等多次召开工作会，结合党中央、国务院有关政策要求，最终形成《增材制造标准领航行动计划（2019—2022年）（征求意见稿）》。《增材制造标准领航行动计划（2019—2022年）》已于2020年3月5日正式发布。该行动计划以标准引领、国际融合、协同发展、注重实施为行动原则，提出了构建和完善增材制造标准体系、研制一批增材制造"领航"标准、加强增材制造国际标准化工作、创新增材制造标准制定工作机制、强化增材制造标准应用实施五大行动任务。

**2. 增材制造标准"领跑者"工作形成新方案**

落实市场监管总局等八部门《关于实施企业标准"领跑者"制度的意见》《装备制造业标准化和质量提升规划》等有关政策要求，中机生产力促进中心重点针对量大面广、与民生紧密相关的增材制造材料挤出成形设备，以及需求日益增长的材料挤出成形用塑料线材、增材制造金属材料，编制了2019年增材制造企业标准排行榜和"领跑者"评估方案，并申报成为2019年企业标准"领跑者"评估机构，2019 年 8 月，开始正式评估工作。

**3. 国际合作与交流不断加强**

2018 年 8 月，全国增材制造标准化技术委员会秘书处会同国家标准化管理委员会领导，赴美国拜访 ASTM F42 和 ASME，重点针对增材制造标准国际合作进行了交流，初步达成了切实合作意向。ASTM F42 方面的合作意向包括：一是探索建立联合工作组或协调工作组，重点围绕增材制造材料、检测，开展中美双方互认标准的研制工作；二是联合举办增材制造技术和标准化活动，围绕增材制造标准的实施与应用、增材制造标准/检测/认证一体化发展等主题召开会议和论坛等；三是积极推动我国加入 ISO/TC 261、ASTM F42、CEN/TC 438 增材制造联合发展协议，助推形成国际标准（ISO）= 美国标准（ASTM F42）= 欧洲标准（CEN/TC 438）= 中国标准的增材制造标准化工作新局面。在 ASME 方面，计划借鉴其在压力容器方面标准、培训、检测、认证方面的成熟工作模式，探索提出中美联合推进增材制造标准、培训、检测、认证工作方案，并在全球推广实施。2019 年，全国增材制造标准化技术委员会秘书处会同国家标准化管理委员会领导于 9 月份赴法国参加 ISO/TC 261、ASTM F42 第 14 届国际会议并进行合作交流，同时拜访英国国家标准机构（BSI）总部并召开商务会议，探索更多领域合作。

## 6.3 增材制造标准化发展面临的瓶颈

### 6.3.1 标准缺失较为严重

我国增材制造产业化发展迅猛，已经成为消费级材料挤出成形设备的主要出口国，涌现出一批高水平的企业和产业聚集区。随着国内增材制造产业高速发展，相关技术标准呈现出“跟不上”与“不适应”的状态，导致增材制造产品质量问题突显。2017 年，南方某省向国务院提出加强增材制造标准研制工作的请示，指出增材制造领域因标准缺失导致行业门槛偏低、乱象丛生；2017 年 12 月，国家质检总局发布《2017 年增材制造/3D 打印产品质量风险监测分析报告》显示，超过九成增材制造设备存在缺陷，质量问题突出。此外，增材制造标准的缺失还导致增材制造技术发展混乱，产品设计、制造、加工和使用等环节合作困难重重，难以建立起一条贯穿于整个产业链的服务模式。面对当下增材制造产业发展的机遇与挑战，我国增材制造亟需标准的规范和引领，社会各界对此呼声也越来越高。

### 6.3.2 国际标准跟踪转化滞后

当前，国际社会高度重视增材制造标准化工作，且呈现出“高度统一”的特点。我国增材制造技术快速发展，与国际相比处于总体跟跑和并跑、部分领跑状态。在标准化方面，我国 2014 年成为 ISO/TC 261 的 P 成员国，2016 年成立全国增材制造标准化技术委员会（SAC/TC 562），目前虽然取得了一些标准化成果，但与我国增材制造技术和产业总体跟跑和并跑、部分领跑的形势相比，标准化工作出现滞后问题，标准对于新兴产业发展的引领作用难以显现，不能很好地融入“高度统一”的国际标准化工作。

# 第7章

# 增材制造人才报告

作为战略性新兴产业的典型代表，人才已经成为推动增材制造产业发展的首要资源。近几年，中国增材制造产业联盟对我国增材制造领域进行了调查统计，重点分析增材制造人才现状，梳理国家和地方出台的相关制度，从产业发展角度分析我国增材制造人才发展面临的短板弱项，探究国外人才发展经验，提出了有关对策建议，对于推动我国增材制造产业健康快速可持续发展具有重要意义。

## 7.1 增材制造从业人员供需分析

### 7.1.1 从业人员分类

根据增材制造技术和行业需求的特殊性，中国增材制造产业联盟将增材制造从业人员分为技能型人才、科研型人才和管理型人才三类，并对增材制造领域36家重点企业从业人员进行了调查统计，当前企业从业人员构成中，技能型人才占比39%，科研型人才占比43%，管理型人才占比18%。增材制造企业从业人员分类如图7-1所示。

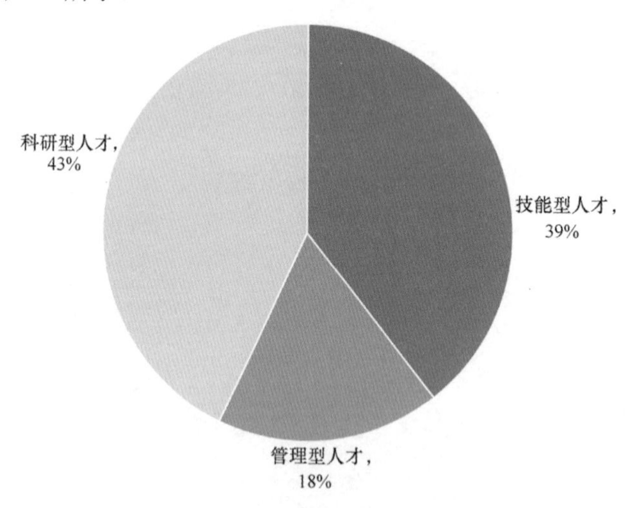


图7-1 增材制造企业从业人员分类

#### 1. 技能人才分类及特点

技能型人才是指具有某一学科专业基础，又能将这一学科的专业基础与增材制造技术充分融合的人才，根据专业能力可分为高级技能人才、中级技能人才和初级技能人才三类。此类人才从事领域主要侧重于装备制造、产品生产及技术服务等与市场客户需求紧密相关的技能应用层面。增材制造技能型人才分类及特点见表 7-1。

表 7-1　增材制造技能型人才分类及特点

| 分类 | 特点 |
| --- | --- |
| 高级技能人才 | 增材制造领域高级技能人才主要是指掌握增材制造技术的高端技能人才，他们掌握增材制造核心技术，能够解决技术难题，技术精湛，配合技术研发和工艺提升 |
| 中级技能人才 | 增材制造领域中级技能人才主要是指增材制造设备操作及技术服务的主力军，他们熟练掌握技术操作要领，是相关企业的中坚力量 |
| 初级技能人才 | 增材制造领域初级技能人才能够基本掌握技术和独立操作设备，但随着技术革新和产业升级带来的技术提升，初级技能人才将有被淘汰的风险 |

**2. 科研人才分类及特点**

科研人才是指主要从事增材制造专用材料研发、工艺技术优化、设备开发等相关领域研究的人才，根据不同的研究领域可将其分为技术科研人才、材料科研人才和设备科研人才。1988 年清华大学成立的激光快速成形中心是国内增材制造研究及科研人才培养的起点。随后，西安交通大学、北京航空航天大学等国内一批高校、研究机构进入该领域，成为我国增材制造高水平、高层次科研人才的主要来源。增材制造科研型人才分类及特点见表 7-2。

表 7-2　增材制造科研型人才分类及特点

| 分类 | 特点 |
| --- | --- |
| 技术科研人才 | 技术科研人才是指对增材制造技术进行研究和基于未来需求进行创新研发的科研人才。目前我国增材制造技术科研人才培养工作逐步开展，其中，华中科技大学的研究重点是激光粉末烧结技术，清华大学侧重电子束增材制造技术和生物医学领域，北京航空航天大学和西北工业大学主要集中在金属增材制造技术的开发，西安交通大学的优势在光固化领域 |
| 材料科研人才 | 材料科研人才是指基于增材制造技术应用对材料特性进行研究和优化改进的科研人才。目前我国增材制造材料科研人才主要集中在各大学的材料学院和行业内较优秀的企业内部，如铂力特的金属增材制造用粉末材料、华曙高科的尼龙材料、Polymaker 的 PEEK 工程塑料材料等的科研人才 |
| 设备科研人才 | 设备科研人才是指基于增材制造技术应用和行业应用模式进行相应打印设备研发和改进优化的科研人才。目前我国增材制造设备科研人才主要集中在行业各领域优秀企业，如铂力特的金属增材制造设备科研人员、华曙高科的尼龙增材制造设备科研人员、德迪科技的材料混构打印设备科研人员、先临三维的三维扫描等设备科研人员、联泰科技的光固化打印设备科研人员、北京太尔时代的增材制造设备研发人员等 |

**3. 管理人才分类及特点**

管理人才作为增材制造技术与市场能力的汇总者，是增材制造行业的管理型复合人才。他们要对增材制造技术及其全产业链运作有较深刻的了解，拥有丰富的市场与商业知识、实践能力及管理技能，能从增材制造技术的应用入手，结合企业自身的实际发展情况和技术优势，有机结合市场需求，准确定位自身的发展方式方法，确定适合企业发展的商业模式。按照工作分工，管理人才主要分为经营管理人才、市场管理人才和生产管理人才三类。增材制造管理型人才分类及特点见表 7-3。

**表 7-3　增材制造管理型人才分类及特点**

| 分类 | 特点 |
|---|---|
| 经营管理人才 | 经营管理人才是指具有较好的经营管理才能，对增材制造专业技术有一定了解，并能通过自己的经营管理能力把企业人员、资本、资源、技术信息等生产要素组织起来，提供增材制造产业链需要的产品与服务的综合型管理人才 |
| 市场管理人才 | 市场管理人才是指对增材制造技术有较深刻的了解，拥有丰富的市场和商业知识及实践能力，能从增材制造技术的应用入手，协助企业快速创新出适合其自身发展的商业模式的创新型管理人才 |
| 生产管理人才 | 生产管理人才是指熟悉增材制造工艺特点，对增材制造技术实际应用和增材制造设备实际操作有充分了解，能依据增材制造生产特点及产品特性快速完成相关产品制造和应用服务的专业型管理人才 |

### 7.1.2　供给能力分析

国内增材制造人才的培养主力是高校和职业院校，培养规模较小，供给能力有限。据中国增材制造产业联盟估计，截至 2018 年年底，我国增材制造产业从业及科研人员规模约为 2 万人，并呈逐年增加趋势。从从业人员现状来看，除有技术经验的中高级人才短缺之外，复合型、骨干型、工程型和管理型人才供给数量也明显不足。

**1. 培养单位分析**

当前，高校是增材制造人才培养的主力军，相关高校主要集中在北京、上海、江苏、广东以及陕西等增材制造产业优势区域。

近些年，随着增材制造技术及产业的不断发展，国内高校汇聚了一批具有代表性的增材制造研究团队（见表 7-4），专注于培养硕士和博士研究生等高端研究型人才，培养规模不断扩大，毕业生流向主要集中于航天科技、航天科工、中航工业、中科院等各大企业和科研院所。

表 7-4　国内主要增材制造人才培养高校基本概况

| 培养单位 | 院系 | 所属地区 | 研究平台 | 团队建设 / 人才培养基本情况 |
| --- | --- | --- | --- | --- |
| 清华大学 | 机械工程系 | 北京 | 国家 CIMS 工程技术研究中心、先进成形制造教育部重点实验室、生物制造与快速成形技术北京市重点实验室、清华大学生物制造中心 | 清华大学研究团队在增材制造、生物制造技术领域拥有多年的研究和开发经验，目前的研究方向为金属增材制造、生物增材制造等，尤其是在电子束选区熔化及多材料和复合增材制造工艺与设备研发方面，在国内率先进行了探索和研究 |
| 西安交通大学 | 机械工程学院 | 西安 | 快速制造国家工程研究中心、快速成形制造技术教育部工程中心、陕西省激光快速成形与模具制造工程研究中心 | 主要研究方向为增材制造（3D 打印）、数控装备与智能制造、微纳制造、生物制造，在国内倡导并开拓了增材制造、微纳制造、生物制造、高速切削机床等先进制造技术的研究 |
| 北京航空航天大学 | 材料学院材料加工工程与自动化系 | 北京 | 大型金属构件增材制造国家工程实验室 | 依托大型金属构件增材制造“国家工程实验室”和激光增材制造“国防科技工业研究应用中心”，从事钛、钢、镍、铝等高性能难加工合金构件增材制造及关键运动副零部件激光表面工程技术基础、应用基础和工程化应用关键技术研究 |
| 西北工业大学 | 材料科学与工程学院 | 西安 | 凝固技术国家重点实验室 | 西北工业大学研究团队主要研究领域为金属高性能增材制造技术（3D 打印）、凝固与晶体生长理论、大型复杂薄壁铸件精密铸造技术 |
| 华中科技大学 | 材料科学与工程学院 | 武汉 | 华中科技大学快速制造中心 | 华中科技大学快速制造中心以材料成形与模具技术国家重点实验室为依托开展研究，先后承担了国家科技支撑计划、国家“863”项目、国家科技重大专项、国家自然基金、国际合作以及一批省部级项目。在增材制造技术与装备、快速三维测量技术与装备、等静压成形技术、塑性成形技术与装备方面进行了大量的研究工作，形成了一支多学科、多层次的研究团队 |

（续）

| 培养单位 | 院系 | 所属地区 | 研究平台 | 团队建设／人才培养基本情况 |
|---|---|---|---|---|
| 华南理工大学 | 机械与汽车工程学院 | 广州 | 广东省金属增材制造工程技术研究中心 | 主要研究领域为增材制造、激光加工和现代焊接技术等，是国内最早开展激光选区熔化增材制造设备、工艺和应用研究的团队。研发出的 Dimetal-50、Dimetal-100、Dimetal-280 和 Dimetal-400 等系列金属增材制造设备已经在广州雷佳增材科技有限公司产业化，在个性化定制医疗器械、模具、航空航天零部件等多方面得到应用推广 |
| 杭州电子科技大学 | 生命信息与仪器工程学院 | 杭州 | 浙江省医学信息与生物三维打印重点实验室 | 研究团队主要研究领域包括生物增材制造、再生和移植医学、药物筛选技术等 |
| 上海交通大学 | 医学院／机械与动力工程学院 | 上海 | 上海交通大学医学3D 打印创新研究中心 | 医学 3D 打印创新研究中心整合上海交通大学医学院及附属医院“医科”优势和校本部“工科”优势，以国家和上海市战略为导向，顺应现代医学发展潮流，聚焦医学增材制造技术，建立具有国际水准和影响力的多学科交叉研发团队，提升协同创新能力，形成国内领先、国际知名的医学增材制造交叉研究、临床应用示范、成果转化和人才培养基地 |
| 北京工业大学 | 激光工程研究院 | 北京 | 北京市 3D 打印工程技术研究中心 | 3D 打印工程技术研究中心针对增材制造材料、装备、软件和应用等方面，开展增材制造关键技术的研究与开发，并与相关单位在基础研究、应用开发、成果转化等全研发链上进行协同攻关。研究团队主要从事激光选区熔化技术在航空航天及医疗等领域的应用研究 |

（续）

| 培养单位 | 院系 | 所属地区 | 研究平台 | 团队建设 / 人才培养基本情况 |
| --- | --- | --- | --- | --- |
| 大连理工大学 | 机械工程与材料能源学部 | 大连 | 辽宁省高校“原材料特种制备技术”重点实验室、辽宁省“激光3D打印装备及应用”工程技术研究中心 | 主要开展增材制造方法及工艺、材料数字化成形技术、材料成形过程的建模及仿真等方面的研究，在铸造过程模拟专用软件体系、具有自主知识产权的轮廓失效激光增材制造方法、大型复杂金属件的近净成形快速铸造技术、增材制造几何模型的高效处理等方面取得研究成果 |
| 南京航空航天大学 | 材料科学与技术学院 | 南京 | 江苏省高性能金属构件激光增材制造工程实验室 | 瞄准我国航空航天、国防军工等领域重大需求及激光增材制造前沿科学，通过关键科学研究、核心技术攻关、典型领域应用等多种形式，培育了一支创新型人才队伍 |
| 中北大学 | 材料科学与工程学院 | 太原 | 山西省铸造新工艺工程技术研究中心 | 中北大学自1995年开始对激光增材制造技术开展研究，开发了多种型号工业级激光增材制造设备及配套成形材料，用于铸造用蜡模、砂型和砂芯快速成形，其产品已在航空航天、兵器、汽车、军工等行业得到应用 |

在职业教育领域，增材制造人才培养刚刚起步，正处于探索专业体系建设、健全人才培养模式阶段，主要面向增材制造设备制造企业及增材制造应用企业，培养高素质、高技能应用型人才。国内部分职业院校人才培养基本概况见表7-5。

表7-5　国内部分职业院校人才培养基本概况

| 培养单位 | 开设课程 | 培养目标 |
| --- | --- | --- |
| 广州市白云工商技师学院 | 平面设计、产品设计表现技法、增材制造技术基础、电子技术基础、单片机原理与应用、机械制图、计算机辅助设计、设备原理与操作、3D扫描技术及应用、增材制造行业应用课程、综合实训等 | 面向珠三角地区，培养增材制造技能型人才；所培养的高技能应用型人才具备技术应用能力和工业设计能力，能够从事产品设计、3D扫描与逆向造型、设备操作、维修与管理等工作，有一定的自我学习能力、创新创业能力和良好的职业素养 |

（续）

| 培养单位 | 开设课程 | 培养目标 |
| --- | --- | --- |
| 湖南信息职业技术学院 | 机械图样识读与绘制、机械传动装置分析与设计、零件精度设计与检测、逆向工程数据采集与处理、产品正向与逆造型设计、模具设计、数控编程等 | 主要面向智能制造行业，负责机械数字化、智能化设计与建模 |
| 青岛电子学校 | 艺术、工业品的设计规范和建模技术，数据加工和逆向设计，增材制造的制作流程和工作原理，3D 打印机设备操作等 | 具有较好的 3D 产品创意设计能力和增材制造技术服务能力 |
| 贵州省机械工业学校 | 电工基础，机械设计基础，设备控制基础，机械制造技术，数控设备及编程，CAD/CAM | 培养从事机械加工设备的操作、工艺实施及生产设备安装调试、维护管理工作的中等专业人才 |
| 武汉职业技术学院 - 机电工程学院 | 机械制图、工程力学、工程材料、机械设计基础、机械加工基础、模具设计与制造、模具制造工艺、3D 测量、3D 制造、模具 CAD/CAM/CAE 等 | 培养学生掌握 CAD/CAM/CAE 最新应用技术、3D 测量、3D 制造技术，使他们具有较强的模具设计与制造操作技能，成为从事模具设计与制造和生产管理的高技能人才 |
| 西安华中科技技师学院 | 计算机应用基础、增材制造技术导论、工程制图、程序设计 (C)、电子技术、造型材料与工艺、单片机原理与接口技术、3D 打印机组装与测试、工业设计、计算机辅助设计等 | 掌握利用计算机建立数字模型的基础知识，熟练掌握 3D 打印机和运用各类相关软件操作方法的专业技术型人才 |
| 青岛市技师学院 | 三维建模与增材制造、工程制图、Zbrush 建模修模、SolidWorks 应用基础、Photoshop 图像处理等 | 培养具备增材制造技术应用能力，有一定自我学习、自我发展能力，能够创新，并具备一定的创业能力及团队合作等职业素养的高级技能应用型人才 |

对职业院校增材制造相关专业毕业生的就业领域进行取样调查统计，其结果显示，毕业生就业领域主要集中于模具制造、机械制造、机械加工、机电技术应用等领域（见图 7-2）。

**2. 专业建设情况**

增材制造技术是信息技术、新材料技术与制造技术多学科融合发展的产物，涉及材料科学与工程、金属材料工程、高分子材料与工程、材料成形及控制工程、机械设计制造及其自动化、电气工程及其自动化、光学工程、软件工程等相关专业，工程力学、物理学、测控技术与仪器、工业设计、生物工程等专业也与增材制造相关产业密切相关。当前，全国多数高校均开设这些专业，为增材制造产业上、中、下游提供了大量基础性人才。增材制造相关专业基本情况见表 7-6。

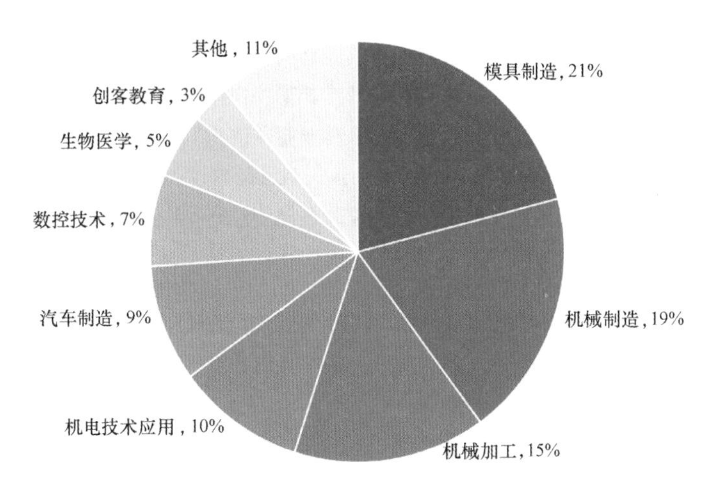


图 7-2　职业院校增材制造专业毕业生就业领域

表 7-6　增材制造相关专业基本情况

| 类别 | 人才供给相关专业 |
|---|---|
| 材料研发类 | 材料科学与工程、高分子材料与工程、材料物理、金属材料工程、复合材料与工程、生物材料等 |
| 工艺研究类 | 材料成形及控制工程、材料科学与工程、金属材料工程、复合材料与工程、工程力学等 |
| 设备开发类 | 电气工程及其自动化、机械工程、设计制造及其自动化、制造工程、机电一体化等 |
| 软件开发类 | 计算机科学与技术、软件工程、电子信息工程、网络工程、信息物理工程等 |
| 应用设计类 | 工业设计、艺术设计、数字媒体技术、机械设计等 |

目前，普通高等学校本科专业中未专门设置增材制造专业，仅开设增材制造领域的公共课程或基于传统专业开设“3D 打印精英班”。部分地方高校结合区域经济发展需求，依托优势学科建设基础，跨学院、跨学科整合科技、人才资源，在研究生培养阶段增设增材制造相关学科或研究方向，开展相关领域系统性研究，培养复合型创新人才。部分高校增材制造课程/学科建设情况见表 7-7。

表 7-7　部分高校增材制造课程 / 学科建设情况

| 学科 / 研究方向 | 基本情况 |
| --- | --- |
| 北京航空航天大学增材制造（3D 打印）技术公开课 | 公开课由北京航空航天大学王华明院士主讲，课程形象描述了增材制造基本原理，科学精炼地归纳和介绍了非金属模型及构件增材制造、生物组织及其器官增材制造“培养”、高性能金属构件增材制造三类增材制造技术和主要作用以及发展现状 |
| 西安交通大学机械工程 3D 打印国际精英班 | 该专业为全日制本科专业，依托机械工程专业，培养具有广泛深厚的基础科学理论，扎实的机械设计、制造及自动化的知识与技能，具有系统的增材制造基本理论、较强的增材制造工程实践能力，具备较强的创新能力、国际视野和社会责任感，具有使用数字化技术进行复杂产品开发的能力和使用自动化技术运作生产系统的能力，能在机械工程和增材制造（3D 打印）相关领域从事产品开发、技术研发、科学研究、生产组织和管理等方面工作，具有行业领军人才潜质的高层次人才 |
| 北京工业大学 3D 打印中心激光 3D 打印技术研究方向 | 北京工业大学 3D 打印中心整合激光工程研究院、机械工程与应用技术学院、信息学部、生命科学与生物工程学院等的研究团队，针对增材制造材料、装备、软件和应用等方面，开展增材制造关键技术的研究与开发，并与相关单位在基础研究、应用开发、成果转化等全研发链上进行协同攻关。作为一个跨学科的科研平台，3D 打印中心对师资队伍和结构进行调整，针对增材制造整个领域进行全覆盖，积极探索增材制造交叉学科人才培养新模式 |
| 上海大学增材制造与组织修复学科（0802J5） | 本学科以培养综合性研究型和应用型人才为目标，注重培养学生具有本学科的基础理论知识和方法，在掌握机械工程、自动化、材料和计算机等多学科的专业知识的同时，深入掌握增材制造和生物制造等领域的专业知识。学科培养挂靠于上海大学快速制造工程中心。以人类缺损组织/器官的修复与再生为主要研究目标和研究对象，研究以增材制造技术为核心的数字化建模理论与方法，生物材料设计、制备及评价的理论及方法，材料/细胞的增材制造制备工艺及装备的基础理论、方法和技术，增材制造的人工组织/器官修复体生物学性能分析与评价，以及与增材制造技术紧密相关的前/后端关键处理系统及装备等 |

此外，2018 年 3 月，人力资源和社会保障部颁布《全国技工院校专业目录（2018 年修订）》，决定自 2018 年秋季学期开始施行 2018 版技工院校专业目录，新目录中“01 机械类”新增“3D 打印技术应用”专业。2018 年 12 月，教育部办公厅印发《关于征求对新版〈中等职业学校专业目录〉意见的函》，其中新版专业目录“05 加工制造类”新增“增材制造技术应用”专业，对应职业（岗位）

为模具设计工程技术人员、工具钳工。

### 7.1.3 培养模式分析

根据培养主体不同，可将人才培养模式分为高校培养模式、职业院校培养模式、企业及科研机构培养模式、教育机构培养模式四类。

**1. 高校培养模式**

高校培养主要以学历教育为主，是立足于创新型人才培养要素的宽口径基础教育。目前，众多高校开始涉足增材制造人才培养，以基础理论和应用型科学研究人才为培养目标，培养顺应技术和产业发展的创新型复合人才。主要做法是：积极探索增材制造人才培养模式，在本科阶段开设增材制造相关公共课程，在研究生教育阶段开设增材制造相关学科或研究方向。

增材制造技术具有跨学科交叉、综合集成的特点，对学生的实践能力也有着较高的要求。因此，无论是技术应用型人才培养还是研究型人才培养，各高校多采用“产学合作、协同育人”的培养模式，通过校外资源引入、企业合作、人才引进等方式强化对学生实践能力的培养。地方高校将人才培养、科学研究与地方区域经济发展服务相结合，开展“校企地”多元合作模式。随着技术的不断发展，增材制造行业对人才提出更高要求，这意味着高校需加快人才培养模式的变革，积极培养符合市场需求的创新型技术应用人才和科研人才。

**2. 职业院校培养模式**

职业院校增材制造人才培养模式与高校类似，但人才培养的定位更偏向于增材制造技术产业应用型人才，更多采用企业合作、定向培养和专业共建等方式，突出人才培养的就业导向，以实现职业教育与增材制造产业人才需求的高度契合。当前，职业院校设置“3D 打印技术应用”专业，依据地方产业发展特色，面向增材制造设备生产及应用企业，针对性地培养掌握 3D 建模与增材制造的知识和技能，具备增材制造技术应用能力，能够从事增材制造产品设计、3D 测量与逆向造型，以及增材制造设备操作、维护与管理等工作的专业技能应用型人才。

**3. 企业及科研机构培养模式**

在增材制造人才匮乏的情况下，为满足企业快速发展需求，企业通过开展校企合作、人才培训等方式承担起培养人才的部分职能。校企合作能够充分利用学校与企业、科研机构等多种不同教学环境和教学资源以及各方在人才培养方面的优势，把以课堂传授知识为主的学校教育转变为以直接获取实际经验、实践能力为主的、生产科研实践有机结合的教育形式，助力创新型人才培养质量和创新教育水平的提升。增材制造企业开展校企合作情况见表 7-8。

表 7-8 增材制造企业开展校企合作情况

| 企业 | 合作高校 | 校企合作情况 |
|---|---|---|
| 先临三维科技股份有限公司 | 清华大学、浙江大学、华南理工大学、浙江机电职业技术学等 | 企业与科研院所、高校保持产学研合作，努力推进新技术的研发和推广，如与清华大学、浙江大学等知名高校建有 3D 数字化或增材制造技术联合实验室，这为企业技术创新注入了新活力，也为企业技术人才的培养提供了充裕的后备力量 |
| 中国航天科工集团增材制造创新中心 | 北京航空航天大学、西北工业大学等 | 在毕业生人才引进等方面，与北京航空航天大学、西北工业大学等国内多所高校建立了密切合作关系 |
| 上海航天设备制造总厂 | 清华大学、华中科技大学、同济大学、上海交通大学等 | 与清华大学、华中科技大学、同济大学、上海交通大学等 10 余所高校开展相关领域合作 |
| 南京中科煜宸激光技术有限公司 | 南京大学、南京航空航天大学、南京理工大学、天津工业大学、北京工业大学、南京工业大学等 | 与南京大学、南京航空航天大学、北京工业大学、南京工业大学等高校研究团队共同开展技术攻关 |
| 鑫精合激光科技发展(北京)有限公司 | 清华大学、北京工业大学等 | 与清华大学、北京工业大学等高校建立合作关系，开展技术研究 |
| 中航迈特粉冶科技(北京)有限公司 | 北京科技大学、南京工业大学、北方工业大学等 | 与北京科技大学、南京工业大学建立大学生就业实习基地；与北方工业大学建立实践教学基地 |
| 康硕集团 | 北京工业大学等 | 建立康硕集团北京工业大学激光工程研究院博士站，与北京工业大学 3D 打印工程技术研究中心签订战略合作协议 |
| 北京三帝科技股份有限公司 | 南京工业大学、哈尔滨工程大学、大连理工大学、江苏科技大学、北京石油化工学院、东北林业大学等 | 与南京工业大学、哈尔滨工程大学、大连理工大学、江苏科技大学、北京石油化工学院等高校建立联合实验室；与东北林业大学建立实习基地 |
| 西安点云生物科技有限公司 | 西安电子科技大学、西北工业大学、第三军医大学等 | 与西安电子科技大学材料学院共建产学研实践基地；与西北工业大学共建先进材料高性能计算联合创新中心；与第三军医大学共建 3D 生物打印骨组织工程实验室 |

（续）

| 企业 | 合作高校 | 校企合作情况 |
| --- | --- | --- |
| 南京铖联激光科技有限公司 | 南京航空航天大学、南京理工大学等 | 与南京航空航天大学、南京理工大学等高校建立合作伙伴关系，在新产品开发、科研攻关、人才培养过程中，积累经验，提升研发水平 |
| 北京康普锡威科技有限公司 | 北京科技大学、北京工业大学等 | 与北京科技大学、北京工业大学等国内多所高校建立良好的人才交流机制 |
| 安徽春谷3D打印产业园 | 南京工业大学、哈尔滨工业大学、中国科学技术大学、安徽机电职业技术学院等 | 春谷3D打印产业园与多所高校建立校企合作关系，在实验室建设、人才培养等方面开展全方位合作 |

注：资料由中国增材制造产业联盟整理。

专业化培训能够根据市场和企业需求，在短期内培育和提升增材制造人才的能力。中国增材制造产业联盟对部分企业开展人才培训情况进行了调查统计，调查结果见表7-9。

表7-9 增材制造企业开展人才培训情况

| 企业 | 企业人才培训情况 |
| --- | --- |
| 先临三维科技股份有限公司 | 公司年均培训100余场，培训1 290人次，人均培训20小时。通过开展“最美和声”“我为先临代言”“围炉夜话”“领导力通行证”“小青豆训练营”“职场达人训练营”“技能大比拼”等一系列内部品牌活动，从各个维度激发员工学习和分享热情，全面提升员工的专业技能、知识水平以及工作幸福感 |
| 中国航天科工集团增材制造创新中心 | 近些年，已派出两批人员前往国外进行增材制造技术培训与学习，同时内部定期组织人员进行工艺技术与设备操作的专业化培训 |
| 中航迈特粉冶科技(北京)有限公司 | 每年对研发人员、技术人员定期进行内部培训；派员工参加学术会议，开拓员工视野，使他们了解行业发展趋势；安排员工参加职业技能培训；不定期邀请外部专家对管理层、研发及技术人员进行相关培训 |
| 南京中科煜宸激光技术有限公司 | 每年投入近20万元开展人才培训工作，保障公司人才队伍规范化建设、科学化管理 |
| 北京三帝科技股份有限公司 | 公司内部内训讲师定期组织开展专业知识的分享和交流；派骨干人员参与行业论坛或讲座 |

（续）

| 企业 | 企业人才培训情况 |
| --- | --- |
| 北京康普锡威科技有限公司 | 公司积极开展全方位的人才培训项目，包括管理、研发、前沿技术等多方面，并积极邀请国内外专家开展培训工作 |
| 上海航天设备制造总厂 | 每月开展内部培训，每年定期组织外部培训，加强人才培养，提升技术水平 |
| 西安点云生物科技有限公司 | 2017年，公司委外及内部培训达到60余场次，涉及医疗器械、增材制造、质量管理体系等内容 |
| 康硕集团 | 公司内部不定期开展技术人员专业技术培训、市场人员增材制造技术及行业发展培训等 |

注：资料由中国增材制造产业联盟整理。

**4. 教育机构培养模式**

当前，社会教育机构纷纷进入增材制造领域，如商鲲智能制造学院、广州迪迈珠宝3D设计学院、朗恩3D打印教育学院等，针对新形势下增材制造等热门行业用工形式及就业观念的转变，开展订单式专业技能人才培养，探索培养增材制造新技术需要的融合模具、设计、制造、开发、服务等多学科的高素质创新型技能人才。教育机构开展人才培养情况见表7-10。

**表7-10　教育机构开展人才培养情况**

| 培训机构 | 开设课程 | 培养目标 |
| --- | --- | --- |
| 商鲲智能制造学院 | 计算机应用基础、增材制造技术导论、工程制图、程序设计、电子技术、造型材料与工艺、单片机原理与接口技术、3D打印机组装与测试、ZBrush3D雕刻、工业设计、快速建模、计算机辅助设计 | 能够掌握3D设计软件、逆向造型、3D扫描技术以及设备的操作技能；掌握增材制造产品（零部件/模具）的简单的后期处理技巧等 |
| 广州迪迈珠宝3D设计学院 | Matrix、Zbrush和JewelCAD等珠宝设计软件 | 全力打造一套完善的3D珠宝设计在线教学平台，培养增材制造珠宝设计师 |
| 朗恩3D打印教育学院 | 3D Magic立体影像 / 变图设计制作软件 | 掌握三维建模与增材制造的知识与技能，具备增材制造技术应用能力，能从事3D产品设计 |

注：资料由中国增材制造产业联盟整理。

### 7.1.4 行业需求分析

**1. 人才需求规模分析**

当前，我国增材制造企业超过 500 家，人力资源咨询机构 WANTED Analytics 发布的全球增材制造行业人员招聘与雇佣趋势报告显示，近几年来市场上对增材制造相关技能人员的需求量持续上升，发布的招聘广告数量增长 18 倍。

2018 年年底，中国增材制造产业联盟对国内增材制造领域 36 家重点企业从业人员规模进行了摸底统计。从企业性质来看，人才需求主要集中在民营企业。从规模来看，从业人员规模在 100 人以上的企业人才需求旺盛，其中先临三维科技股份有限公司 2018 年人才引进量达到 250 人次，占到从业人员总规模的 28.3%，应届生占当年人才引进量的 16.8%，主要来源于中国民航大学、浙江工业大学、杭州电子科技大学、马斯特里赫特大学等高校。国内增材制造领域主要企业从业人员规模见表 7-11。

表 7-11 国内增材制造领域主要企业从业人员规模（2018 年 11 月统计）

| 企业名称 | 所在地区 | 企业性质 | 业务范围 | 从业人数/人 | 2018 年人才引进数量 / 人 |
|---|---|---|---|---|---|
| 先临三维科技股份有限公司 | 浙江 | 民营 | 3D 扫描、增材制造、3D 机器人引导系统 | 884 | 250 |
| 西安铂力特增材技术股份有限公司 | 陕西 | 民营 | 金属增材制造设备、原材料、工艺设计开发、软件定制化产品 | 400 | — |
| 浙江闪铸三维科技有限公司 | 浙江 | 民营 | 增材制造软件、设备、耗材及服务 | 357 | 101 |
| 湖南华曙高科技有限责任公司 | 湖南 | 民营 | 金属/尼龙增材制造设备制造、材料开发及服务 | 280 | — |
| 南京中科煜宸激光技术有限公司 | 江苏 | 民营 | 增材制造装备、核心器件及金属粉末研发等 | 165 | 49 |
| 北京康普锡威科技有限公司 | 北京 | 国有 | 专用材料研发与服务 | 146 | — |
| 鑫精合激光科技发展（北京）有限公司 | 北京 | 民营 | 装备生产、软件定制开发、技术咨询与服务等 | 142 | 142 |
| 广东峰华卓立科技股份有限公司 | 广东 | 民营 | 砂型增材制造装备研发与制造、技术服务等 | 131 | — |

（续）

| 企业名称 | 所在地区 | 企业性质 | 业务范围 | 从业人数/人 | 2018年人才引进数量/人 |
|---|---|---|---|---|---|
| 北京三帝科技股份有限公司 | 北京 | 民营 | 工业级增材制造系统、精准医疗应用等 | 103 | 29 |
| 康硕集团 | 北京 | 民营 | 增材制造技术、研发、材料、工艺等 | 103 | 20 |
| 北京太尔时代科技有限公司 | 北京 | 合资 | 为工业设计、小批量生产和教育等各领域提供增材制造解决方案 | 96 | 9 |
| 中航迈特粉冶科技(北京)有限公司 | 北京 | 民营 | 增材制造专用金属材料研发与生产 | 60 | 18 |
| 芜湖西通三维技术有限公司 | 安徽 | 民营 | FDM、SLA、DLP 系列 3D 打印机生产及软件开发 | 54 | — |
| 上海航天设备制造总厂 | 上海 | 国有 | 增材制造装备制造、工艺研发、软件开发及应用服务等 | 40 | 40 |
| 航天科工增材制造创新中心 | 北京 | 国有 | 原材料、装备、应用及系统解决方案服务于一体的全产业链 | 23 | 3 |

注：资料由中国增材制造产业联盟整理。

据统计，在2016—2018年的3年间，企业人才引进规模逐年增长，年均增速超过20%。2018年，企业人才引进总量为661人，应届生数量为97人，比2017年分别增长10.7%和15.4%，如图7-3所示。

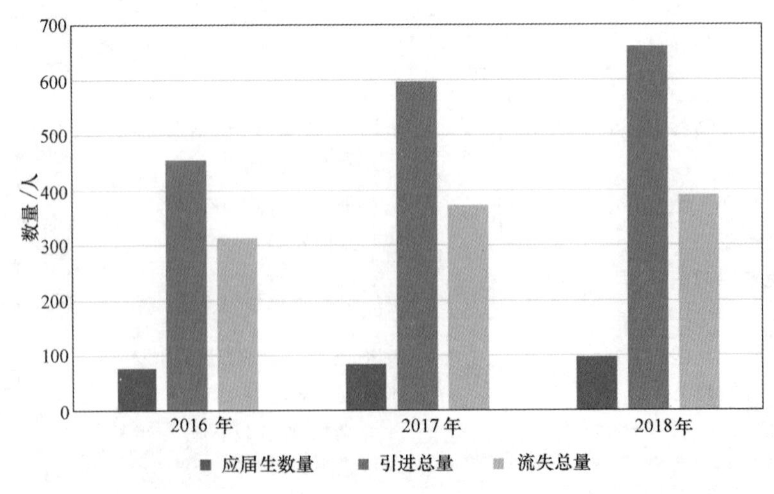


**图 7-3　2016—2018 年联盟主要企业从业人员引进与流失量情况**

数据来源：中国增材制造产业联盟。

调查发现，人才流失问题普遍存在，并已成为制约民营企业健康稳定发展的主要障碍之一。36 家重点联系企业三年间人才流失总量为 1 077 人，部分企业人才流失率达到 30% 以上。据企业反馈，流失原因主要集中在个人职业发展、企业薪酬福利、企业人员优化等方面。全球咨询公司 Alexander Daniels Global 2017 年的调查结果显示，增材制造行业从业人员流动原因集中在薪酬、项目吸引力、环境/文化、职业发展、福利、通勤/居住地变更、挑战性等方面，其中薪酬、职业发展和通勤/居住地变更占比较高，分别为 70%、65%、65%（见图 7-4）。

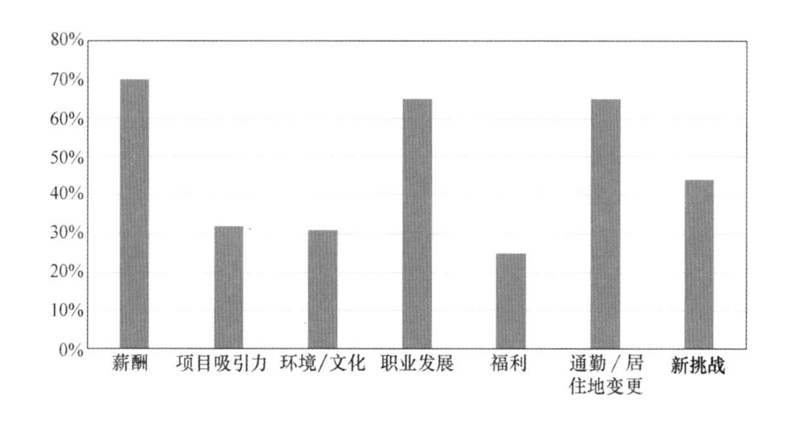


图 7-4　增材制造从业人员流动原因占比情况

数据来源：Alexander Daniels Global，中国增材制造产业联盟整理。

**2. 人才需求结构分析**

中国增材制造产业联盟对 36 家重点联系企业从业人员基本情况调查统计的结果显示：

1）从性别结构来看，男性是增材制造行业从业人员的主体，占比达到 68.6%，女性占比为 31.4%（见图 7-5）。

2）从年龄结构来看，增材制造产业从业人员年龄主要集中在 35 岁以下，占总人数的 72.9%，人员结构相对年轻化（见图 7-6）。随着人才培养规模的不断扩大，后备力量逐步增加，这有利于中小型企业的持续发展。

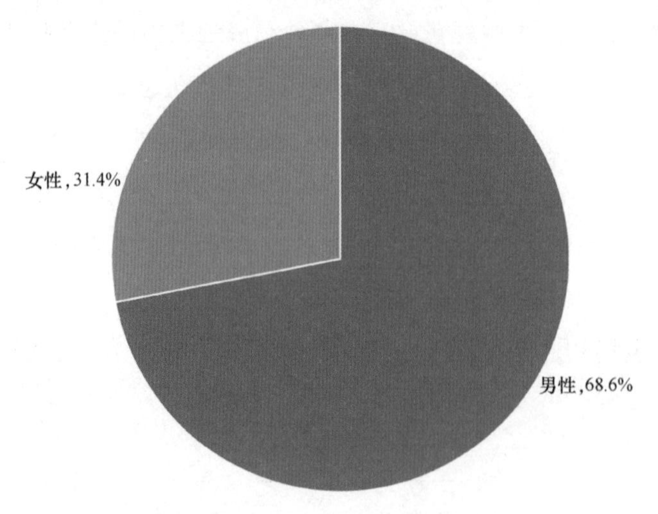


图 7-5　企业从业人员性别结构

数据来源：中国增材制造产业联盟。

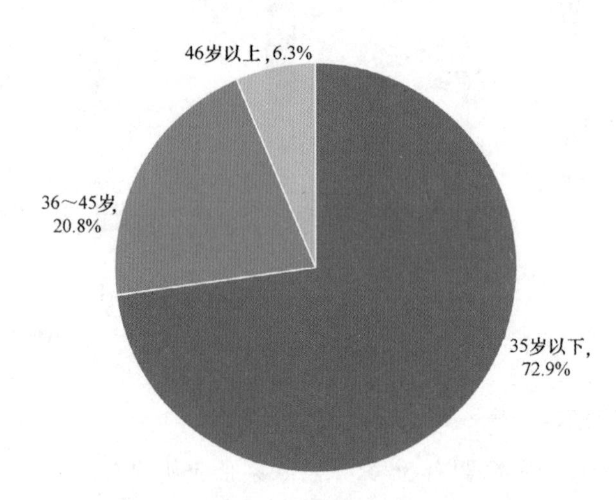


图 7-6　企业从业人员年龄结构

数据来源：中国增材制造产业联盟。

3）从学历结构来看，本科及以上学历从业人员占比为 50.7%，其中硕士占比 35.1%，博士及以上占比 3.2%，行业整体学历水平相对较高（见图 7-7）。另外，企业从业人员专科及以下学历占比达到 49.3%，这也凸显出职业教育在技能人才培养中的重要作用。

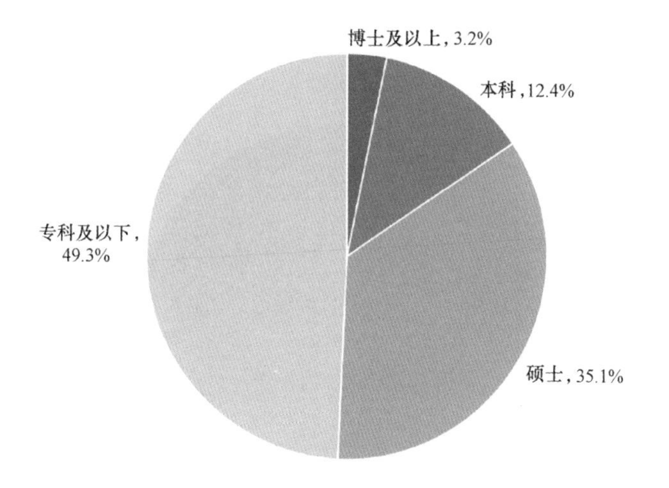


图 7-7　企业从业人员学历结构

数据来源：中国增材制造产业联盟。

**3. 人才能力需求分析**

增材制造技术综合性较强，由于人才所处产业链存在差异，相关企业对人才能力要求也不相同，人才能力总体要求见表 7-12。

表 7-12　人才能力总体要求

| 产业链 | 增材制造代表企业 | 人才能力总体要求 |
| --- | --- | --- |
| 上游 | 无锡飞而康、浙江亚通焊材、中航迈特、深圳光华伟业、大族激光等 | 了解并掌握机械工程、计算机技术、数控技术、材料科学、生物工程等不同学科的专业基础知识，精通增材制造技术工艺、设备、材料等知识，拥有极强的创新意识和研发能力 |
| 中游 | 湖南华曙高科、西安铂力特、南京中科煜宸、鑫精合、先临三维、隆源成型、清研智束等 | 侧重于机械制造、机械控制、软件算法以及材料配方等与市场需求紧密相关技术应用层面的专业基础。精通增材制造工艺、设备、材料等知识，具备敏锐市场嗅觉、较强研发能力 |
| 下游 | 上海极臻三维、青岛三迪时空等 | 熟悉增材制造技术工艺、设备、材料等知识，深刻了解增材制造技术及其产业链的运作，拥有丰富的市场和商业的知识与实践能力，具备极强的商业创新意识 |

**4. 人才岗位需求分析**

中国增材制造产业联盟对 36 家重点联系企业人才岗位需求统计结果显示（见

图 7-8），业务销售、软件工程师、材料 / 工艺研发工程师、应用工程师等岗位占比较高，分别为 18%、16%、13%、10%。

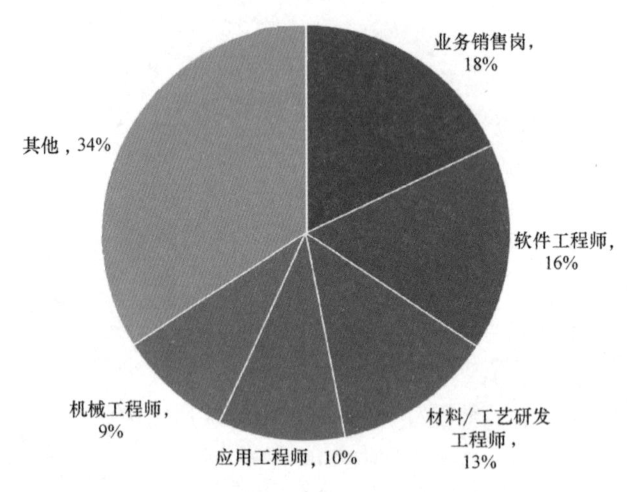


**图 7-8 重点企业人才岗位需求情况**

数据来源：中国增材制造产业联盟。

未来数年，增材制造行业对人才的需求会逐步增多，尤其是销售、工艺研究、材料开发以及工程应用和服务等方面专业人员。随着越来越多的企业进入市场，经验丰富的专业销售人员需求旺盛。由于制造商采用开源平台的趋势，材料开发企业的增多加大了对具有材料开发能力人才的需求。同时，随着增材制造技术应用不断深化，将需要更多的工程专业人员。从对人才岗位需求情况的统计结果中也可以发现，行业已经对增材制造的智能化趋势做出了反应，目前正在寻求更多的软件开发专业人员，尤其是具备云解决方案等专业知识的人才。部分企业 2018 年岗位需求统计见表 7-13。

**表 7-13 部分企业 2018 年岗位需求统计**

| 企业 | 岗位 | 学历 | 年限 | 职业描述 / 专业领域 |
| --- | --- | --- | --- | --- |
| 先临三维科技股份有限公司 | 材料/工艺研发工程师 | 硕士及以上 | 不限 | 材料开发或工艺开发工作 |
| | 结构设计工程师 | 硕士及以上 | 不限 | 产品结构设计工作 |
| | 软件工程师 | 硕士及以上 | 不限 | 上位机软件开发工作 |
| | 算法工程师 | 硕士及以上 | 不限 | 算法开发工作 |

（续）

| 企业 | 岗位 | 学历 | 年限 | 职业描述 / 专业领域 |
| --- | --- | --- | --- | --- |
| 先临三维科技股份有限公司 | 应用工程师 | 本科及以上 | 不限 | 产品应用案例搜集及推广工作 |
| | 标准化工程师 | 本科及以上 | 一年及以上 | 标准化文件整理及制定工作 |
| | 业务销售岗 | 本科及以上 | 两年及以上 | 公司产品的营销推广工作 |
| | 管理岗 | 硕士及以上 | 五年及上以 | 相应业务及团队管理工作 |
| 南京中科煜宸激光技术有限公司 | 软件工程师 | 本科及以上学历 | 八年 | 计算机、软件工程等相关专业毕业；拥有丰富产品开发或测试经验，熟悉BS\CS架构，掌握C语言、java、.net、Oracle、mysql等编程或产品测试技能；熟悉需求分析或解决方案文档的编写，具备良好的文档编制逻辑和书写规范 |
| 中航迈特粉冶科技(北京)有限公司 | 材料 / 工艺研发工程师 | 本科及以上 | 不限 | 金属粉末材料研发生产工作 |
| | 机械工程师 | 大专及以上 | 五年以上 | 设备设计、机械方针、图样绘制、设备安装调试 |
| | 业务销售岗 | 专科及以上 | 不限 | 市场开拓、产品销售 |
| | 技术骨干 | 专科及以上 | 不限 | 金属粉末生产技术 |
| 上海航天设备制造总厂 | 结构设计工程师 | 硕士及以上 | 不限 | 机械制造及其自动化、机械电子工程、机械设计及理论、航空宇航制造工程、电气工程、自动化等专业 |
| | 机械工程师 | 硕士及以上 | 不限 | |
| | 电气工程师 | 硕士及以上 | 不限 | |
| 中国航天科工集团增材制造技术创新中心 | 材料 / 工艺研发工程师 | 硕士及以上 | 三年以上 | 金属材料工程、材料加工工程等专业 |
| | 机械工程师 | 硕士及以上 | 三年以上 | 机械设计与自动化等专业 |
| | 电气工程师 | 硕士及以上 | 三年以上 | 电气自动化等专业 |
| | 软件工程师 | 硕士及以上 | 三年以上 | 计算机科学与工程、软件工程等专业 |
| | 算法工程师 | 硕士及以上 | 三年以上 | 数学、计算机科学与工程等专业 |
| | 业务销售岗 | 本科及以上 | 三年以上 | 专业不限 |

（续）

| 企业 | 岗位 | 学历 | 年限 | 职业描述 / 专业领域 |
|---|---|---|---|---|
| 北京三帝科技股份有限公司 | 材料 / 工艺研发工程师 | 硕士及以上 | 三年及以上 | 金属材料工艺开发工作 |
| | 机械工程师 | 硕士及以上 | 两年及以上 | 设备开发工作 |
| | 电气工程师 | 硕士 | 三年及以上 | 电气开发工作 |
| | 软件工程师 | 硕士及以上 | 两年及以上 | 软件编程工作 |
| | 应用工程师 | 硕士 | 三年及以上 | 增材制造技术应用相关工作 |
| | 业务销售岗 | 大专及以上 | 3～5年 | 负责市场开拓、客户关系维护 |
| 北京康普锡威科技有限公司 | 材料 / 工艺研发工程师 | 硕士 | 不限 | 具备金属材料、热处理专业知识基础 |
| | 软件工程师 | 硕士 | 不限 | 拥有增材制造相关经验 |
| 北京锐海三维科技有限公司 | 材料 / 工艺研发工程师 | 硕士及以上 | 三年以上 | 材料相关专业<br>具有良好表达和沟通能力，高度责任心，工作认真细致；<br>具备良好的服务意识与团队协作精神 |
| | 结构设计工程师 | 本科及以上 | 三年以上 | 机械设计及自动化相关专业；五年以上电子产品设计（机箱、机柜等结构件设计）相关工作经验，具备电磁兼容等理论知识；精通 Solidworks、AutoCAD 等制图软件，有 3D 建模能力，会编写相应的作业文件；具有结构仿真和力学计算、电机选型、非标设备设计等能力 |
| | 机械工程师 | 本科及以上 | 三年以上 | 能独立完成整台机器的项目方案、产品治具和零部件的设计，掌握配件的加工工艺，有组织及监督技术员进行设备的组装工作、机器性能调试及产品售后问题处理能力 |

（续）

| 企业 | 岗位 | 学历 | 年限 | 职业描述 / 专业领域 |
|---|---|---|---|---|
| 北京锐海三维科技有限公司 | 软件工程师 | 本科及以上 | 三年以上 | 负责点云软件的开发，基于点云数据的数据处理、算法，面向机器人 / 无人驾驶的深层次领域。要求精通 C++、QT，熟悉 PCL、OPENGL、VTK，熟悉 ROS 平台，掌握多线程编程技术和底层驱动开发技术，熟悉 TCP/IP、UDP 传输协议，熟悉通信接口开发技术等。 |
| | 业务销售岗 | 大专及以上 | 三年以上 | 负责公司产品的销售及推广；根据市场营销计划，完成部门销售指标；开拓新市场，发展新客户，扩大产品销售范围；负责辖区市场信息的收集及竞争对手的分析；负责销售区域内销售活动的策划和执行，完成销售任务 |
| | 管理岗 | 本科及以上 | 三年以上 | 熟悉行政管理知识及工作流程，熟练运用 OFFICE 等办公软件；工作仔细认真、责任心强、为人正直，具备较强的书面和口头表达能力；性格活泼开朗、头脑灵活、气质佳、有亲和力，具有一定的办公室后勤管理工作经验 |
| 浙江闪铸三维科技有限公司 | 材料 / 工艺研发工程师 | 大专及以上 | 三年以上 | 电子机电类 |
| | 机械工程师 | 本科及以上 | 三年以上 | 机电类 |
| | 电气工程师 | 大专及以上 | 三年以上 | 电子类 |
| | 软件工程师 | 本科及以上 | 三年以上 | 电子机电类 |
| 南京铖联激光科技有限公司 | 材料 / 工艺研发工程师 | 博士 | 三年及以上 | 增材制造研究领域 |
| | 机械工程师 | 本科 | 三年及以上 | 机械/自动化 |
| | 电气工程师 | 本科 | 两年及以上 | 电气/机电一体化 |
| | 软件工程师 | 本科 | 两年及以上 | 软件类 |
| | 业务销售岗 | 本科 | 一年及以上 | 不限 |

### 7.1.5 薪酬情况分析

据全球咨询公司 Alexander Daniels Global 对欧洲、美国、亚太地区增材制造行业中包括设备商、材料商、软件开发商等在内的 5 000 名专业人员薪酬情况的调查结果：拥有 2 ～ 5 年工作经验的增材制造从业人员的岗位和薪酬水平如图 7-9 所示，美国薪酬水平普遍高于欧洲和亚太地区，其中研发与工程岗位从业人员年薪达到 100 000 美元，其次是应用与咨询岗位、软件开发岗位。

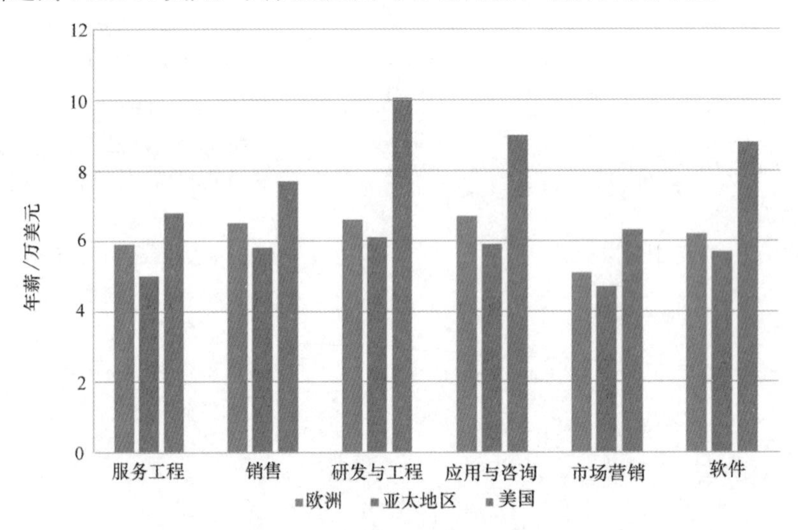


图 7-9 全球增材制造行业不同岗位薪酬情况（2 ～ 5 年工作经验）

数据来源：Alexander Daniels Global，中国增材制造产业联盟整理。

在全球范围内，2017 年增材制造行业从业人员薪酬平均涨幅为 9%。由于增材制造行业与其他行业竞争人才，因而初级专业人士（0 ～ 2 年工作经验）获取了更高的薪酬涨幅。Alexander Daniels Global 认为，增材制造市场的成熟是薪酬显著增长的一个重要因素。全球增材制造行业不同岗位薪酬涨幅情况见表 7-14。

表 7-14 全球增材制造行业不同岗位薪酬涨幅情况

| 岗位 | 薪酬现状 |
| --- | --- |
| 服务工程岗 | 通过良好的售后服务，企业可以从竞争对手中脱颖而出并获得竞争优势，因此对服务工程岗位专业人员的需求显著增长。2017 年，欧洲地区的服务工程岗位薪酬较前一年相比涨幅达到 20%，在美国和亚太地区，薪酬涨幅较为温和，高端人才薪酬有所增长 |

（续）

| 岗位 | 薪酬现状 |
| --- | --- |
| 产品销售岗 | 熟练的销售专业人员是目前增材制造行业最受欢迎的人才，特别是具备技术背景、了解产品应用领域工艺、了解机械和设备原理的销售工程师。此外，软件和材料方面的销售人员需求也在不断增加。近年来，销售岗位薪酬稳步增长，增长率为10%～13% |
| 研发与工程岗 | 在美国，拥有0～10年经验的研发人员，薪酬平均涨幅达到24%。在欧洲和亚太地区，薪酬增长幅度约6%。美国通过更高的薪水，来吸引全球顶尖人才，推动增材制造技术的研发攻关 |
| 应用与咨询岗 | 在应用和咨询方面，亚太地区和美国的薪酬平均水平保持相对稳定。而在欧洲，拥有0～10年经验的专业人员，薪酬平均涨幅达到13%。此外，在美国，初级专业人士（0～2年工作经验）薪酬涨幅高达27%，这是市场成熟的一个重要标志 |
| 市场营销岗 | 在市场营销专业人员中，拥有0～10年工作经验的人员薪酬平均增长率为8% |
| 软件开发岗 | 软件成为增材制造行业的一个重要的差异化因素，薪酬将会大幅增长。2017年，欧洲地区涨幅为14%，美国涨幅为8%，亚太地区涨幅不高。增材制造业务必须与物联网、虚拟现实、人工智能和大数据等其他新兴行业竞争相同的软件人才，因此必须跟上薪酬的竞争 |

增材制造行业从业者的薪酬与从业人员的学历背景、工作经验关联度较高。当前，国内增材制造行业应届毕业生的薪酬水平见表7-15。从全行业平均薪资来看，国内增材制造行业的整体薪酬处于中上游水平。但由于近些年产业的快速发展，人才培养与产业增速不匹配，造成各企业争夺人才的情况，人才流动速度加快，企业用工成本增加。同时，民营企业面临招工难、用工难的问题。

表7-15　我国增材制造行业应届毕业生薪酬情况

| 应届毕业生学历 | 年薪/万元 |
| --- | --- |
| 大专及以下 | 0～8 |
| 本科 | 6～12 |
| 硕士 | 10～15 |
| 博士及以上 | 12～18 |

与国外情况相比，国内增材制造从业人员的薪酬水平普遍较低，主要原因有：一是国内当前产业发展的规模依然较小，众多民营企业经营困难，从业人员的薪酬无法在短时间内得到明显提升；二是国内增材制造行业还未建立起明确的薪资

标准，这意味着企业给出的薪资无据可依，薪资差异化明显。

## 7.2 我国增材制造产业人才政策概况

### 7.2.1 国家政策

人才是发展壮大战略性新兴产业的首要资源，我国高度重视增材制造产业人才发展，出台了一系列政策以破解人才短缺难题。

（1）《“十三五”国家战略性新兴产业发展规划》 2016 年 12 月 19 日，国务院印发《“十三五”国家战略性新兴产业发展规划》，指出要打造增材制造产业链，并提出要加强人才培养与激励。一是培养产业紧缺人才，实施战略性新兴产业创新领军人才行动，聚焦重点领域，依托重大项目和重大工程建设一批创新人才培养示范基地，重点扶持一批科技创新创业人才；二是鼓励科技人才向企业流动，落实国家对科研人员的各项激励措施，鼓励企业通过股权、分红等激励方式，调动科研人员创新积极性；三是充分利用全球人才，在充分发挥现有人才作用基础上引进培养一批高端人才。

（2）《增材制造产业发展行动计划（2017—2020 年）》 2017 年 11 月 30 日，工业和信息化部、国家发展改革委、教育部等十二部门联合印发《增材制造产业发展行动计划（2017—2020 年）》，提出要健全增材制造人才培养体系。推进产学合作协同育才，扩大增材制造相关专业人才培养规模，加强配套支撑的课程设计、教材开发、师资队伍、专门实验室等方面的建设，建成一批人才培养示范基地。加强海外高层次科技、经营人才的引入和国际化人才的培养，建立和完善人才激励机制，落实科研人员科技成果转化的股权、期权激励和奖励等收益分配政策，形成与增材制造产业发展需求相适应的人力资源管理体系。

（3）《普通高中课程方案和语文等学科课程标准（2017 版）》 2017 年 12 月 29 日，教育部印发《普通高中课程方案和语文等学科课程标准（2017 年版）》，“3D 打印”被纳入《17-1834 普通高中通用技术课程标准》和《17-1847 普通高中信息技术课程标准》两大文件中，并于 2018 年秋季开始执行。在教学内容上，修订后的课程更加与时俱进，努力呈现政治、经济、文化、科技等发展的新成就、新成果。在信息技术和通用技术课程要求中，学生将学习了解 3D 打印、物联网、人工智能、智能家居等新技术，同时还将培养学生的创客精神和创业能力。

（4）《全国技工院校专业目录（2018年修订版）》 2018年4月10日，人力资源和社会保障部颁布《全国技工院校专业目录（2018年修订）》（以下简称《目录》），决定自2018年秋季学期开始施行2018版技工院校专业目录。新目录涵盖15个专业大类、280个专业，列举了54个专业方向，其中新增专业第一大类——机械类已明确的专业就有“3D打印技术应用”等新兴技术。《目录》更加全面地体现了我国经济社会发展的新形势和新需求，反映出国家对3D打印等新兴技术人才培养的重视。

（5）《中等职业学校专业目录（征求意见稿）》 2018年12月24日，教育部办公厅发布《关于征求对新版〈中等职业学校专业目录〉意见的函》，《中等职业学校专业目录（征求意见稿）》中“05加工制造类”新增“增材制造技术应用”专业，对应职业（岗位）为模具设计工程技术人员、工具钳工。目录的修订更好地体现了新技术革命和产业升级对职业教育的新要求，促进专业对接产业，有利于引导中等职业学校科学合理地设置和调整专业，提高人才培养质量。

### 7.2.2 地方政策

近年来，北京、陕西、浙江、湖北、广东、黑龙江等地方政府纷纷出台促进增材制造产业发展的政策（见表7-16），其中包括人才配套政策等内容，以期抢抓机遇，通过人才竞争占领增材制造产业高地。

表7-16 地方出台的增材制造相关人才政策

| 地区 | 增材制造产业人才政策情况 |
| --- | --- |
| 北京市 | 2014年1月6日，北京市科委印发《促进北京市增材制造（3D打印）科技创新与产业培育的工作意见》，指出要构建3～4个以企业为主体、产学研用协同创新的3D打印技术创新研究院或应用服务平台，推动北京市成为引领全球的3D打印技术高地和人才聚集地，加强人才引进和培养力度，形成一批3D打印自主创新领军人才和团队等<br>2017年1月13日，北京市印发《北京市“十三五”时期现代产业发展和重点功能区建设规划》，提出要推进增材制造装备等高端装备制造智能化、精细化发展。人才队伍建设方面要集聚全球高端产业人才，强化创新型人才培养 |
| 黑龙江省 | 2017年5月16日，黑龙江省政府印发《黑龙江省增材制造（3D打印）产业三年专项行动计划（2017—2019年）》，指出要开展跨行业、跨地区、跨领域的协同创新，整合互补性资源，协作开展专业人才培养、技术培训等工作，以服务本省装备制造业，带动传统制造业转型升级，加快推动智能制造发展 |

（续）

| 地区 | 增材制造产业人才政策情况 |
| --- | --- |
| 上海市 | 2016年7月1日，上海市印发《上海市制造业转型升级“十三五”规划》，提出加快发展增材制造等战略性新兴产业。构建人才发展体系要以重大项目为载体，引进制造业领域科技前沿、具有国际视野和能力的领军人才和创新团队，鼓励校企联合培养科技人才、管理人才和技能型人才，实施领军人才、青年英才、首席技师等计划，建设高技能人才培养基地；推动新型学徒制、转岗员工再培训等试点，开展在岗人员学力提升计划；完善科研人员兼职兼薪及离岗创业管理政策，健全用人单位和第三方专业机构等市场主体评价人才机制；逐步建立与国际接轨的多层次人才薪酬、考核、管理等相关制度 |
| 江苏省 | 2018年8月28日，江苏省印发《江苏省增材制造产业发展三年行动计划（2018—2020年）》，提出要健全人才培养体系。推进产学合作协同育才，扩大增材制造相关专业人才培养规模，加强配套支撑的课程设计、教材开发、师资队伍、专门实验室等方面的建设，建成一批人才培养基地。加强海外高层次科技、经营人才的引入和国际化人才的培养，建立和完善人才激励机制，落实科研人员科技成果转化的股权、期权激励和奖励等收益分配政策，形成与增材制造产业发展需求相适应的人力资源管理体系 |
| 浙江省 | 2017年5月5日，浙江省高端装备制造业（智能制造）协调推进小组办公室印发《2017年浙江省推进智能制造工作要点》，提出要加强与浙江大学工程师学院合作，支持装备制造骨干企业技术人员报考相关专业研究生，为浙江智能制造发展培养急需和适用人才<br>2018年6月，浙江省政府新闻办召开浙江高端人才集聚政策发布会，指出要全面推行“人才+”行动，“千人计划”“万人计划”主要支持数字经济、人工智能、高端装备、增材制造、科技金融等浙江省重点发展领域 |
| 安徽省 | 2017年7月27日，安徽省芜湖市繁昌县印发《关于3D打印智能装备产业集聚基地发展若干政策规定（征求意见稿）》，指出对符合芜湖市人才分类目录的国内外拔尖人才、领军人才、高端人才或年薪12万以上的其他人才在繁昌创业就业期间，给予地方财政贡献奖励，奖励标准为其缴纳的个人所得税地方留成部分，同时对符合条件的人才给予多项优惠政策 |
| 湖北省 | 2017年1月17日，湖北省经信委印发《湖北省智能制造装备“十三五”发展规划》，指出要重点发展智能增材制造装备，聚焦创新资源，加强关键技术创新，面向创新应用抢抓产业链衍生制高点，构建创新型人才高地 |
| 广东省 | 2017年8月17日，广东省印发《广东省战略性新兴产业发展“十三五”规划》，提出要推进增材制造等智能制造高端化发展，人才发展方面要深化人才发展体制机制改革和政策创新，加速集聚掌握核心技术、引领产业发展的高端人才，强化利益激励机制，最大限度激发创新活力和创造潜能 |

（续）

| 地区 | 增材制造产业人才政策情况 |
| --- | --- |
| 陕西省 | 2016 年 10 月 8 日，陕西省发展改革委印发《陕西省增材制造产业发展规划（2016—2020 年）》，指出要夯实人才队伍建设。一是依托现有增材制造研究中心及实验室，重点培养增材制造核心带头人、专业团队、企业骨干技术人员等应用型人才，对于取得重大研究成果的团队或个人给予相应的奖励。二是发挥本省高校院所优势，加快增材制造产业相关学科建设，着力构建增材制造人才实训基地，全面培养研发、管理和技能型人才。三是制定科研人员成果转化的股权、期权等收益分配激励政策。四是积极争取“千人计划”等项目对增材制造领域倾斜，在落户、住房、子女入学等生活和工作条件方面给予切实优待政策，吸引一批海外领军人才和专业团队来陕创业 |

## 7.3 我国增材制造人才短板分析

**1. 人才数量不足**

人才短缺正成为制约我国增材制造产业发展的主要短板之一。中国增材制造产业联盟预测，未来数年，增材制造领域研发、工程、设计、应用等方面人才数量短缺将达到 800 万人的规模。造成人才数量短缺的原因主要有：一是我国增材制造人才培养体系尚未完善，各层次人才培养跟不上新技术的快速发展；二是增材制造产业发展尚处于起步阶段，产业规模较小，企业研发能力薄弱，不足以支撑长期自主的人才培养；三是受行业环境、企业管理、薪酬制度及个人职业发展规划等因素的影响，民营企业人才流失问题普遍存在。

**2. 培养能力较差**

高校方面，学科建设不完善，多学科协同创新及交叉学科科研课题不足，这些都限制了增材制造复合型人才的培养，同时我国在增材制造原创性技术研发方面与先进国家仍存在一定差距，学生创新能力水平有待提升；职业院校方面，课程培养方案尚处于探索阶段，师资力量薄弱，培养模式单一，缺乏切合工程实际的人才培养体系和机制，而且我国职业教育受重视程度不够，暂不具备培养高级技能人才的能力；此外，企业作为人才培养的重要渠道，还未发挥出相应的作用，行业内大部分企业对人才培训认识不够，培训体系不完整，人力资源竞争力不足。

**3. 管理人才匮乏**

当前，我国增材制造管理人才主要依靠国内现有科研团队或企业自身培养，通过实际的增材制造产业链运作和商业模式创新应用等来持续提升管理经验和技能水平，逐步培养出符合增材制造行业特点的复合型管理人才。但是，现有的增材制造管理人才培养模式和渠道过于单一，这使得一方面大多数企业管理人员还是基于传统思维方式去推动增材制造技术应用及服务，未基于增材制造思维的管理模式和方法去推动企业增材制造技术应用及服务，另一方面也会造成我国增材制造管理人才发展出现断层，不利于后续我国增材制造产业链的高品质发展。

**4. 缺少权威认证**

我国增材制造人才认证工作尚处于起步阶段，人才认证方案不规范，培养考核标准不统一，相关认证市场认可度不高，未能形成增材制造行业标准化的技能水平测试和能力证明体系。缺少权威认证使得增材制造人才的培养缺乏指导，培养方向、目标、标准不明晰，人才的遴选、甄别、招聘、晋级缺乏客观指导标准和参考。破解“缺乏认证导致的人才短板”难题，亟需行业组织联合企业、高校资源，面向社会组织开展增材制造领域不同层次紧缺技能人才的考核与认证，注重学员实际应用能力的评测，打造具有权威性、领先性、实践性的增材制造认证证书，加快推动产业人才的培养与储备进程。

## 7.4 国外增材制造人才发展经验

### 7.4.1 美国

**1. AM 多渠道推动增材制造人才发展**

美国增材制造创新研究机构“美国制造”（America Makes，AM）与教育机构和企业合作，多渠道推动增材制造人才发展。一是系统性搭建增材制造知识体系，确定增材制造劳动力所需工作技能，为职业认证项目的发展奠定基础，同时配合并支持州立、地方教育和培训的课程体系与先进制造技能组合要求相互协调，培养先进知识工人、研究人员和工程师；二是制定劳动力与培训路线图，该路线图包含“知识与意识、竞争力与技能、产业经验、个人提高、规模化与扩散”五个阶段，为人才培训和教育机构及高校设置增材制造课程提供基础；三是赞助各类全国性竞赛，普及增材制造应用，激发年轻人、高技能工人以及创业者的创新活力；四是与多家教育机构合作，提供增材制造系统性培训课程；五是设立“学徒工厂”项目，帮助制造商培养注册学徒，提供在线培训服务，简化跟踪和评估流程；六是与退伍军人增材制造培训和教育机构 3D Veterans 开展合作，为退役老兵开展增材制造训练营，提供技能培训，为新型教育和劳动力开发项目模式奠定基础；七是利用社区学院，扩大教育范围，营造良好产业发展环境。

**2. 高校积极构建高水平人才培养体系**

美国相关高校面向增材制造领域积极开发相关教育模块，并提供设备、软件和材料以支持研究和人才培养工作。宾夕法尼亚州立大学建立增材制造与设计工程硕士培养方案，涉及航空航天、医疗等领域，专注于增材制造如何改变传统行业，其创新材料加工中心正在推进增材制造专用材料和制造方面的研究工作，该中心是 America Makes 的创始成员，致力于技术专家、工程师及科学家等人才的培养和教育，同时也是美国国防部增材制造示范基地。路易斯维尔大学、田纳西理工大学、埃德蒙兹社区学院和辛克莱社区学院共同运营增材制造 - 劳动力进步培训中心（AM-WATCH），中心提供大量开放式在线课程模块、增材制造教学中的 ABET 结果评估、基于工作室的增材制造课程交付以及智能手机可访问的应用程序，满足增材制造人才培养需求。

**3. 校企合作模式突破人才匮乏瓶颈**

人才匮乏是困扰增材制造产业的一个全球性问题，当前较为有效的解决方法之一就是展开校企合作。GE 从基础教育和高等教育两个方面同时入手，推动增材制造人才培育工作。这不仅有益于企业自身发展，也将为整个产业带来积极影响。GE 认为，教育机构为学生提供增材制造设备将有助于加快全球对增材制造技术的应用。自 2017 年以来，GE 开始接受学校申请 GE 增材制造教育项目，并投资 1 000 万美元用于教育计划，以培养增材制造未来技术人才。Stratasys 凭借在增材制造领域积累的丰富知识，助力社区学校、职业技术学院和高校利用增材制造技术培养学生敏锐的批判性思维和协作能力，为在校生提供工程实践经验，使之能够更好地满足增材制造行业的人才需求。面对人才缺口，Stratasys 联合全球顶尖高等院校在北美推出全新的 Stratasys 增材制造认证计划，助力学生快速获得增材制造认证证书，填补增材制造市场巨大的技能型人才空缺。

**4. STEAM 教育保障制造业人才供给**

美国高度重视 STEAM（Science，科学；Technology，技术；Engineering，工程；Arts，艺术；Mathematics，数学）教育的发展，以保证美国先进制造业未来竞争力和创新能力。美国教育部明确提出，要把 STEAM 教育作为学校学科教育的主要内容，认为美国要保持长期繁荣发展，就需要制造业的回归，而基础教育需要为制造业的回归提供人才的准备。美国政府多次强调 STEAM 教育的重要性，并期望达到对制造人才教育的全覆盖，从小学、高中到大学，从再培训、学徒、高等教育到各类能力证书。STEAM 教育强调学以致用，综合运用跨学科的概念引导学生探索、批判、创作。在美国推进先进制造业技术人才发展的过程中，要点是在教育和工作之间，为学生建立强有力的联系，人才培养聚焦于STEAM课程，开发灵活的教育渠道，通过社区学院、职业学院和工作培训项目等培养学生的实践能力，为先进制造业的人才供给提供保障。

### 7.4.2 德国

**1. 先进职教模式培养技术人才**

德国是全球制造业强国，其以学徒制为核心的先进职业教育模式在应用型技术人才培养过程中发挥着核心作用。学徒制职业教育模式是一个社会化的系统工程，需要政府机构顶层设计、教育部门协调推进、全社会共同参与，以实现职业教育与增材制造产业人才需求的高度契合。在这种模式下培养的应用型技术人才作为技术和市场的中介，位于增材制造产业链的上游和中游。这种人才具有某一学科坚实的专业基础，并能将其与增材制造技术充分融合，主要侧重机械制造、控制系统、软件算法以及材料工艺等与市场需求紧密相关的技术应用层面。在完善、先进的职业教育培养体系下，德国在增材制造等新型制造技术领域积蓄了包括工程师、高级技工、普通技工等在内的多层次专业人才。

**2. 行会组织推进职业人才发展**

在德国人才培养体系中，行会是“行业的自我管理组织”，承担着职业人才培养的重任，在增材制造领域， EOS、SLM solutions等企业均须加入相关行业的行会。行会对职业教育的管理主要体现在三个方面：一是职业教育《培训合同》的管理，学徒与培训企业签订《培训合同》是学徒制最重要的特点，合同签订以后，培训企业将一份签名后的合同文本交给学徒或其法定代理人，并将签订记录上交所属行会；二是行会组织的职业资格证书考试，《联邦职业教育法》规定“凡国家承认的培训职业均应举行结业考试”，职业资格证书的结业考试由行会负责；三是行会细致严格的职业教育资格审查与监督，审查确认培训场所的资格以及培训者（实训教师）提交的个人资格和专业资格，并有权对不合格者责令整改。此外，行会还会通过多种方式提高企业参与职业教育的积极性，推进职业人才的发展。

**3. 强化市场导向推进教育改革**

工业4.0背景下，以智能生产为主要特征的制造业生态影响德国劳动力市场人才需求的规模，产业结构的调整会影响技术人员的专业结构，新一轮产业革命也会对专业技术人员从业能力等多方面提出新的要求，给德国人才教育与培养的发展带来新的机遇与挑战。工业4.0打破了传统制造业固定产业线模式，这就要求一线技术人员不仅要拥有分析处理问题的能力，还应具备以信息化素养为首的综合能力，促使其职业教育进行相应改革。德国工商业公会（DIHK）指出，德国职业教育在未来的发展过程中需要培养更多的“弹性化”人才。这也意味着德国职业教育人才培养目标由培养“单一技术”型人才向“多元技术”型人才转变，以适应社会发展的需要。人才的培养需要从市场用人的具体要求出发，制定培养计划，从而不断满足创新型企业对新知识、新技术及应用型人才的需求。尤其针对增材制造等新型制造技术，要着力培养具有技术创新能力和组织管理能力的较高层次多样化人才，使其具备跨学科的学习能力和系统解决问题的能力。

### 7.4.3 日本

**1. 完善职教体系，加强人才培养**

日本提出要重点发展制造业的尖端领域，加快增材制造、机器人等行业的发展。为了保障制造业结构调整，进一步发展高附加值的尖端技术产业，必须加强专业科学技术人才的培养，发展高等职业教育，确保所需的高素质专业技术人才。日本职业教育体系建设重视职业教育体系市场适应性，确保制造业产业结构转型升级的需要；重视职业教育体系层次多样性，满足制造业强国崛起所需的初、中、高级技术人才的现实需要；重视职业教育体系的开放性，促进制造业技能型人才队伍的壮大。

**2. 税收优惠推进企业人才培训**

日本制造业人才培养主要由经济产业省负责，通过培训，重点解决制造现场高水平技术传承问题。日本在2005—2012年间，实施了《人才投资促进税制》，其实质是将国家资金和企业培训有效结合，对企业培训实行税收优惠。依据该制度，企业根据培训费占劳务费的比例，可获得8%～12%的税收减免。若比例高于0.25%，可免缴培训费12%的税金；比例介于0.15%～0.25%，则免缴比例在8%～12%浮动。占比及税率均根据全社会企业培训投资数据测算。此项制度实施后，企业培训费支出显著提高，培训费增加额达到了减税额的1.31倍。

**3. 变革手段促进人才培养**

《日本制造业白皮书(2018年)》中明确提出，要支撑制造业基础教育与研发，变革手段促进人才培养。一是培养面向智能社会的教育和制造业人才，提升科技创新能力，推动社会人士学习，提升制造业领域中女性的活跃度。二是完善培养制造业人才的教育和文化基础，完善数理教育，提升对制造业的相关素养水平，进一步完善职业教育，为加深对制造业的理解而进行职业生涯教育，从文化艺术资源中创造并继承新价值。

**4. 企业文化支撑人才队伍建设**

日本企业内部开展培训活动时，“公司文化”“三级组织”和“人才训练”被反复强调，最典型的体现就是以“全生产系统维护”（TPM）为核心的生产管理体系，其核心思想可以用“三全”来概括：全效率、全系统和全员参与。同时，日本的“雇员终身制文化”将雇员与企业发展紧密联系在一起，使得从业人员的经验和知识能够在企业内部积累、运用和传承。日本企业之间还有独特的“企业金字塔梯队”文化，即以一个巨型企业，如丰田、三菱等为核心，形成一个完整产业链上的企业集群，企业之间保持长期合作，并且互相帮助以改善和提升，保证专业知识在一个更大的体系中不断积累、流通和传承。

## 7.5 我国增材制造人才发展对策建议

**1. 完善高校人才培养体系**

一是推动增材制造相关一级学科的申请和建设。合理调整和设置相关专业，完善学科布局，打破学科间壁垒，突出交叉融合的特点，在教学、科研、实训基地建设等方面予以经费保障和政策支持。二是加快增材制造产学研融合协同育人实践平台的建设。支持高校优化教学实践条件，将平台建设成学生创新创业的实训基地与孵化器，培养增材制造领域人才工程实践能力，缩小高校人才培养与企业用人需求之间的差距。三是推动校企多层次深度合作。产业高端人才的培养不仅要靠高校和科研院所，还要靠领军企业。积极鼓励校企间建立有效的人才培养合作模式，实现人才供需两侧充分对接与融合。

**2. 加强职业技能人才队伍建设**

一是加强增材制造技能人才培养，培育“工匠精神”。推行企业新型学徒制，建立国家基本职业“培训包”制度，鼓励相关企业为职业学校学生实习和教师实践提供岗位。二是确定增材制造行业人才培养培训标准，规范人才认证方案，探索建立标准化职业能力培训认证体系，有效提升我国增材制造从业人员的专业技能。三是大力发展增材制造领域职业教育培训，鼓励社会培训机构参与增材制造产业人才队伍建设工作。制定增材制造人才的终身职业教育路线，通过大力发展职业教育培训解决我国产业人才供给不足的问题。

**3. 重视国际化人才培养与引进**

一是构建增材制造行业人才交流平台。建立国际合作的交流平台和渠道，加强与国外知名研究机构、行业组织、企业的沟通与交流，提升国际化人才培养能力。二是加大增材制造行业海外高端人才的引进力度。增材制造行业高端人才的引进对我国增材制造产业的发展至关重要，国内外对高端人才的争夺异常激烈。针对高端人才的引进，应畅通引进海外高端人才的绿色通道，为海外人才来华工作和创业提供更多便利，保证人才进得来、留得住，创造有利、宽容的环境。

**4. 优化增材制造人才发展环境**

一是发挥行业组织桥梁与纽带作用。依托中国增材制造产业联盟、地方协会等行业组织，联合各地企业和高校、科研院所，建立人才发展工作组，开展增材制造人才培训、人才库建设、人才认证以及行业论坛、竞赛等工作，积极推动增材制造人才发展。二是坚持人才兴业。针对束缚人才创新活力的关键问题，加快推进增材制造人才发展政策和体制创新，保障人才以知识、技能、管理等创新要素参与利益分配，以市场价值回报人才价值，全面激发人才创业创新动力和活力。

# 第8章

# 增材制造行业发展趋势及展望

## 8.1 发展趋势

### 8.1.1 工艺技术趋势

英国 AMFG 公司报告显示，2020 年增材制造行业呈现新的发展趋势。

（1）金属增材制造装备及服务更受青睐　AMFG 公司 2020 年 5 月的报告显示，增材制造市场份额占比最高的分别是金属打印机、聚合物打印机、金属材料、聚合物材料以及桌面级打印机，分别占比 22.5%、14.7%、10.8%、9.5%、8.7%，并且预计未来几年金属增材制造的装备数量会持续增长，并保持领先地位。

（2）复合材料增材制造将成为发展趋势　增材制造材料市场发展的关键趋势有以下特点：

1）向开放材料模式转变。虽然增材制造技术在不断进步，但材料的发展速度仍低于人们的预期，提高材料多样性的一个障碍就是许多增材制造材料的专利性质。一些增材制造厂商开发的机器只能使用该厂商专门开发的材料，这在很大程度上限制了它们的客户使用第三方材料。克服这些限制的解决方案就是开放材料模型，鼓励材料生产商与增材制造机器的制造商合作，为它们的系统开发新材料。

2）对高性能聚合物的需求越来越大。虽然目前像聚乳酸和 ABS 这样的通用聚合物主导着聚合物市场，但对能够承受恶劣环境和高温的强功能材料的需求也在不断增长。事实上，35% 的企业希望在增材制造中应用高性能聚合物，为了应对这一趋势，材料供应商正在开发高性能热塑性塑料，如复合材料、ULTEM、PEEK 和 PEKK。

2020 年是增材制造发展的又一个里程碑，许多行业继续保持增长和演变，随着产量的增加，越来越多的公司扩大其增材制造份额，并向真正的制造应用过渡。推动这一趋势的是对可持续后处理技术的投资，这种技术能够消除劳动密集型人工工作流程的高昂成本，使工作流程完全自动化。为了应对后处理的挑战，市场上已经出现了许多公司，它们开发出了零件清洗、去粉、表面处理和染色的自动化解决方案。

### 8.1.2 装备发展趋势

金属设备厂商稳定增长。根据英国市场分析研究公司 CONTEXT 的调研，过去两年，金属增材制造装备的发货量一直以平均逾 30% 的速度增长。2020 年，增材制造装备产值占比达到 56.3%。许多企业在过去十年陆续进入增材制造行业，同时许多初创公司也在研发和更新已有技术。硬件领域的发展促使速度更快、更可靠的增材制造设备面向生产应用。

复合材料打印是最新亮点。复合材料增材制造市场估值在 27 亿美元左右，其中将近一半的收入来自硬件。这一领域增长的关键驱动力之一是简化和降低了传统复合材料制造成本。而且复合材料增材制造可以通过自动化复合零件的生产来简化过程。对复合材料增材制造的投资与合作也在不断增多。

桌面级增材制造打印机已经成为重要部分，它使增材制造能以低成本进行生产。对小型工业系统的需求是桌面增材制造设备在工业应用中兴起的关键因素。

陶瓷增材制造还没有形成像聚合物以及金属增材制造这样成熟的技术，仍然处于早期发展阶段，但这项技术预计将在未来 5～6 年内达到成熟。

### 8.1.3 行业应用趋势

（1）工业应用领域注重增材制造解决方案　工业领域一直是增材制造行业的重要应用领域，2020 年增材制造与工业领域的结合更加紧密。

（2）在定制鞋类、眼镜和牙科等领域将有新增长　增材制造技术在鞋类、眼镜和牙科正畸等领域的应用需求正在逐渐增加。其中在鞋类行业有巨大的应用空间，这对于推动增材制造行业发展具有重大意义。SmartTech 称，鞋类增材制造在未来 10 年内产值将增加到 63 亿美元。鉴于增材制造的个性化定制特点，其在牙科正畸和眼镜行业也将呈现增长态势。

（3）增材制造有助于车辆的电动化转型　当前汽车行业正经历转型，从燃油汽车转向电动汽车，汽车制造商越来越多地转向增材制造和数字制造，以便争取更大的竞争优势。随着电动汽车的推广和应用，汽车制造商将继续利用金属和塑料增材制造技术赋能动态供应链，以加快其设计和开发速度。增材制造技术帮助汽车制造商生产传统工艺无法加工的汽车零件，从而将电动汽车设计与制造能力推向新的进程。

## 8.2 发展展望

### 8.2.1 产业规模

Wohlers Associates（2020）预测，到 2025 年，全球增材制造产业产值将达到 477 亿美元。当前，全球经济已达到 80 万亿美元，其中制造业占比 16%，达到 12.8 万亿美元，而 2019 年增材制造产业总产值为 118.67 亿美元，仅占制造业的 0.092 7%，占比仍不到 1%。Wohlers Associates 认为增材制造产业产值会超过制造业总产值的 5%。

英国市场研究公司 IDTechEx 预计，2025 年全球增材制造材料市场规模将超过 50 亿美元。根据估算，2019 年，我国金属粉末材料消费市场约有 2 亿元，连续五年保持 30% 以上的增长，在可预见的未来，金属粉末材料市场规模还将保持快速增长的势头。供应商方面，全球有山特维克、LPW、TLS、普莱克斯、欧瑞康、AP&C、泰科纳等材料生产商供应增材制造金属粉末材料。GE 旗下的加拿大金属粉末制造商 AP&C，投资超过 3 000 万美元在蒙特利尔建造了粉末材料自动化工厂，为增材制造行业供应金属粉末。国内也涌现出一批优质生产企业：无锡飞而康钛合金粉末产品获得江苏省药监局医疗许可；北京德普润钴铬合金粉末取得三类医疗许可证；江苏威拉里新材料的模具钢、铝合金和高温合金粉末产品得到国内市场广泛认可，其模具钢粉末市场占有率超过 70%，铝合金产品在各项指标上都达到国际先进水平，大大推动了粉末材料国产化进程。

### 8.2.2 产业结构

2019 年，Stratasys、Markforged、3D Systems、Envisiontec、Rapid Shape 五家重点企业的产值约占全球的 28%，装备销售量占全球的 47.8%，在可预见的未来，这五家企业的产值仍将保持领先。我国先临三维科技股份有限公司、西安铂力特增材技术股份有限公司、上海联泰科技股份有限公司、湖南华曙高科技有限责任公司、浙江亚通焊材有限公司五家重点企业，产值约占全国产值的 36.1%，并将持续整合自身优势，努力保持国内领先地位。全球产业结构（2019 年）见表 8-1。

表 8-1 全球产业结构（2019 年）

| 类 别 | 产业规模（销售收入） | 增长速度 | 集中度 | 重点企业 |
|---|---|---|---|---|
| 全球 | 118.67 亿美元 | 2019 年同比增长 21.2%，较上一年 33.5% 的增速有所放缓 | 2019 年全球增材制造设备市场保有量格局中，美国、中国、日本、德国四国的增材制造设备保有量位居前四位，占有率之和为 62.7%，与 2018 年的 63.4% 基本持平 | Stratasys、Markforged、3D Systems、Envisiontec、Rapidshape |
| 全球增材制造装备 | 56.72 亿美元 | 较 2018 年增长 7.1% | 前五家工业级增材制造装备销量占全球的 47.8% | Stratasys、Markforged、3D Systems、Envisiontec、Rapidshape |
| 全球增材制造材料 | 19.16 亿美元 | 较 2018 年增加 4.22 亿美元，同比增长 28.2% | — | 3D Systems、Stratasys、Protolabs、Materialize、SLM-Solution |
| 全球增材制造服务 | 49.20 亿美元 | 较 2018 年增长 20.0% | — | — |
| 中国 | 22 亿美元 | 较 2018 年增长 31.1%。 | — | 铂力特、先临三维、华曙高科、联泰科技、中科煜宸 |

注：数据来源于 Wohlers Associates。

随着信息技术的进一步提升，特别是 5G 网络商用以后，一个万物互联的时代将会到来，这促使制造业向去中心化和区域化的方向发展。制造业数字化与增材制造的结合将推动分布式制造的发展。对于企业而言，这是一个利用增材制造实现增长和业务转型的好时机。采用增材制造这种数字化智能技术打印零部件的企业能够通过零部件的重新设计和集成来降低生产成本、简化流程、缩短产品生产周期，这也使得零部件在国内制造比从国外进口更具实用性。鉴于增材制造的各种优势，各行业势必将持续创新和采用增材制造技术。

（1）航空航天　据预测，如果增材制造在航空航天和国防领域应用持续深入，到 2025 年，增材制造技术潜在的经济影响将达到 2 500 亿美元。不仅如此，在 2018—2023 年期间，全球增材制造市场将以 22.3% 的年复合增长率扩大。

（2）医疗保健　增材制造因其能够根据个性化需求定制假肢和植入物，已成为医疗行业重点关注的技术。随着人口老龄化程度加剧，预计对个性化医疗及定制增材制造医疗设备的需求将会持续攀升。

（3）汽车行业　汽车制造行业已逐渐采用增材制造技术，以缩短产品开发周期、提高物流管理效率，以及确保零部件与材料的高效利用。预计到2024年，汽车行业增材制造的整体市场规模将达到80亿美元。

（4）模具制造　2018—2023年期间，模具行业需求和机器人技术将共同成为亚太地区增材制造市场的主要行业驱动力来源。

### 8.2.3 融合发展

（1）与新一代信息技术融合　增材制造是天然的数字化生产方式，在产品全生命周期中都能体现出重要价值。大数据+人工智能+云+区块链为大规模个性化定制生产和智能制造奠定了技术基础，而智能制造将为各行业带来革命性变化。云计算、大数据、物联网、人工智能等新一代信息技术赋能增材制造产业，将促成高效并具有独特竞争力的新发展模式，助推制造业转型升级。万物互联将促使生产管理模式逐步向区域性增材制造服务中心发展，在绿色化、智能化、网络化的基础上发展超级智能增材制造工厂。比如2019年6月，惠普在巴塞罗那推出增材制造和数字制造卓越中心，面向全球大规模工厂制造市场，集成灵活的交互式布局，打造改变世界设计和制造的方式，赋能第四次工业革命。

（2）与智能制造等先进制造融合　在过去的十年里，增材制造的发展非常迅速，并且在节能、清洁能源等领域，由于可以减少材料和资源的浪费以及不需要特殊工装等方面的优势而获得了非常有潜力的应用。在当代，随着制造技术、科学研究和工业的迅速发展，智能制造越来越受重视，这是因为智能制造的引入将使产品更具可持续性和更高效。将智能制造、可持续制造和增材制造的优势整合在一起，融合发展的目的是发展出一种综合大数据分析、增材制造和可持续智能制造的技术，以便更好地推动增材制造企业的发展。如今，可持续制造对制造企业来说具有竞争力，这是因为它能够帮助制造企业完成整个产品的发展计划、降低资源的消耗和污染。在先进制造业迅猛发展的时代，工业界和学术界将目光聚焦于智能制造，智能制造领域的最新发展成果促进了相关技术如信息物理系统（CPS）、云计算和制造、数字孪生、5G等的发展，显著地促进了智能制造技术的发展。智能制造技术使得工业制造更多地向可持续、有效率和有利润的方向发展。

（3）与传统制造业融合　增材制造与传统制造各有千秋，我们应该理性认识增材制造技术：尽管作为一种变革性的制造新技术，增材制造的发展潜力巨大，但它与传统制造技术同为制造技术，各有所长。我们需要加强增材制造与传统制造技术的融合，优势互补，从而提高零部件加工的精度与效率。如将金属增材制造（如激光选区烧结）与铣削加工中心集成，无须电加工就能制造出具有深沟、薄壁且结构形状复杂的高精度模具，颠覆传统模具制造的概念和工艺方法。两种制造方法集成交替进行，发挥各自优势，既保持了叠层制造的特点（可构建复杂零件）又解决了薄壁、深沟难以加工成形的问题，而且金属增材制造（如激光选区烧结）与铣削集成加工的模具表面粗糙度小，可直接应用。未来，增材制造、传统制造（等材制造、减材制造）、混合制造（增材制造与传统制造方法结合）三种制造方式并存，必将助力制造业发展。但我们仍然要意识到，增材制造技术的出现并不是为了颠覆传统制造，而是通过一种新模式来更好地为传统制造服务。增材制造与传统制造融为一体，可以缩短产品的生产周期、降低生产材料的废弃率，促进产品质量的提升和生产效率的提高。过去因传统加工方式的约束而无法实现的复杂产品制造现在可以实现，这可以大大提高零部件的集成度，简化产品设计。多种制造方式是未来制造发展的趋势所在。

# 参考文献

[1] 左世全，李方正 . 我国增材制造产业发展趋势及对策建议 [J]. 经济纵横，2018(1)：74-80.

[2] WOHLERS T. Wohlers Report 2016—2020[R]. Colorado：Wohlers Associates，2020.

[3] 李涤尘，贺健康，田小永，等 . 增材制造：实现宏微结构一体化制造 [J]. 机械工程学报，2013，49(6):129-135.

[4] WANTED Analytics. 全球 3D 打印行业人员招聘与雇佣趋势报告 [R]. WANTED Analytics，2017.

[5] Alexander Daniels Global. SALARY SURVEY 2017[R]. Birmingham: Alexander Daniels Global，2017.

[6] 李方正 . 中国增材制造产业发展及应用情况综述 [J]. 工业技术创新，2017(4):5-9.

[7] 高群，郑家霖 . 3D 打印技术产业应用型人才培养模式探析 [J]. 职业技术教育，2015，36(29):20-23.

[8] 赵秋艳 . 美国增材制造在教育领域的推广应用 [J]. 教育与装备研究，2017(33):93.

[9] 王华明 . 高性能金属构件增材制造技术开启国防制造新篇章 [J]. 国防制造技术，2013(3):5-7.

[10] 中国“智能微铸锻”技术突破金属 3D 打印技术障碍 [J]. 智能制造，2016(8):8.

[11] 张飞，高正江，马腾，等 . 增材制造用金属粉末材料及其制备技术 [J]. 工业技术创新，2017(4):59-63.

[12] 吴琼，陈惠，巫静，等 . 炭纤维/尼龙 12 复合粉体的制备及选择性激光烧结行为 [J]. 功能材料，2016，47(4):174-177.

[13] 刘忠军 . 金属 3D 打印骨科内植物的应用现状与发展趋势浅析 [J]. 骨科临床与研究杂志，2017，2(2):65-67.